바울의 교회 생각

KB192432

바울의 교회 생각

지은이 | 이상학
초판 발행 | 2025. 1. 15
등록번호 | 제1988-000080호
등록된 곳 | 서울특별시 용산구 서빙고로65길 38
발행처 | 사단법인 두란노서원
영업부 | 2078-3333   FAX | 080-749-3705
출판부 | 2078-3331

책값은 뒤표지에 있습니다.
ISBN 978-89-531-5001-0 03230

독자의 의견을 기다립니다.
tpress@duranno.com   www.duranno.com

두란노서원은 바울 사도가 3차 전도여행 때 에베소에서 성령 받은 제자들을 따로 세워 하나님의
말씀으로 양육하던 장소입니다. 사도행전 19장 8-20절의 정신에 따라 첫째 목회자를 돕는 사역과
평신도를 훈련시키는 사역, 둘째 세계선교(TIM)와 문서선교(단행본·잡지)사역, 셋째 예수문화 및 경배
와 찬양 사역, 그리고 가정·상담 사역 등을 감당하고 있습니다. 1980년 12월 22일에 창립된 두란
노서원은 주님 오실 때까지 이 사역들을 계속할 것입니다.

에베소서를 통해 배우는 교회의 본질

바울의
교회 생각

이상학 지음

두란노

목차

1부

새로운 사회,
새로운 인류

2부

신인류의 생활 방식:
성도가 성도 되게

추천사

우리 예수님은 최고의 강해 설교자이시다. 구약의 613개의 율법 조항을 단 두 문장으로 간단히 요약하셨다. 곧 하나님 사랑 그리고 이웃 사랑이다. 하지만 동시에 하나님 나라가 어떤 것인지를 제시할 때는 수많은 비유를 통해서 다양한 모습으로 풀어내셨다. 이처럼 축약과 확대, 부연이라는 과정을 통해 짧막한 본문과 주제를 조화롭게 펼쳐 내는 것이 예수님을 뒤따르는 우리 강해 설교자들의 과제다.

여기 이상학 목사의 교회론과 목회 신학이 담긴 에베소서 강해 설교가 출간되었다. 저자는 이러한 축약과 부연 설명이라는 긴장된 관계를 아주 적절하게 서술하고 있다. 그래서 추상적인 언어나 사변적인 진술이 가득한 에베소서를 누구나 이해하기 쉽게 설명한다. 또한 저자가 목회하면서 겪은 위기와 아픔을 언급하는 '자기 서사'를 담고 있어 신선하다. 진정한 교회 됨의 모습을 본문 말씀과 목회 현장의 이야기를 통해 찾아가는 모습이 매우 진지하면서도 흥미롭다.

바울이 가르치려는 에베소서의 핵심은 아주 명백하다. 예수 그리스도를 통해 나타난 교회가 무엇인지, 진정한 교회 됨의 모습이란 어떠한지를 제시한다. 말씀을 사랑하는 분들, 교회가 무엇인지를 탐구하는 분들 그리고 그리스도 안에서 새로운 존재(신인류)가 되기를 원하는 분들에게 기쁜 마음으로 일독을 권한다.

김지철

(소망교회 은퇴목사, 미래목회와말씀연구원 이사장)

참 교회, 신인류로 돌아가자!

'한국 교회는 진정으로 성경적이고 사도적인가?'

　이것은 제가 신학을 시작할 때 가졌던 주요 질문 중의 하나였습니다. 신앙이 성경적으로 된다는 말은 단순히 성경을 법조문처럼 들여다보아 그 조문에 맞는 신앙이 된다는 뜻이 아닙니다. 그리스도인이 진정 성경을 하나님 말씀의 책이요, 하나님 계시의 책이라 고백한다면, 신앙이 성경적으로 된다는 말은 신앙의 알파요, 오메가이며 처음이자 끝이신 하나님 당신의 뜻에 부합되는 신앙이 되어 간다는 뜻이요, 곧 신앙의 궁극적 목적인 '그분의 나라와 그분의 의'를 추구하는 신앙이 된다는 말입니다. 그렇기에 한 사람이나 한 공동체의 신앙이 성경적으로 되어 가는 것은 그 자체가 이미 하나님 나라를 이 땅에 구현해 나가는 데 결정적으로 중요합니다. 그렇다면 어떤 사람의 신앙이 성경적으로 된다는 것에는 곧 성경 지상주의(Biblicism)가 아니라, 하나님의 뜻을 가장 신실하게 추구해 나간다는 의미가 담겨 있습니다.

이 말에는 신앙한다고 해서 그것이 곧 하나님 나라를 이루어 가는 것과 동일시될 수 있는 것은 아니라는 의미가 함축되어 있습니다. 언어는 종교적으로 포장되어 있지만, 그 언어를 통해 전달하는 내용은 지극히 세속적이고 심지어 자기 탐욕적인 경우를 우리는 수도 없이 경험해 왔습니다. 이런 종교 지도자와 그를 따르는 무리로 인해 교회가 타락한 역사를 우리는 또한 잘 알고 있습니다.

2천 년 교회사에서 많은 교파와 그 추종자들이 스스로를 성경 중심적이라고 말하지만, 실제로는 성경의 중심 교리와 복음의 핵심 정신도 모른 채 스스로를 성경적 신앙이라 사칭해 왔고, 많은 신자가 무분별하게 이들을 좇아가곤 했습니다. 이는 한국 교회에서도 그대로 재현되고 있습니다. 한국 교회 중에 교단과 교파를 뛰어넘어 스스로를 성경적 토대 위에 세워진 교단이요, 교파라고 말하지 않는 경우가 있을까요? 그런데 오늘날 한국 교회의 그 어떤 교파에서도 진정 성경과 복음의 핵심 정신 위에 자신을 신실하게 세우고 성경과 복음을 중심으로 교회를 자정하고 개혁해 나가는 곳을 찾아보기가 쉽지 않습니다. 그 결과 한국 교회는 지속적인 교회의 쇠락과 20퍼센트가 안 되는 사회적 신뢰도라는 초라한 성적표를 받아 들고 있습니다. 이대로 가면 소비주의 물질문명으로 무장한 현대 사회가 더욱 급속히 세속화해 갈수록 교회의 설 자리는 점점 사라져 갈 것입니다.

이런 절박한 위기의식 속에서 2023년 초반에 에베소서 강해를 시작했습니다. 에베소서야말로 '교회의 복음'이기 때문입니다. 저마다 자신과 자신이 몸담은 교회와 교파가 성경적이라 말하는데, 진정 사도적 전통 위에 서 있는 성경적 교회가 어떤 교회인지를 그리스도의 교회의 정초자인 사도 바울의 육성을 통해 직접 듣고 싶어서였습니다.

결론은 간단명료했습니다.

"오늘날 그 어떤 한국 교회도 진정 성경적 토대 위에 세워졌다고 할 수 없다! 나 자신을 포함한 한국 교회의 그 어떤 리더나 성도 중에서도 사도 바울이 말한 'neo-anthropos'(신인류)의 개념에 부합되는 그리스도인을 찾기는 힘들다."

이 결론에 이르렀을 때 저는 한국 교회도, 그 안의 성도 개개인도 여태까지의 자기 닮음질은 "잊어버리고 앞에 있는 것을 잡으려고"(빌 3:13) 새로운 출발선에 서야 한다고 확신하게 되었습니다. 진정 자신을 사랑하고, 자신이 그려 내는 인생을 소중히 여기고, 교회를 사랑한다면 말입니다.

이는 긴박한 시대적 자각에서 나온 역사의식일 수 있습니다. 바로 그래서, neo-anthropos라는 말을 군이 '새사람' 대신에 '신인류'로 번역했습니다. 에베소서의 기자인 사도 바울에게 그리스도인은 그냥 새사람이 아닙니다. 그에게 그리스도인은 인류 역사상 단 한 번도 나타난 적이 없는 전혀 새로운 인류였습니다. 생각, 사고방식, 삶의 방식, 의사 결정 기준, 삶의 목표 등 인간됨을 구성하는 모든 것이 전혀 새로운 인류입니다. 그것이 바울이 생각하는 그리스도인이었습니다. 그래서 그는 고린도후서에서 '새로운 피조물'(new creation)이라는 말을 썼던 것입니다(고후 5:17). 바울이 전하는 이 인간학적 의미는 '성도'(saints), '그리스도인', '새사람', '새 신자' 등의 이미 기성화된 교회 언어로는 절대 그 의미가 온전히 전달될 수 없습니다. 그래서 저는 군이 좀 무겁게 들릴 수도 있지만 '신인류'라고 번역했습니다.

책은 지속적으로 전통과 관습과 경험에 갇혀 서서히 말라 가는 현실 교회와 살아 역동하는 바울의 교회상을 대비시키며 진행됩니다. 이 작업은 한국 교회와 신앙에 대한 에베소서의 내재적 비판인 동시에, 교회의 참 교회됨을 회복하기 위한 개혁적 방향을 수행하고자 하는 것입니다. 미국의 저명한 기독교 윤리학자 스탠리 하우어워스(Stanley Hauerwas)는 《덕과 성품》(IVP 역간)에서, 그리스도인으로 산다는 것은 "자신이 어떤 사람이기로 결심하는 것"이라 했습니다. 이 정의는 이 책의 최종 목적에 부합된다고 봅니다. 기도하기는, 독자들이 책을 읽고 덮을 때쯤에는 스스로를 진정 참 교회로 세워서 신인류라는 어떤 사람이 되기로 '결심'하는 일이 일어나기를 소원합니다.

이 책이 나오기까지 적지 않은 분들이 수고해 주셨습니다. 제가 섬기는 새문안교회의 성도들이 녹취하여 초고를 만들고 윤문 작업을 해 주었습니다. 그들에게 감사드립니다. 늘 부족한 남편을 지지하고 격려하며 기도해 주는 영혼의 친구이자 아내에게도 고마운 마음입니다. 무엇보다 특새에서 시작해서 아침 예배까지 이어지는 동안 부족한 종의 설교를 진지하게 경청해 준 사랑하는 공동체, 새문안교회 성도들에게 감사드립니다. 저의 신실한 동역자가 되어 한결같이 중보해 주는 한국과 미국에 흩어진 그리스도의 형제자매들에 대한 감사도 놓칠 수 없습니다. 그리고 이 책의 출판을 맡아 기꺼이 수고해 준 두란노서원에 또한 감사드립니다.

2025년 1월
이상학

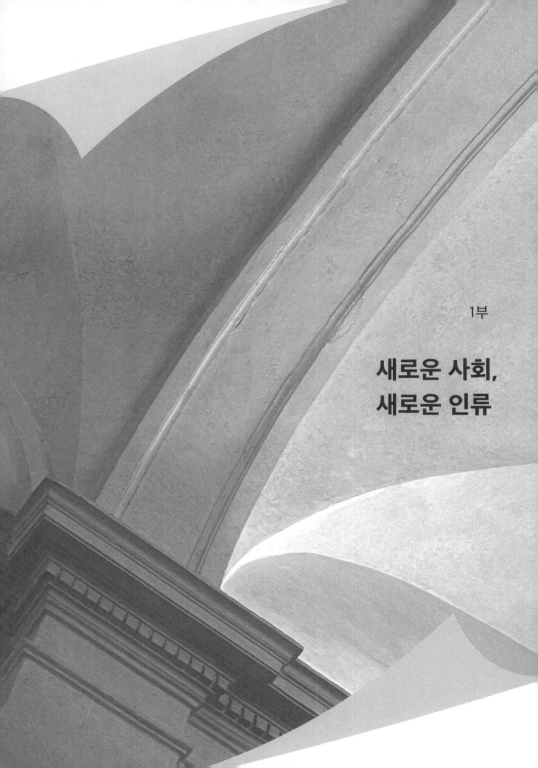

1부

새로운 사회,
새로운 인류

01

출발

신인류의 출발 – 피택에 대한 깨달음

엡 1:1-6

에베소서가 일깨우는 신인류에 대한 자각

에베소서는 바울이 주후 61-63년경 로마에서 체포되어 가택 연금되어 있을 때 기록한 서신으로 알려져 있다. 바울이 제3차 전도 여행 때 개척했던 에베소교회의 성도들과 에베소가 위치한 소아시아에 있는 성도들을 대상으로 쓴 편지다.

에베소서는 종교 개혁자 존 칼빈(John Calvin)이 특별히 좋아했던 서신이다. 제네바시에서 종교 개혁을 할 때 단 여섯 장밖에 되지 않는 짧은 서신을 들고 주일에 사십여 차례에 걸쳐 설교할 정도로 그는 이 서신에 매료되었었다.

그도 그럴 것이, 에베소서는 교회가 무엇인지, 교회의 본질과 정체성이 무엇인지를 함축적으로 풀어낸 서신이라기보다는 교리서에 가까운 책이기 때문이다.

교회를 알고자 할 때, 교회를 배우고자 할 때, 조상으로부터 물려받은 교회에 대한 인상이 아니라 하나님이 우리에게 계시하신 교회 본래의 상(像)을 바르게 깨달아 알고자 할 때 에베소서만큼 정교하고도 신령하게 서술된 책은 없다. 찬찬히 묵상해 보면 '교회란 본래 이런 곳이구나! 하나님이 우리에게 주시려는 교회, 예수님이 꿈꾸시는 교회란 바로 이런 것이구나!' 하고 깨닫게 된다. 마치 하늘에서 벽돌이 툭툭 떨어져 우리 앞에 교회를 세워 놓는 듯한 인상을 안겨 준다.

아미티지 로빈슨(Amitage Robinson)이라는 학자는 에베소서를 가리켜 "바울 저술의 백미다"라고 했다. 또 신약학자인 윌리엄 바클레이(William Barclay)는 "에베소서는 사람이 쓴 가장 신적인 서술이다"라고 이야기한 바 있다. 그만큼 에베소서는 신령한 서술이다. 프린스턴 신학교 총장이었던 존 매케이(John Mackey)는 에베소서를 읽고 회심하여 자신에게 일어났던 일에 관해 고백하기도 했다.

유명한 복음주의 설교자이자 신약학자인 존 스토트(John Stott)는 《에베소서: 하나님의 새로운 사회》(IVP 역간)에서 이 서신서에 대해 "나는 새로운 세계를 보았다. 모든 것이 새로웠다. 나는 새로운 견해, 새로운 경험, 다른 사람들에 대한 새로운 태도를 갖게 되었다. 하나님을 사랑하게 되었고 예수 그리스도가 모든 것의 중심이 되셨다. 이 책을 통해서 나는 다시 살아났다. 정말 나는 살아 있는 사람이 되었다"라고 말했다. 에베소서가 가진 신령한 매력을 잘 드러내는 표현이다.

이제 우리도 이 서신서 안으로 들어가 보자. 에베소서 안에서 새로운 공동체, 새로운 사회를 발견하게 될 것이다. 여기서 '새로운 사회'란 '교회'를 말한다. 그리고 '교회를 이루는 나', '교회가 된 나'를 의미한다. 우리는 자신이 정말 어떤 존재인지를 깨우치면 감격하게 된다. 우리가 낡은 존재가 아닌 새로운 존재임을 깨닫게 될 뿐 아니라, 인생 50-60년이 지나도 스스로를 닳아 가는 인생이라고 생각하지 않는다.

20-30대는 파릇파릇해서 젊음 자체가 주는 꿈이 있다. 그러나 50-60대가 넘어가면 닳아 가는 인생이 된다. 생의 마지막 날을 바라보며 산다고 생각하는 것이다. 그런데 에베소서를 읽으면 '나는 더 이상 낡은 존재가 아니다. 나는 주님 안에서 끊임없이 새롭게 빚어질 수 있는 존재다'라는 희망과 가능성을 발견하게 된다. 곧 새로운 인류임을 깨닫고 새로운 삶을 동경하게 되는 것이다.

사도, 보내심을 받은 자

에베소서 1장 1절은 이렇게 시작한다.

"하나님의 뜻으로 말미암아 그리스도 예수의 사도 된 바울은."

이 말씀에는 에베소서의 기자인 바울이 자신을 어떤 사람으로 받아들이고 있는지가 그대로 드러나 있다. 바울은 자신을 어떤 사람으로 이해하고 있는가? 즉 바울은 어떤 사람인가? '하나님의 뜻으로 말미암아 그리스도 예수의 사도가 된 사람'이다. 자신의 뜻, 자신의 의지가 아닌 하나님의 뜻에 따라 지금 그 자리에 있는 것이다.

여기서 한 가지 기억할 사실이 있다. 오늘날 우리는 오염되고 남용된 '하나님의 뜻'에 대한 인상을 버려야만 한다는 것이다. 안타깝게도 그간 많은 목회자가 성도들을 자신이 원하는 대로 움직이려 할 때 "이것은 하나님의 뜻이다"라는 식으로 이야기해 왔다. 대부분의 성도는 이렇게 하나님의 뜻이라고 말하면 그 바닥에 거역할 수 없는 어떤 권위 의식이 전제된 듯한 인상을 가지고 말씀을 받는다. 성도들 안에서도 이런 부분이 작동할 때가 있다. 그것은 오염된 하나님의 뜻이다. 바울은 그런 의미에서 '하나님의 뜻으로 말미암았다'라고 말한 것이 아니다. 바울의 고백은 '하나님의 뜻에 따라 지금 내가 이 자리에 있다'라는 말이다. 이 말이 바로 '사도'(헬. 아포스톨로스), 즉 '보내심을 받은 자'라는 뜻이다. 다시 말해, 바울은 '나는 이 일을 위해 택하심을 받고 부르심을 받은 자'라고 말한 것이다.

대통령이 외국에 보내고자 특별히 뽑은 사람, 즉 사도적 의미를 가지고 그 나라에 가 있는 사람을 '특사'(헬. 아포스톨로스)라고 한다. 그가 자원해서 가는 것이 아니다. 초대받아 가는 것도 아니다. 순전히 보내는 자인 대통령이 '이 사람이 이 일을 위해 가장 적절하겠다'고 생각해서 보내는 것이다.

그러므로 '나는 사도적 사명을 가지고 여기에 와 있다'라고 생각하는 사람은 자신의 생각대로 말하지 않는다. 어떤 일을 하든, 무엇을 생각하고 계획하든 자신을 보낸 주체가 무엇을 하라고 하시는지를 염두에 둔다. 물론 자기 계획이 있을 수 있다. 하지만 성령이 그 계획을 뒤로 미루면 그 미루심에 순종하고, 성령이 바람처럼 앞으로 당기는 것 같으면 그 당기심에 순종하면서 주님의 인도하심을 따라 걸음을 옮긴다. 사도는 '나를 보내신 분이 무엇을 하라고 하시는가?'를 항상 염두에 두고 있는 것이다.

자신의 존재와 경험 및 스타일을 끊임없이 내려놓고 상대화하며 하나님이 보내신 곳에서 무엇을 하라 하시는지를 감지하고자 늘 영적인 촉수를 민감하게 발동하는 사람, 그가 바로 사도이고, 이것이 바로 사도가 자신의 사명을 감당하는 독특성이다. '내 일을 하는 것이 아니라 보내신 분의 일을 하는 것, 시키시는 분의 일을 하는 것'이 바로 바울의 자기 인식이다. 그런데 에베소서를 가만히 보면 바울은 이러한 사도적 사명이 자기 자신에게만 해당하는 것이 아니라 모든 그리스도인에게 똑같이 적용된다고 이야기한다.

성도, 핀셋으로 집어내어진 자들

바울은 이어서 말한다.

> "찬송하리로다 하나님 곧 우리 주 예수 그리스도의 아버지께서 그리스도 안에서 하늘에 속한 모든 신령한 복을 우리에게 주시되 곧 창세전에 그리스도 안에서 우리를 택하사 우리로 사랑 안에서 그 앞에 거룩하고 흠이 없게 하시려고"(엡 1:3-4).

하나님이 그리스도 안에서 하늘에 속한 모든 신령한 복을 우리에게 주신다고 말한다. 하나님은 당신의 자녀를 힘들고 어렵게 하려고, 고난받게 하려고, 교회 일을 하는 병정개미로 삼으려고 부르신 것이 아니다. 하나님은 당신의 자녀에게 하늘에 속한 모든 신령한 복을 내려 주신다.

또한 바울은 하나님이 창세전에 그리스도 안에서 우리를 택하셨다고 말한다. 그리스도인이 누구인지를 자신에게 적용해 "나는 누구인가?"라고 스스로에게 묻는 것은 아주 중요하다. 자신을 누구로 생각하느냐가 인생을 어떻게 살지를 결정하기 때문이다. 즉 자신을 어떻게 생각하느냐가 특정 상황에서 어떤 특정 반응을 보일지를 정하는 것이다. 예를 들어, '나는 목사다', '나는 장로다' 하면 끊임없이 목사답게, 장로답게 처신하려 할 것이다. 하지만 잘못된 자의식으로 작동하면 어떻게 될까? 목사라는, 장로라는 권위 의식으로 반응하게 될 것이다. 그렇다면 가장 합당한 자의식은 무엇일까?

"나는 하나님이 택하신 하나님의 자녀다. 하나님이 창세전에 그리스도 안에서 나를 택하셨다!"

바로 이 고백을 하는 것이다. 곧 자신이 창세전에 택하심을 받은 성도라는 고백이다. 당신은 자신이 하나님으로부터 택하심을 받은 사람이라는 것을 믿는가?

이 장의 제목을 '신인류의 출발 – 징집 의식'이라고 했다면 잘못이다. '의식'이라는 말은 스스로 그렇게 생각한다는 것이다. '나는 하나님의 사람으로 징집되었다'라고 생각한다는 것이다. 이는 잘못된 것이다. 택하심을 받은 것은 '의식'이 아니라 '계시'다. 하나님이 우리에게 신비의 창을 열어 주어 본래 우리가 어떤 사람인지를 알게 해 주시는 것이다. 그러니 바르게 말한다면, "하나님, 제가 몰랐는데 깨닫게 되었습니다"라고 해야 한다. 만일 자신을 징집된 자로 의식하고 있다면 이것이야말로 인본주의적인 신학 의식이다.

바울은 이 부분에 대해 명료하게 펼쳐 보였다. "창세전에 하나님이 그리스도 안에서 우리를 택하셨다. 너는 누구냐? 너는 택하심을 받은 사람이다"라고 말이다. '택하다'라는 말의 헬라어는 '엑셀렉사토'인데, 이는 '뽑아내다', '집어내다'라는 뜻이다. 수없이 많은 개체 중에서 뽑아내고 집어냈다는 것이다. 즉 그리스도인들은 '핀셋으로 집어내어진 자들'이라고 할 수 있다. 예수님이 하신 말씀을 떠올려 보라.

> "너희가 나를 택한 것이 아니요 내가 너희를 택하여 세웠나니"(요 15:16 상).

쉽게 말해, 예수님은 이렇게 말씀하신 것이다.

"너의 의지로, 너의 선택과 결정으로 네가 여기서 나를 믿고 따르고 있는 것이 아니다. 나를 구주로 믿고 영접해서 네가 하나님의 자녀가 되었다고 생각해서는 안 된다. 물론 결단은 네가 하지만, 그 결단 뒤에는 성령 하나님이 계신다. 성령 하나님이 결단할 수 있도록 역사하신 것이라는 사실을 알아야 한다! 내가 너를 택했기에 네가 지금 여기서 그리스도인으로 살아가고 있는 것이다."

하나님의 택하심은 창세전에 일어났다. 이는 놀라운 말씀이요, 놀라운 계시다. 바울은 시간 속에 갇혀 사는 자, 지금의 '나'라는 존재가 영원 속에서부터 출발한 존재임을 깨달아 알게 해 준 것이다. 즉 3-4절은 이런 뜻이다.

"세상이 시작되기 전부터, 영원에서부터 너는 이미 택하심을 받고 이 자리에 초대받아서 사는 것이다. 그러므로 너는 시간 속에 있지만 절대 시간에 갇혀 있는 자가 아니요, 영원을 향해 영원을 바라보며 살아가고 있는 영원한 존재다!"

이러한 자가 바로 성도다. 코로 숨 쉬고 있는 인간, 피조물로 살아가고 있는 여타 사람들과 성도는 기본적으로 존재 자체가 다르다는 것을 바울은 설파한 것이다. 이는 선택 교리의 핵심 중 한 부분이다.

존재 자체가 하나님의 섭리

그러면서 바울은 "그 기쁘신 뜻대로 우리를 예정하사 예수 그리스도로 말미암아 자기의 아들들이 되게 하셨으니"(엡 1:5)라고 말한다. 하나님이 우리를 선택할 때 '과연 그가 잘할 수 있을까? 끝까지 갈 수 있을까? 거친 인생의 한복판에 내던져졌을 때 나의 백성으로 잘 살아 낼 수 있을까?' 하고 고민하지 않으셨다는 것이다.

'그 기쁘신 뜻대로 우리를 예정하사'라는 말이 무슨 의미인가? 하나님이 야곱과 에서 중에서 야곱을 택할 때 주저하지 않으셨음을 뜻한다. '그러면 틀림없다!' 하며 기쁘신 뜻대로 우리 각 사람을 택하신 것이다. 곰곰이 묵상해 보면 '주님이 나를 기뻐하며 정하셨구나!'라는 깨달음이 온다. 우리는 모르지만 우리를 정하시는 과정에서 우리는 알 수 없는 하나님의 안목이 작동했다는 사실을 믿어야 한다. 우리도 다 알지 못하는 우리 안의 잠재력과 가능성을 본 주님이 우리를 기쁘신 뜻대로 예정하고 초대해서 그리스도인으로서의 인생이 펼쳐지고 있다는 뜻이다.

여기에 심오한 의미가 담겨 있다. 그리스도인의 인생은 우발적이거나 우연적인 것이 아니다. 우리는 그저 아버지와 어머니가 결혼해서 낳은 육체적이고 물리적이고 생물학적인 존재, 즉 인간적인 가족관계의 산물이 아니라는 것이다. 인간의 출생 안으로 들어가 보면 하나님의 섭리가 있다. 우리는 지금 하나님의 선택으로 예수를 믿어 그리스도인으로 살아가고 있는 것이다.

"하나님, 제 인생은 우발적인 것도 아니고, 돌발적인 것도 아닙니다. 운명속에서 펼쳐지는 것도 아니고, 운명에 묶여 있는 것도 아닙니다. 하나님이 택하여 기쁘신 뜻대로 예정하고 초대해서 인생이라는 길 위를 걸어가고 있는 것입니다. 하나님, 인생은 영원 속에서 펼쳐지는 놀라운 선물이군요!"

하나님이 우리를 택하여 지금 이 자리로 부르셨다. 모든 그리스도인은 자원병이 아니라 징집병이라는 사실을 알아야 한다. 마르틴 루터(Martin Luther)는 이 점이 그리스도인으로 살아가는 데 굉장히 중요한 의식이라고 말했다. 그런데 이는 다시 말하지만, 의식이 아닌 계시다.

주님의 예정 속에 있는 자신을 신뢰하기 바란다. 주님이 떠나신 우리는 먼지와 같다. 코로 숨 쉬는 피조물일 뿐, 가치가 없다. 하지만 주님의 예정하심을 집요하게 신뢰하면서 '주님이 초대하셔서 이 길을 걸어가고 있다. 나는 영원 속에 있는 존재다'라고 믿으면 그 안에서 하나님이 부르신 삶을 살아갈 수 있는 영적 힘이 생긴다. 이 사실은 매우 중요하다. '내가 주체다'라는 생각은 매력적이지만 유혹이다. 우리가 주체로 이 삶을 산다고 생각하면 고난을 이길 힘이 나오지 않는다. 힘들면 도망가거나 놓아 버리고 싶게 만든다.

가룟 유다가 왜 예수님을 배반하고 결국은 십자가에 못 박았는가? 자신이 예수님을 선택했기 때문이다. 그가 볼 때는 그분이 메시아일 것 같았다. 열심당원인 자신이 생각하기에 저런 분이 메시아가 되어야 이스라엘이 민족 해방을 이룰 것 같았다. 그래서 스스로 예수님을 메시아로 단정하고, 결단한 후 따르기 시작한 것이다. 그런데 예수님이 사역 중간부터 이상한 이야기를 하시기 시작했다. 당신이 십자가에 못 박혀야 한다면서 가룟 유다가 생각하는 민족의 메시아와는 다른 길을 걸어가셨다. 이에 가룟 유다는 예수님의 메시아성을 의심하기 시작했고, 결국 그분을 내다 팔고 말았다. '내가 주체로 예수를 믿는다'고 생각하는 사람이 도달하는 결정적 오류다.

베드로는 예수님을 배반했지만 그분을 떠나지 않았다. 배반했다면 배반한 정당성을 갖기 위해서라도 떠나야 오히려 마음이 편안할 것이다. 그런데 베드로는 그러지 않았다. 예수님을 지우지 않았다. 그는 오히려 배반한 자신이 너무 속상해서 통곡했다. 그는 다른 것은 몰라도 한 가지는 알았기 때문이다. 바로 주님이 자신을 택하셨다는 것이다. 그는 자신이 예수님을 택한 것이 아니라 주님이 자신을 택하셨다는 것을 알았다. 그런데 마음은 원하지만 육신이 약해서 예수님을 배반하고 말았다. 그는 주님이 다시 자신을 찾아오실 때까지 기다렸다.

주님이 택하셨기 때문에 그분은 어김없이 우리를 찾아오신다. 모든 거룩하고 신령한 삶의 출발이 바로 여기에 있다.

'나는 내세울 공로가 없다. 택하심을 받았기에 여기에 있는 것이다!'

이 거룩한 깨달음을 회복할 수 있기를 바란다. 신인류로 교회를 새롭게 발견하는 일도 바로 여기서 시작된다. '나는 누구인가? 나는 선택받아서 지금 여기에 있는 것이다'라는 깨달음이 우리 안에 있는 모든 잡스러운 인식과 더불어 자기 교만과 자기 허울들을 다 십자가 밑에 묻어 버린다.

02

계획

거대한 계획 속에 있는 나

거대 시스템 속에서 운영되는 삶

지구촌 한 지역에 전쟁이 나서 국제 유가가 뛰고 그 때문에 자가용 운전자들의 한 달 생활비가 늘어난다. 경제가 불황이다 보니 우리 호주머니에서 돈이 말라 간다. 혹은 시장에 돈이 풀리니 인플레이션을 막기 위해 금리가 오르고, 이자가 천정부지로 치솟자 영끌로 집을 산 사람들은 치명상을 입는다. 경기 침체로 회사가 대규모 정리를 하는데 거기에 우리 또는 가족이 엮여서 직장을 잃는다. 이는 모두 거대한 시스템 속에 살아가는 우리의 삶이 시스템이 바뀌면서 직간접적인 영향을 받는 경우다.

반대도 가능하다. 시스템이 호전되면서 그 시스템 속에서 살아가는 우리에게도 자동으로 좋은 일이 일어나는 것이다. 한국 사회는 1980년대에 엄청난 경제 호황을 누렸다. 흔히 '3저 호황'이라 이야기한다. 물가도 낮고, 금리도 낮고, 환율도 낮아서 수출국인 우리나라는 호황을 맞았다. 이로 인해 당시 생활이 매우 윤택해졌다. 이 또한 거대한 시스템이 순기능을 하니 그 시스템 안에 사는 개인의 삶도 호전되는 실례다. 그런데 들여다보면 사회만 그런 것이 아니라, 사실 그리스도인의 인생 전체가 그렇다.

범우주적인 하나님의 경륜

> "우리는 그리스도 안에서 그의 은혜의 풍성함을 따라 그의 피로 말미암
> 아 속량 곧 죄 사함을 받았느니라"(엡 1:7).

이 말씀은 우리 한 사람, 한 사람이 예수님의 피로 말미암아 죄 사함을 받아 하나님의 자녀가 되고 예수님의 형제가 되었다는 의미다. 그리스도인 한 사람이 지금 구원을 받았다는 것이다. 그런데 뒤이어 8절에서 성령이 바울을 통해 대단히 중요한 말씀을 하신다.

> "이는 그가 모든 지혜와 총명을 우리에게 넘치게 하사."

문장 전체를 보면 분위기가 심상치 않다. 우리는 예수 믿고 구원받아서 하나님의 자녀로 행복하게 살다가 천국에 가면 될 것 같은데, 하나님이 우리

를 불러 당신의 자녀로 삼아 주신 데는 무엇인가 더 큰 뜻이 있는 것 같은 분위기를 풍긴다. 바울은 하나님이 지혜와 총명을 우리에게 마음껏, 넘치도록 부어 주셨다고 말한다.

"그 뜻의 비밀을 우리에게 알리신 것이요"(엡 1:9상).

우리를 창세전부터 하나님의 자녀로 택하여 불러 주신 뜻에는 비밀이 있는데, 이제 우리에게 그 신비를 알리신다는 것이다. 이어지는 말씀에 "그의 기뻐하심을 따라 그리스도 안에서 때가 찬 경륜을 위하여 예정하신 것이니"(엡 1:9하)라고 기록되어 있다.

무엇인가 뒤에 엄청난 배경이 있는 가운데 한 사람의 구원 사건이라는 작고 은밀하고 개인적인 일이 벌어지고 있는 것을 바울이 같이 조명하고 있다. 쉽게 표현하면 이렇다. 한 사람이 무대 위에서 연극을 하는데, 우리의 시선은 무대 위에 있는 사람에게 집중되어 있다. 그런데 바울은 이 작은 장면 속에 연극이 벌어지는 거대한 뒷배경이 있고, 이 뒷배경은 아직 우리에게 온전히 드러나지 않은 신비라고 이야기하는 것이다. 그래서 9절 하반 절에 의하면, 우리가 예수 믿고 구원받은 일은 우연히 된 것이 아니고, 우리가 결단하여 믿게 된 것도 아니며, 그리스도 안에서 때가 찬 경륜을 위하여 예정하신 것이라고 한다. 하나님이 우리의 구원을 당신의 때가 찬 경륜을 위해 예정하신 것이다.

'때가 찬 경륜'이란 때를 기다리고 기다리다가 마침내 영근 것을 말한다. 한 농부가 포도 농사를 짓는데 때가 되면 저절로 포도가 맺히고 익는다고 생각한다고 해 보자. 그러면 그 농부가 포도원의 포도를 보는 마음이 어떻겠는가? 신기하거나 특별하거나 놀라운 일은 없을 것이다. 그러나 만약 그 농부가 포도나무에 맺힌 포도 열매를 보면서 하나님이 때가 찬 경륜을 위하여 예정하신 것이 마침내 이루어졌다고 생각한다면 어떨까? 이처럼 하나님이 기다리고, 기다리고, 기다리다가 모든 환경이 최적이라고 생각될 때 마침내 그 일이 이루어지게 하시는 것, 이것을 가리켜 '하나님의 경륜'(헬. 오이코노미아)이라고 말한다.

만일 농부가 기다리고 기다리다가 모든 환경이 최적일 때 포도가 맺혔다고 본다면, 아마도 그가 포도를 바라보는 눈빛은 예사롭지 않을 것이다. 신기하고 놀라워 감탄할 뿐 아니라, 심지어는 경탄하기까지 할 것이다. 지금 바울은 한 사람이 예수를 믿어 구원받은 것이 바로 그와 같은 경탄할 일이라고 이야기하고 있다. 하나님이 때가 찬 경륜을 위해 예정하신 일이 지금 일어나고 있기 때문이다.

언젠가 미국 애틀랜타에 있는 한 교회에서 세례식이 열렸는데, 그날 세례식으로 교회 전체는 완전히 축제 분위기였다. 그 교회에서는 세례 받는 한 사람, 한 사람에게 스포트라이트를 비추어 '하나님의 때가 찬 놀라운 경륜이 지금 이 사람을 통해 마침내 이루어졌다'는 신호를 명료하게 주었다. 그러니 다른 교회에 다니며 으레 때가 되면 받는 것이라고 생각했던 세례자들은 깜짝 놀란다. '내가 예수 믿고 세례를 받아 하나님의 가족이 된다는 것은 정말 엄청난 일이구나' 하고 말이다. 나는 그 교회가 예수 믿고 세례를 받는다는 것이 무엇을 뜻하는지 성경적으로 정확히 알고 있다고 생각했다. 바울은 지금 그 이야기를 하는 것이다.

"하나님이 때가 찬 경륜을 위하여 예정하신 일이 너의 인생 속에서 일어나고 있다. 그것은 한 사람이 예수를 믿고 구원받는 것이다."

오늘날의 교회가 소위 한 사람이 예수 믿고 세례 받는 것을 전혀 특별하지 않은 평범한 하나의 의식이나 예식으로 바라보는 것과 얼마나 대비되는가? 교회가 세례를 그렇게 대하니 세례 받는 사람들도 세례를 그저 '예수 믿고 때가 되어서 받는 것' 정도로 생각하는 것이다. 영적으로는 절대 그렇게 평범한 일이 아닌데 말이다.

여기서 '경륜'이란 무슨 의미인가? 흔히 경륜을 '탁월하다'라는 의미로 이야기하는데, 경륜은 한 사람이 가진 지혜, 실력, 세상을 읽는 눈, 경험, 판단력, 소위 그가 가진 영적, 지적 존재감 등을 다 합한 것을 가리킨다. 하나님의 경륜 안에서 한 사람을 구원하는 일이 일어났다는 것은, 그리스도인 한 사람, 한 사람이 구속 후 죄 사함을 받아 하나님의 자녀가 되는 이 사건이 하나님이 준비하고, 준비하고, 준비하다가 때가 찼을 때 당신이 가진 모든 경륜을 끌어모아 마침내 이루신 엄청난 사건임을 의미한다.

이미 바울은 이 말을 할 때 '한 사람의 구원은 절대로 작은 일이 아니다'라는 사실을 전제하고 있다. "하나님의 엄청난 경륜이 마침내 열매를 맺어 대사건이 일어나고 있다. 이는 이미 창세전부터 예정된 일이 실현된 우주적인 대사건이다!"라는 것이다. 이는 우리가 매우 깊이 묵상해 볼 대목이다.

그리스도인이 되게 하신 하나님의 큰 그림

여기까지 묵상하면, 한 사람이 예수를 믿는 것은 보통 일이 아니라, 이후의 엄청난 사건을 가져오는 시작임을 알 수 있다. 예수를 믿게 되어 속량, 곧 죄 사함을 받는 것이 이제부터 시작하는 우주적인 대사건의 서막이라는 것을 어느 정도는 염두에 둘 수 있다. 이때 질문이 나와야 한다.

"하나님은 도대체 교회라는 사람을 불러 무엇을 하려고 하시는 것인가?"
이에 바울은 이렇게 대답한다.

> "하늘에 있는 것이나 땅에 있는 것이 다 그리스도 안에서 통일되게 하려
> 하심이라"(엡 1:10).

놀라운 계시의 말씀이다. 처음 사람 아담 때문에 죄가 들어온 후 세상은 엉망진창이 되었다. 남편과 아내가 서로 분리되었다. 사람과 사람이 서로 분열되고, 다투고, 싸우기 시작했다는 뜻이다.

> "땅이 네게 가시덤불과 엉겅퀴를 낼 것이라 네가 먹을 것은 밭의 채소인
> 즉 네가 흙으로 돌아갈 때까지 얼굴에 땀을 흘려야 먹을 것을 먹으리니"
> (창 3:18-19).

하나님은 사람과 자연이 서로 밀어내고, 사람은 자연을 마구 착취해야 인생을 살며 소위 산물을 얻을 수 있다고 말씀하신 것이다. 다시 말해서, 하나님이 만드신 피조 세계 전체가 서로 다투고, 갈등하고, 전투하고, 투쟁한다. 강한 자는 약한 자를 다스리며 지배하고, 약한 자는 생존하기 위해 수단과 방법을 가리지 않는다. 그러므로 이 세상에는 화평이 없고, 전쟁과 갈등이 떠나지 않는다. 죄가 들어오고 난 뒤에 펼쳐진 세상이다.

그런데 여기에 두 번째 사람인 예수님이 오셨다. 예수님은 인류 역사상 처음으로 죄의 권세를 실질적으로 이기신다. 그리고 세상에 평화가 오는 교두보를 결정적으로 만들어 내신다. 그리고 세 번째, 네 번째, 다섯 번째, 계속해서

주님을 믿고 따르는 사람들이 줄을 잇게 된다. 당연히 이 한 사람, 한 사람은 예수님이 가지신 사명, 예수님이 하셨던 일과 동일한 사명을 가지고 있다.

> "하늘에 있는 것이나 땅에 있는 것이 다 그리스도 안에서 통일되게 하려
> 하심이라"(엡 1:10).

온 우주와 피조 세계 전체를 그리스도 안에서 하나로 묶어 내는 것, 하나님이 다스리시고, 하나님이 주인 되시고, 하나님이 통치하시는 그분의 나라가 오게 하는 것, 그래서 이 세상에 샬롬, 에이레네, 평화와 화평한 세상이 마침내 오게 되는 것, 어린아이가 독사의 굴에 손을 넣어도 해가 없고 어린양과 사자가 함께 있는 세상이 오게 하는 것, 이것이 바로 하나님이 하늘에 속한 것이나 땅에 있는 것이 다 그리스도 안에서 통일되게 하려 하시는 일이다. 이는 곧 마지막 사건이다. '그리스도인이 되었다'라는 말은, 바울이 볼 때는 10절의 말씀을 이루기 위해 하나님이 그 한 사람을 불러내셨다는 뜻이다.

처음 이 말씀을 읽으면 전혀 피부에 와닿지 않는다.

"하나님이 나를 부르신 것은 하늘에 있는 것이나 땅에 있는 것이 다 예수 그리스도 안에서 하나 되고 화평하게 하려는 것이다."

말은 멋지다. 그런데 가슴에 와닿지는 않는다. 너무 거대해서 부담스럽기까지 하다. '나 하나도 감당하지 못해서 절절매고, 배우자와도 화평하지 못해 매일 부부싸움을 하는 사람이 어떻게 하늘에 있는 것과 땅에 있는 것을 통일되게 하는 일에 부르심을 받았다고 이야기하는가? 함께 성도로서 모이는 교회 안에서도 분열과 갈등이 떠나지 않는데 어떻게 하늘에 있는 것과 땅에 있는 것이 다 그리스도 안에서 샬롬을 가져오게 하기 위해 부르심을

받았다고 하는가?'라는 생각에 먼 이야기로 느껴진다. 그러나 바울은 말한다. "지금 네 손에 쥐어지지 않았다고 해서 네가 바라보고 추구하며 목적해야 하는 너의 부르심까지 포기해서는 안 된다"라고 말이다.

우리는 하나님의 거대한 그림 속의 작은 점

"모든 일을 그의 뜻의 결정대로 일하시는 이의 계획을 따라 우리가 예정을 입어 그 안에서 기업이 되었으니"(엡 1:11).

모든 일이 하나님의 거대한 계획 속에 있다. 하나님의 계획은 하늘에 있는 것이나 땅에 있는 것이 그리스도 안에서 통일되게 하시는 것인데, 그 일은 역사의 마지막에 일어나는 것임을 알아야 한다. 역사의 마지막에 일어나는 그 일을 위해 성도는 끊임없이 신앙의 릴레이 경주를 하며 자기 시대에 주어진 믿음의 선한 싸움을 계속 싸워 나가야 한다. 우리 세대에 싸움을 한 후 바통을 넘겨주고, 그다음 세대도 그다음 세대에게 바통을 넘긴다. 그러나 우리는 바통을 넘겨주면서도 우리를 부르신 하나님의 우주적인 대목적을 절대로 잊지 말아야 한다.

하늘에 있는 것이나 땅에 있는 것이 하나님 안에서 다 통일되는 하나님 나라를 이 세상 안에 완성시키는 엄청난 우주적 사건에 지극히 부족한 우리 한 사람, 한 사람을 바로 지금, 이 시대에 하나님이 부르셨다는 사실이 이해가 되는가? 우리는 작은 점 하나에 불과하지만, 하나님의 거대한 그림을 절대로 잊으면 안 된다. 우리는 비록 작지만, 우리가 인생을 통해 찍는 이 작은 점은 '하나님의 엄청난 우주적 대사건'이라는 하나님의 큰 그림에 찍히는 위대한 점이다. 그러므로 우리는 전체를 위해 놀랍게 사용되는 하나님의 은총의 도구이자 수단이 된다. 우리가 흔히 예수 믿고 구원받는 일에 대해 가진 스펙트럼이나 안목과 바울이 가르쳐 주는 구원의 스펙트럼은 차원과 규모가 굉장히 다르다는 것을 알 수 있다. 이 부분은 아브라함을 보면 알 수 있다. 아브라함이 어느 날 하나님께 부르심을 받았다.

> "너는 너의 고향과 친척과 아버지의 집을 떠나 내가 네게 보여 줄 땅으로
> 가라"(창 12:1).

아브라함은 단지 하나님이 그가 있는 곳을 떠나라 하시는 줄 알고 부르심에 응답했다. 자신에게 말씀하신 분이 하나님이기에 따라갔다. 하나님이 왜 부르시는지는 알지 못했다. 부르심의 경륜의 베일이 벗겨지지 않았기 때문이다. 그저 자신을 향한 하나님의 개인적 부르심 정도로 생각했다. 그러다 보니 처음에는 '어떻게 해야 이 척박한 땅에서 살아남을 수 있을까? 어떻게 해야 가족을 보살피며 살아갈 수 있을까?' 정도만 생각하며 살았을 것이다. 그리고 이를 위해 하나님을 믿었을 것이다. 살기 위해 믿고, 행복하기 위해 믿은 것이다.

믿음으로서는 나쁜 출발이 아니다. 그런데 이 믿음은 지극히 개인적이다. 사실 우리 대부분이 그렇다. 그러다가 믿음이 자라면서 하나님을 서서히 신뢰하고 사랑하기 시작한다. 자기 자신만 사랑했는데, 하나님을 사랑하기 시작한다. 여기에서 믿음이 더 자라면 하나님을 다른 누구보다도 사랑하기 시작하고, 나중에는 자기 자신보다 하나님을 더 사랑하게 된다. 더 나아가면

자신을 부정하며 하나님을 사랑하게 된다. 이 단계에 이르면 살기 위해 믿는 것이 아니라, 하나님을 사랑하기 위해 믿는 단계로 나아간 것이다. 이 과정에서 하나님에 대한 눈이 점점 열린다.

인생, 절대로 시시하지 않다

하나님에 대한 눈이 열린 사람은 하나님을 믿으며 하나님께 묻기 시작한다.

"하나님, 저 같은 사람을 왜 부르셨습니까? 주님을 알면서도 신뢰하지 못해 결정적인 순간에 하갈의 방으로 슬쩍 스며드는 저 같은 사람을 왜 부르신 것입니까? 도대체 부족한 사람을 불러서 무엇을 하려고 이토록 저를 사랑하시는 것입니까?"

그러면 하나님은 이렇게 가르쳐 주신다.

"너의 구원 속에 만민을 향한 나의 계획이 들어 있다. 이제부터 너는 네가 아니고, 내 구원 계획의 놀라운 경륜의 한 부분이다!"

자기만을 사랑하는 단계에서는 하나님의 이러한 말씀이 부담스럽다. '나 하나도 통제하지 못하는 사람에게 어찌 이런 일을 하라고 책임을 주시는가' 하고 불편해한다. 그런데 하나님을 이제 사랑하기 시작하면 하나님이 원하시는 일을 이루어 드리고 싶다는 마음의 열망이 생긴다. 그러면서 하나님이 능력 있는 분이라는 것과 그분이 우리 인생에서 하시는 일은 빈틈이 하나도 없음을 알기에, 그분의 거대한 스펙트럼 속에 있는 인생이라는 지극히 작은 한 점이 크고, 놀랍고, 신비해 보이기 시작한다. 그래서 하나님이 그 엄청난 구원의 대장정의 흐름 속에 자신을 부르셨다는 사실을 알아채고 흥분하게 된다.

하나님의 계획을 알게 된 아브라함은 대단히 낯선 행동을 한다. 아내 사라가 죽어 장사 지낼 때의 일이다. 그 지역의 블레셋 사람들이 땅을 그냥 줄 테니 거저 쓰라 하는데도 한사코 그 땅을 값을 치르고 사겠다고 한다. 그는 이 거래를 통해 처음으로 자신의 소유지를 갖게 된다.

그의 행동은 미래를 내다본 포석이었다. 이로써 애굽으로 갔던 이스라엘 백성이 가나안 땅으로 돌아갈 때 영적인 명분을 갖게 된 것이다. "가나안 땅에는 우리 조상 아브라함이 은 400세겔을 주고 산 우리 땅이 있다. 그 땅은 우리 조상의 것이다" 하면서 말이다. 다시 말해서, 아브라함은 하나님의 거대한 구원 역사의 계획 속에 자신의 인생이 포진되어 있다는 사실을 알게 되면서 처음으로 그 계획을 바라보고 처신하는 법을 배우기 시작한 것이다. 이것이 우리 신앙의 진면목이다. 모든 사람은 자기 시대의 흐름 속에서 신앙의 길을 걷는다는 것이다.

예수님은 만민을 구원하려 하셨다. 그런데 예수님은 이스라엘 이외의 곳에서는 복음을 전하지 않으셨다. 이상하지 않은가? 만민을 구원하려 오셨으면 만민에게 복음을 전해야 하지 않는가? 예수님은 수로보니게 여인이 와서 은혜를 베풀어 달라고 하자 "나는 이스라엘 집의 잃어버린 양 외에는 다른 데로 보내심을 받지 아니하였노라"(마 15:24)라고 말하며 처음에는 쌀쌀맞게 반응하셨다. 이는 하나님의 거대한 구원 계획 속에 성자 예수님의 인생도 포진되어 있음을 인식하고 하신 말씀이다. 당신의 세대에 이루어져야 하는 가장 결정적이고 중요한 일을 마무리하고 떠나면, 하나님이 그다음 누군가에게 구원의 바통을 이어받게 해 당신의 일을 계속 이어 가신다는 것을 믿으신 것이다. 그분은 결국 이스라엘 백성에게 복음을 전하고 죽으시며, 그분이 세운 사도들이 만민에게 복음을 전하는 기틀을 만들어 주신다.

이러한 인식 아래서 자신의 인생을 보기 바란다. 그러면 우리는 굉장히 흥분되는 인생을 살고 있다는 것을 알 수 있다. 청소부로서 매일 화장실 청소를 하면서도 자신이 하는 청소가 하나님의 거대한 구원의 대역사 속에 있는 한 부분이라 생각하는 것이다. 그러면 그 사람에게는 앞에 있는 무엇 하나를 치우는 일에도 의미가 부여된다. '내가 하는 청소는 창조주 하나님이 세우신 우주의 한 모퉁이를 깨끗이 하는 일이다!'라고 인식하게 되면서 청소 자체가 굉장히 흥분되고 놀라운 일이 된다.

교회학교에서 아이들을 가르친다고 해서 누가 알아주는가? 주일 아침 일찍 교회에 와서 1부 예배를 드리고 조용히 교회학교 부서로 가서 아이들을 가르쳐도 누구 하나 시선을 주지 않는다. 하지만 그 사람의 마음 안에는 다른 것, 다른 선한 마음이 역사하고 있다. 작은 것이 결코 작지 않음을 알게 된다.

'내가 양육한 이 아이들을 통해서 하나님이 만민을 구원할 놀라운 생명의 역사를 이루어 내신다!'

하나님의 거대한 계획 속에 인생이 포진되어 있다는 것을 알 때, 우리 인생은 절대로 사소하거나 시시하지 않다.

우리의 구원은 내면에 함몰되지 않는다. 구원은 내면으로부터 시작되지만, 내면에 그치지 않는다. 구원은 개인으로부터 시작되지만 그것이 개인 구원이나 개교회에 함몰되어서는 안 된다. 구원은 지극히 비밀한 내면에서 시작하지만 가족을 통해 교회로 확산되고, 사회 전체로 퍼져 나가고, 바울이 보고 있는 것처럼 우주 전체로 완전히 확장되어 마침내 하늘과 땅이 통일되는 역사를 통해 완성되어 간다. 바로 그 속에서 하나님의 계획을 따라 우리의 인생길이 펼쳐지고 있는 것이다. 그러니 우리의 인생을 향한 큰 그림을 절대로 놓치지 않기 바란다.

03

능력

내게 주신 능력에 눈뜨게 하소서

엡 1:15-19

에베소서를 통한 신앙의 재발견

에베소서를 바울 저술의 백미라고 하는 데는 이유가 있다. 에베소서에는 여느 서신서와 달리 서신의 배경이 되는 이야기가 없다. 예를 들어, 갈라디아서는 바울이 갈라디아 지방에 복음을 전하고 떠난 뒤 가만히 흘러들어온 유대인 그리스도인들이 바울이 전한 복음을 흩어 버렸기에 복음과 율법을 다시 설명하고자 쓴 서신이다. 또한 고린도전서는 교회가 사분오열되었다는 소식에 바울이 교회란 무엇인가를 다시 가르쳐 주려고 쓴 편지다.

　이처럼 서신들에는 배경이 있기에 서신 그 자체로 읽으면 오류를 범하기 쉬운 맥락이 있다. 배경을 염두에 두고 읽어야 그 속에 담긴 계시의 말씀의 뜻이 온전히 드러난다. 반면에 에베소서에는 배경이 없기에 서신서만을 붙들고 씨름할 수 있다. 서신서 자체를 바로 하나님의 계시로 붙들고 경주할 수 있는 것이다. 마치 모세가 호렙산에서 두 돌판에 새겨진 계명을 가지고 막 나타났을 때 하나님의 계명이 새겨진 돌판의 글씨, 성령의 불로 쓰인 글씨의 뜨거움과 온기가 아직 가시지 않은 때에 달려가 보고는 '하나님이 지금 내게 이런 말씀을 하고 계시는구나!' 하며 신비와 경이로움 가운데서 계시의 말씀을 읽는 것과 유사한 경험이 에베소서에서 일어난다. 그만큼 에베소서는 신령하고 신비한 책이다.

그래서 에베소서를 바르게 읽고 성령께 의지하여 깨우치면 사람이 깨어나기 시작한다. 이전과는 다른 각도에서 성경이 보이기 시작하고, 세상이 보이기 시작하며, 무엇보다 인생이 다시 깨어나게 된다.

'나는 운명에 매이거나 우연히 이 세상에 온 사람이 아니라, 세상이 만들어지기 이전부터 하나님이 알고 그리스도 안에서 예정하신 존재구나! 그래서 나라는 사람이 지금, 여기, 이 순간에 살고 있는 것이구나!'

하나님의 거대한 계획 속에서 인생이 재발견되고 있음을 바르게 깨우치니 자신을 재발견하게 되는 것이다.

또한 교회를 위해서 그리스도가 만물의 머리가 되신다는 것을 알게 되면서 교회를 재발견하게 된다. 그저 조상이 가르쳐 주고 자신이 경험한 교회가 아니라, 하나님이 주시려 하는 온전한 교회의 모습이 어떠한 것인지를 재발견하게 된다. 그리고 신앙을 재발견하게 된다. 본문에서 바울은 이렇게 말한다.

"신앙을 재발견하기 위해서는 너희가 세 가지를 알아야 한다. 나는 에베소에 있는 너희를 위해 항상 세 가지를 기도한다."

신앙의 첫 번째 재발견: 하나님 알기

> "우리 주 예수 그리스도의 하나님, 영광의 아버지께서 지혜와 계시의 영
> 을 너희에게 주사 하나님을 알게 하시고"(엡 1:17).

지금 바울은 불신자가 아니라 신자들에게 서신을 보내고 있다. 그러니 그
들은 당연히 하나님을 아는 자들이다. 그런데 바울은 에베소 성도들이 지혜
와 계시의 영을 받아 하나님을 알게 해 달라고 기도했다. 하나님은 한 번 알
고 끝날 분이 아니시라는 뜻이다. 하나님은 끝없이 계속해서 알아 가고, 배
워 가고, 경험하며, 체험해야 하는 분이다. 이것이 영어 성경에 정확히 번역
되어 있다. 하나님을 더욱 잘 알아 가게 해 달라고 기도한다는 것이다.

> "I keep asking that the God of our Lord Jesus Christ, the glorious
> Father, may give you the Spirit of wisdom and revelation, so that you
> may know him better"(NIV).

남녀가 만나 결혼하고 서로를 알아 가면서 수십 년을 함께 살아도 '내가
저 사람을 정말 알고 있었나?' 싶을 정도로 배우자에 대해 낯설게 느껴지는
경우가 있지 않은가? 하물며 영이신 하나님, 온 우주의 우주도 다 담을 수
없는 크고 광대하고 신비하신 하나님이겠는가. 코로 숨 쉬는 피조물인 우리
가 70년, 80년, 90년이라는 짧은 인생을 살면서 하나님이 어떤 분이신지를
다 안다고 어떻게 감히 말할 수 있겠는가. 하나님을 다 안다고 말하는 순간,
그 사람은 자신이 대단히 교만하다는 것을 스스로 드러내는 것이다.

하나님은 우리가 백 번, 천 번을 다시 태어난다 할지라도 다 알 수 없는 분이다. 바울은 그래서 하나님의 백성이 지혜와 계시의 영을 갖게 되어 하나님을 더욱더 알게 해 달라고 기도한 것이다.

그만큼 우리는 하나님에 대해 우리를 개방해야 하며, 이전에 알던 하나님 상에 갇혀 있어서는 안 된다. 교리 안에 있는 하나님을 우리가 만난 하나님의 전부라 생각해서도 안 된다. "하나님, 지금, 여기, 이 순간에 새롭게 다가오시는 하나님을 알게 해 주십시오. 하나님을 거듭 새롭게 만나게 해 주십시오" 하는 기도가 살아 있어야 살아 있는 신앙이다. 그렇지 않으면 우리의 신앙은 묵은 신앙이 된다. 어떻게 10년, 20년 전에 만난 하나님에 대한 고백을 가지고 지금, 여기, 이 순간에 새롭게 역사하시는 하나님을 다 알고 있다고 감히 말할 수 있겠는가. 오래전에 하나님을 만났던 앵글로 세상을 보는 일에 만족해서는 안 된다.

하나님을 새롭게 아는 것이 왜 중요한가? 성도는 결국 맨눈으로 세상을 보지 않는다. 성도라면 끊임없이 하나님의 앵글로 세상을 볼 수밖에 없다. 그러므로 하나님을 보는 눈이 낡고 고루하며 진부하고 오래되어 있으면 우리는 그와 동일한 앵글로 세상을 볼 수밖에 없다. 그러니 바울이 하나님을 더욱더 알게 해 달라고 기도한 것은 지금, 여기, 이 순간에 역사하시는 하나님을 바르게 깨치고 알아서 하나님을 끊임없이 새로운 마음과 새로운 영으로 만나고, 이 세상에 바르게 대처하게 해 달라고 기도한 것이다.

하나님은 우리를 지금, 여기, 이 순간에 새롭게 만나기 원하신다. 그래서 성도가 예배를 통해 하나님의 말씀 앞에 설 때는 이전에 가졌던 하나님에 대한 이해를 전부 옆으로 밀어 놓아야 한다. 그리고 하나님을 전혀 처음 만나는 사람처럼 기도해야 한다.

"주님, 지금, 여기, 이 순간에 저에게 새롭게 말씀해 주십시오!"

우리는 주님 앞에 단독자로 서야 한다. 그만큼 하나님은 우리에게 끊임없이 새롭게 다가오기를 원하신다. 바로 그 하나님을 알게 해 달라고 바울은 기도한 것이다. 여기서 신앙이 새롭게 되고, 신앙이 재발견되기 때문이다.

신앙의 두 번째 재발견: 부르심의 소망 알기

"너희 마음의 눈을 밝히사 그의 부르심의 소망이 무엇이며"(엡 1:18상).

바울은 두 번째로 에베소 성도들이 신앙의 재발견을 위해 부르심의 소망이 무엇인지를 알게 되기 원한다고 기도했다. 창세전부터 부족하고 악한 우리를 하나님이 왜 예정하셨는지, 예정하셨을 때는 어떤 뜻이 있지 않았겠느냐는 것이다. 이 세상에 이유 없는 부르심이 어디 있느냐는 것이다.

"성도 안에서 그 기업의 영광의 풍성함이 무엇이며"(엡 1:18하).

여기서 '기업'은 유산(inheritance)이다. 부모가 생을 다했을 때 자녀에게 유산을 남겨 주는데, 부모가 부자일수록 자녀는 많은 유산을 물려받는다. 그러면 우리 창조주 하나님, 온 세상을 가진 분이 그 자녀에게 주시는 유산은 얼마나 크고 놀랍고 광대하겠는가. 만약 그 유산을 눈으로 볼 수 있다면 입이 떡 벌어져 다물어지지 않을 것이다. 그런데 우리는 사실 하나님이 무슨 유산을 주셨는지도 잘 모르지 않는가? 그래서 하나님을 믿는데도 거지 같은 가난한 마음으로 믿고 있지 않는가? 바울은 지금 성도들이 하나님의 유산의 풍성함이 무엇인지를 알기 원한다고 기도하고 있다.

"왕의 가족이요, 창조주의 가족인데 마치 거지의 후손처럼 비루하고 초라한 마음으로, 왕족이면서도 평민처럼 초라한 자아상으로 살고 있지 않으냐? 하늘에 속한 자이면서도 땅에 속한 자, 세상에 속한 자처럼 세상의 것들에 혼을 주고 세상의 그릇된 이념들을 좇아가느라 인생을 허비하고 있지 않으냐? 하나님이 너희 눈을 밝히사 그 기업의 영광의 풍성함이 무엇인지 알게 하시기를 원한다."

하나님이 주신 유산이 얼마나 큰지를 모르는 안타까운 일들이 왜 생기는가? 바울이 볼 때는 그들의 눈이 밝아지지 않았기 때문이고, 그래서 그들의 마음의 눈을 밝혀 달라고 기도한 것이다. "너희가 얼마나 엄청난 유산을 물려받아 세상을 살아가고 있는지, 하나님이 너희 눈을 밝혀 주셔서 그것을 보게 되기를 원한다"라고 말한 것이다.

옛 어른들은 제대로 된 성경에 대한 안내서가 없었던 것은 물론, 신학을 알았던 것도 아니고 오늘날 신앙인들처럼 신앙적인 지식이 많았던 것도 아닌데 신령했다. 한 예로, 자녀가 돈이 없다고 하면 자녀를 혼냈다. "이놈아, 돈 없다는 이야기하지 마라! 돈이 안 보일 뿐, 우리 하늘 아버지께서는 부자시다. 영의 눈을 뜨면 보이기 시작하고, 때가 되면 주님이 주실 것이다. 성도는 절대로 돈 없다고 이야기하는 것 아니다" 하며 나무랐다. 맞는 말이다. 기업의 영광의 풍성함이 무엇인지를 보지 못하고 있으니 자신 없고 부족하게 인생을 살아가는 것이다. 이제는 기도를 바꾸자.

"하나님, 하나님이 주신 유산의 풍성함이 무엇인지를 영의 눈을 떠서 보게 하시고, 하나님이 저의 인생에 쌓아 놓으신 하늘의 보물 창고를 보게 하시어 거지처럼 살지 않고 왕의 자녀로 살게 해 주옵소서. 지금 저의 손에 쥐여 주지 않으셨다 할지라도 그 때문에 초라해지지 않게 하시고, 우리의 유산은 하늘의 보물 창고에 있으니 때가 되면 주신다는 생각 아래 그 유산을 바라보며 사는 은혜를 허락해 주옵소서."

영의 눈을 떠서 이렇게 기도하기를 바란다. 이것이 바로 '그 기업의 영광의 풍성함이 무엇인지 알게 하시기를 원한다'는 바울의 기도가 의미하는 바다.

신앙의 세 번째 재발견: 하나님이 주신 능력 알기

"그의 힘의 위력으로 역사하심을 따라 믿는 우리에게 베푸신 능력의 지극히 크심이 어떠한 것을 너희로 알게 하시기를 구하노라"(엡 1:19).

신앙의 재발견을 위해서는 또한 하나님이 주신 능력을 알아야 한다. 하나님의 힘의 위력은 만물을 창조하는 능력이다.

하나님은 흙으로 사람을 만드셨다. 이는 토기장이가 진흙으로 그릇을 빚어 낸 것과 마찬가지다. 그냥 사물인데 하나님이 그 코에 생기를 불어넣으시니 그때부터 그것이 살아 있는 영이 되어 팔과 다리가 움직이며 성령이 역사하시는 신령한 영이 되었다. 이것이 하나님의 능력이다. 죽은 것에 생명을 부어 주시는 능력, 창조의 능력이다. 예수님이 죽은 자 앞에서 "소녀야 일어나라"(막 5:41) 하시니 죽었던 소녀가 일어났다. 예수님이 "나사로야 나오라"(요 11:43) 하시니 나사로가 몸에 붕대를 칭칭 감고 무덤 밖으로 뚜벅뚜벅 걸어 나왔다. 죽은 자를 일으켜 세우시는 하나님의 능력이다.

이 능력을 하나님이 우리에게도 주셨음을 믿기 바란다. 에스겔 47장에도 나오지 않는가?

> "[성전에서 나온] 이 물이 동쪽으로 향하여 흘러 아라바로 내려가서 바다에 이르리니 이 흘러내리는 물로 그 바다의 물이 되살아나리라"(겔 47:8).

하나님 안에 있는 능력이다. 이 능력이 성령을 따라서 성도인 우리 한 사람, 한 사람에게 흘러들어와 있다는 사실을 알아야 한다. 하나님을 아는 마음의 눈을 뜨면 이 하나님의 능력이 보인다. 그래서 바울이 에베소 성도들을 위해 기도한 것이다.

"너희는 초라하고 비루한 인생이 아니며, 너희가 가진 기독교 신앙은 하찮고 시시한 종교가 아니다! 너희는 죽은 사람을 일으켜 세우는 부활의 능력, 만물을 창조하시는 하나님의 새 창조의 능력을 가지고 있다. 우리에게 베푸신 능력의 지극히 크심이 어떠한 것을 너희로 알게 하시기를 구한다!"

신앙을 재발견한다는 것은 기도한다는 것이다.

에베소는 소아시아에서 매우 강력한 도시였다. 힘이 강하다는 것은 사람이 많고, 경제력이 강하고, 거기에 더해서 한 국가를 움직일 만한 강력한 권세가 있다는 것을 말한다. 에베소는 소아시아에 있지만, 로마 황제가 정보원들을 보내어 감찰하여 정치적 상황을 민감하게 주시할 만큼 중요하게 여긴 도시였다. 시 전체가 그만큼 힘이 있었고, 또 힘을 추구했다. 그러다 보니 능력이 있다는 종교와 철학 사상가들이 다 모여 각축하며, 자신이 진정한 능력으로 이 세상을 구원하고, 세상을 보다 나은 곳으로 만들 수 있다고 선전하며 자랑했다.

여기에 남루한 옷을 입은 한 사람이 들어왔다. 그는 사람들에게 그 당시 낯선 지역인 갈릴리 나사렛에 살았던 한 사내, 예수 그리스도의 부활의 능력을 전하기 시작했다. 그러자 이 부활의 능력을 듣는 사람들의 눈이 뜨였고, 남루한 차림의 사도가 병자의 손을 잡고 일으키니 나면서 걷지 못하던 사람이 걷게 되었고, 복음을 들은 사람이 회개하는 역사가 일어났다. 인생에 소망이 없다고 생각했던 사람이 이상하게도 그가 전하는 이야기를 듣자 인생에 소망이 생기면서, 자기 인생은 수많은 기회와 가능성으로 꽉 차 있다는 이상한 마음이 찾아왔다. 그러면서 수많은 철학과 사상을 들을 때면 머리는 시원해도 가슴은 답답했는데, 그가 전하는 복음을 듣자 눈에서 감격의 눈물이 흘렀다.

이것이 복음이 가진 능력이다. 한 사람의 인생을 완전히 부활시키는 하나님의 능력이다. 하나님의 능력의 지극히 크고 광대한 경험을 하게 되기를 바란다. 예수님 때문에 인생이 완전히 부활하고, 하나님이 베푸신 능력의 지극히 크심이 어떠한 것을 깨달아 감격하며 살아가기 바란다.

04

정체성

교회, 예수의 생명이 흘러넘치는 유기체

엡 1:20-23

주님이 주신 교회의 본래 모습

한 성도가 동료 신자에게 "예수 믿으면서 가장 힘든 것이 무엇입니까?" 하고 물었다. 그러자 그는 "교회요!"라고 대답했다.

유진 피터슨(Eugene Peterson)이 쓴 《부활을 살라》(IVP 역간)에 소개된 이야기다. 예수 믿으면서 교회가 제일 힘들다는 말에 공감이 간다. 교회에서 일어나는 일들을 지켜보면 신자로서 마음이 아픈 경우가 많기 때문이다.

세상에 살면서 갖게 되는 상처를 치유 받고 회복되어 구원을 얻고 누리기 위해 교회에 왔는데, 교회에서 사람들을 만나고 사역하다가 다시 또 상처를 받는다. 부모가 교회 때문에 아파하는 것을 보고 자녀가 교회를 떠난다. 부모가 교회로부터 부당하게 대우받는 모습을 본 자녀는, 예수는 믿지만 조직 교회에는 가까이 가려고 하지 않는다. 오늘날 비일비재하게 일어나는 일이다. 물론 교회 전체가 그렇게 하는 것은 아니고, 교회 안에 있는 특정인이나 특정 무리가 그렇게 할 뿐이다. 교회에는 좋은 사람도 많다. 하지만 어쨌든 교회 안에서 일어난 일들로 인해 아프고 속상해하는 것은, 전체적으로 보면 교회가 한 것이라 할 수 있다. 이런 현실에서 에베소서는 본격적으로 교회에 대해 이야기한다.

교회에 대한 이야기를 본격적으로 다루기에 앞서, 지금까지 가졌던 교회에 대한 전제를 다 내려놓기 바란다. '내가 경험한 교회', '내가 가진 교회에 대한 인상' 그리고 조상 때부터 전해져 온 '교회에 대한 매뉴얼' 등을 다 내려놓아야 한다. 에베소서 안으로 들어가면 우리가 경험해 온 교회, 우리가 전통으로 알고 있는 교회는 성경이 가르쳐 주는 교회와 너무 다르기 때문이다.

성경을 정말 계시의 말씀으로 받고, 성경이 가르쳐 주는 교회야말로 본래의 교회이고 하나님이 이 지상에 주시려 하는 교회의 본모습임을 믿는다면, 지금까지 경험하고 가져 온 교회에 대한 인상이 성경에 나오는 교회를 받는 데 간섭 요인이 되거나 산란 요인이 되어서는 안 된다. 우리가 이미 갖고 있는 교회에 대한 이미지는 오염되어 있다고 할 수 있다.

그런 면에서 이 말씀을 순전하게 계시의 말씀으로 받기 원한다면, 우리 각자가 가진 교회상을 다 내려놓고 "주님, 주님이 이 지상에 주시려는 교회의 본래 모습은 어떤 것입니까?" 하고 기도하는 마음을 가져야 한다.

그리스도가 세상을 통치하신다는 믿음

에베소서 1장 23절은 에베소서 1장의 주제가 되는 구절이다. 사실 바울은 23절을 설명하기 위해 지금까지 말씀을 풀어 온 것이라 볼 수 있다. 바울은 23절 말씀이 현실에서 가능하게 하려고 교회의 구성원이요, 교회 자체가 되는 성도들을 위해 기도한다며 자신의 기도를 공개한다. 앞 장에서 살펴보았듯이 그는 성도가 하나님의 부르심의 소망과 하나님 그분에 대하여 그리고 그분이 베푸신 능력의 크심을 알기 원한다고 기도했다.

이 세 가지를 알아 도대체 무엇을 하게 하려는 것이라고 말하는가? 바로 교회를 이루려는 것이다. 바울에게 교회는 '사람들'이다. 이 사람들이 성도의 능력과 부르심의 소망과 하나님을 알 때, 사람인 교회는 온전해진다. 그래서 바울은 이 세 가지를 기도한다고 말한 것이다.

동시에 20-21절에서 바울은 교회를 교회 되게 만드는 예수 그리스도가 누구신지를 이야기하고, 이어지는 22절에서 하나님이 "그[그리스도]를 만물 위에 교회의 머리로 삼으셨느니라"라고 말한다. 하나님이 그리스도를 만물 위에 교회의 머리로 삼으셨다는 말은 교회가 얼마나 권세 있는 곳인지를 가리킨다. 교회에는 권세가 있다. 영어 성경은 이 부분을 '교회를 위하여 예수가 만물 위에 머리가 되셨다'라고 옮기고 있다.

"And God placed all things under his feet and appointed him to be head over everything for the church"(NIV).

교회가 하나님이 보시기에는 너무나 특별한 유기체요, 생명체이기 때문에 교회를 위하여 예수님이 만물 위에 머리가 되셨다는 것이다.

교회는 세상을 구원하기 위해 세상 한복판에 있지만, 교회가 가진 영적 권세는 우리가 생각하는 것보다 훨씬 크고, 깊고, 위대하며, 광대하다. 그래서 숭엄하기까지 하다. 그 교회의 영적 권세는 만물 위에 있다. 그 이유는 명료하다. 교회의 머리 되시는 그리스도가 만물의 통치자이시기 때문이다. 그리스도가 만물의 통치자요, 세상의 주관자가 되신다는 사실을 믿는가? 부활하신 이후에 하나님은 그리스도를 세상의 주관자로 세우셨다. 21절에 바로 그 말씀이 기록되어 있다.

"모든 통치와 권세와 능력과 주권과 이 세상뿐 아니라 오는 세상에 일컫는 모든 이름 위에 뛰어나게 하시고."

예수님이 바로 하나님이 모든 통치와 권세와 능력과 주권 위에 뛰어나게 하신 분이라는 것이다. 그리고 22절에서는 "또 만물을 그의 발아래에 복종하게 하시고"라고 말한다. 정리하면 이렇다.

"지상에 존재하는 교회, 가시적 교회, 그 제도 교회가 정말 깨어나서 제구실을 하려면 교회의 머리가 되시는 예수 그리스도, 너희의 주인이요, 왕이 되시는 예수 그리스도가 진짜 누구신지를 먼저 알아야 한다. 그분은 네 영혼의 구세주만이 아니다. 그리스도를 제한하고 축소하지 마라. 그리스도의 통치를 내면의 영역, 개인의 영역으로 제한하고 위축시키지 마라. 그분은 세상에 있는 통치자들이 대단히 불편해할 수 있는 분이다. 그분은 세상의 주관자요, 세상의 통치자가 되기를 원하시기 때문이다."

이것이 초대 교회와 성경이 가진 그리스도관이다. 그리스도가 왕이시고, 황제이시고, 대통령이시다. 그러므로 성경을 똑바로 알면, 그리스도인은 로

마를 불편하게 만들 수밖에 없다. 이런 면에서 교회는 굉장히 정치적이다. 여기서 정치적이라는 말은 세상에 있는 정치 이념의 일각을 교회가 가져와서 인정하라고 이야기하기 때문이 아니다. 세상 사람들이 지배하고 다스리고 있다고 생각하는 그 정치를 교회가 자신들의 것이라고 이야기하기 때문에 그렇다.

그런데 교회는 역사 속에서 세상과 타협하고 제휴했다. 근대에 오면서 그리스도는 우리 심령의 영역을 통치하시고, 정치는 세상을 다스린다며 주도권의 영역을 분할했다. 오늘날에 와서는 거기에 하나를 더했다. 그리스도는 심령의 영역을 다스리시고, 정치는 세상을 다스리고, 기업가는 경제를 다스린다고 말이다. 그래서 어느 순간부터 그리스도는 심령의 구주가 되어 버리셨다. "모든 통치와 권세와 능력과 주권과 이 세상뿐 아니라 오는 세상에 일컫는 모든 이름 위에 뛰어나게 하시고"(엡 1:21)라는 그리스도의 본래 모습을 교회가 잃어버린 것이다. 그러니 여기서부터 뒤이은 모든 스텝이 꼬여 버리고 말았다.

그리스도가 세상의 통치자라는 것, 우리가 믿는 그리스도가 가이사보다, 대통령보다 더 위대한 분이라는 사실을 믿기 바란다. 어떻게 다스리시는가는 다른 문제다. 중요한 것은, 교회가 이 점을 분명히 하고 성도가 이를 자각하는 것이다.

교회는 그리스도가 흘러넘치는 곳

"교회는 그의 몸이니 만물 안에서 만물을 충만하게 하시는 이의 충만함이니라"(엡 1:23).

이 말씀은 "교회는 이 세상을 다스리시는 분의 몸이다. 만물 안에서 만물을 충만하게 하시는 이의 충만함이다. 교회는 만물을 충만하게 하시는 이, 즉 그리스도의 충만이다"라는 말이다. 어려운 표현이다. 영어 성경으로 보면, "the church, the fullness of the him[Christ]"(NIV)인데, 'fullness'는 '충만, 채워짐'이다. '성령 충만'이라 할 때 '충만'의 의미다. 은유로 표현하면, 교회는 예수님이 샘처럼 펑펑 흘러나오는 곳이라는 뜻이다. 교회는 예수님이 가득 차 계시면서 덮고 계신 곳이다.

교회를 보면 예수님이 어떤 분인지가 드러난다. 예수님은 2천 년 전에 이 땅에서 33년을 살고 가셨다. 오늘날 우리는 성경을 통해서만 예수님에 대해 알 수 있고, 그분을 만날 수 있다. 그런데 교회는 그리스도의 충만이기 때문에 우리는 교회를 통해서도 예수님에 대해 알 수 있을 뿐 아니라, 그분이 우리 옆에 와 계심을 알 수 있다. 이것이 바로 교회가 그리스도의 충만이라는 뜻이다.

그러므로 교회는 어떤 곳인가? 첫째, 교회는 그리스도로 충만한 곳이다. 그리스도가 흘러넘친다. 그리스도로 채워지고, 그리스도가 솟아날 뿐 아니라, 물이 온 세상을 덮듯이 그리스도로 가득 덮인 곳이 교회다. 그렇기에 교회에는 그리스도가 주시는 생명이 차고 넘친다.

둘째, 교회는 그리스도가 주시는 복과 은사로 가득한 곳이다. 에베소서 1장 3절은 "모든 신령한 복을 우리에게 주시되"라고 말씀한다. 하나님은 우리에게 신령한 복을 주시되, 교회를 통해서 주신다. 교회 밖에는 구원이 없다는 말이 바로 이 뜻이다. 교회를 떠나면 영혼은 말라 버리기 시작한다. 주님은 교회를 통해 당신이 가진 모든 복을 내려 주시기 때문이다.

여기까지 묵상하면 유진 피터슨의 책에 수록된 '예수 믿으면서 가장 힘든 것이 바로 교회'라는 말이 피부에 와닿고, 오늘날 존재하는 지상의 교회는 무엇인가 토대를 잘못 세우고 서 있다는 것을 알 수 있다. 교회에 가면 그리스도가 충만해서 흘러넘친다는 말은, 교회는 자존하지 않는다는 뜻이다. 교회는 스스로 존재하지 않는다. 스스로 존재할 수도 없고, 스스로 존재하려 하지도 않는다. 스스로 충만할 수도 없다. 교회는 절대로 스스로 운영되는 곳이 아니다. 교회는 예수님에 의해 목양되는 곳이다. 그래서 예수님을 목자라고 부르는 것이다.

교회는 그리스도로 존재하고, 그리스도로 유지되며, 그리스도로 충만하게 된다. 그리스도가 없으면 교회는 껍데기에 불과하다. 충만이란 사실 피부에 와닿게 느껴져야 한다는 뜻이다. 목사와 성도가 아무리 그리스도에 대해 이야기해도 그들의 심령을 그리스도가 장악하고 다스리시지 않으면, 그리스도가 진짜 왕이 되시지 않으면 그리스도로 충만한 모습이 나타나지 않는다. 그리스도께서 당신이 가진 능력과 권세로 교회를 채워 주시지 않으면, 교회는 아무것도 아니다.

교회를 보고 예수님을 알게 하라

안타깝게도 오늘날 예수님을 믿는다 하지만 예수님을 문밖에 세워 둔 교회가 얼마나 많은지 모른다. 그리스도로 충만한 것이 아니라, 그리스도의 이름을 빙자해서 서 있는 교회가 너무나 많다. 교회는 이런 면에서 철저하게 그리스도께 의지해야 한다. 교회는 그리스도의 종이다. 따라서 교회는 예수님이 드러나야 하며, 예수님을 드러내기 위해 지상에 존재한다. 예수로 충만해야 한다. 성령을 통해 교회에 예수님의 향기가 가득하고 예수님으로 충만하면 예수님이 드러나실 수밖에 없다. 이것이 바로 성경이 초대 교회 때부터 가르쳐 주는 교회요, 교회가 존재하는 이유다. "교회를 보니 예수님이 어떤 분이신지 알겠네!" 하는 말이 나와야 한다.

현대 교회는 이 사실을 깨달아야 한다. 교회는 비즈니스도 아니고, 이념 집단도 아니다. 따라서 세상 정치에 휘둘려서는 안 된다. 교회의 권세는 세상의 어떤 이념이나 가치관, 세계관 위에 있기 때문이다. 세상의 이념이나 가치관, 세계관이 교회를 장악하거나 잠식하게 놔둬서는 안 된다. 그것은 교회를 빌라도의 법정에 파는 것이다. 또 교회 자체가 목적이 되어서는 안 된다. 교회는 찬양의 대상이 될 수 없다. 교회가 멋지거나 교회를 너무도 사랑하면 나중에는 그 교회를 찬양하고 싶은 마음이 들기 마련이다. 그러나 그것은 유혹이다. 그 유혹을 뿌리쳐야 주님이 기뻐하시고, 그리스도로 충만한 교회가 된다.

자신의 교회를 자랑하면 그때부터는 교회 우상 주의에 빠지게 된다. 시간이 지나면 예수님이 아니라 교회가 주인이 되는 것을 볼 수 있다. 성도들은 이 점에 유의해야 한다. 너무 좋기에 유혹에 빠지는 것이다. 자식이 너무 사랑스러우면 우상화되기 직전까지 가는 것과 마찬가지다.

왜 교회에 다니며 상처를 주고받는가? 왜 항존직 선거를 하면 교회가 시름에 빠지는가? 성도도, 장로나 목사도 그런 모습을 보면서 속상해하거나 안타까워하거나 통회하는 마음이 없다. 왜 그런가? 조상 때부터 항존직 선거를 할 때는 으레 그런 일이 일어났기 때문이다. 교회의 주인이 더 이상 그리스도가 아님을 징후로 보여 주고 있는데, 이 부분에 대해 교회를 섬기는 우리에게, 주님을 왕으로 섬기는 우리에게 아파하고 속상해하는 마음이 없는 것이다. 이것이 주님이 보시기에는 더 속상한 일이다. 교회의 다른 것이 이미 주인이 되었기 때문이다.

어느 교회에서 한 권사님이 새 가족에게 이렇게 말했다고 한다.

"그 연세 될 때까지 아직 권사도 못 되시면 어떻게 해요."

그 권사님이 속한 교회에서는 항존직이란 나이가 일정 정도 되면 도달해 있어야 하는 지위요, 명예가 되어 있는 것이다. 당연히 그리스도가 왕이 되어 있는 교회에서는 항존직을 그렇게 생각하지 않는다. 그런데도 '부모님이 항존직을 그렇게 생각해 오셨으니 나도 그렇게 생각한다'며 자신의 오염된 모습을 보고 조금도 통회하거나 아파하는 마음이 없다면, 과연 우리는 교회를 어떻게 세워 가고 있는 것일까?

안타깝게도 조직 교회 안에 있는 지도자들이 이처럼 세상적이고 육체적인 것들을 허용하고, 심지어는 적절히 활용하기까지 한다. 나 역시 부족하고 죄가 많은 목사지만, 다른 목회자들을 보면서 속상할 때가 있다. 교회를 운영하고 성장시키기 위해서 성도들이 가진 육체의 소욕을 없애지 않고 그것을 오히려 교회 사역의 동력으로 적절히 활용하는 경우가 그렇다. 이는 교회를 빌라도의 법정에 파는 것이다.

교회는 그리스도의 몸이다. 교회는 만물 안에서 만물을 충만하게 하시는 이의 충만이다. 교회는 바로 그리스도의 충만이고, 교회의 왕은 오직 예수 그리스도 한 분이시다. 이 사실을 가슴속에 깊이 새기면서 교회에 대해 새롭게 자각하고 깨어나는 은혜가 임하기를 바란다. 먼저는 목사와 교회를 섬기고 돌보는 지도자들에게 통회하고 자복하는 마음이 일어나야 할 것이다.

그리스도의 충만(fullness of Christ), 이것이 교회다. 지금 되어 있든, 되어 있지

못하든 그리스도의 충만이 바로 하나님이 지상에 주려 하시는 교회의 모습
이고, 우리가 섬기는 교회의 본래 모습이어야 한다.

05

만남

잘못 가는 인생길에 찾아오신 예수님

엡 2:1-7

깨우치기 위해 바라봐야 할 것

에베소서는 '깨어남의 책', '자각의 책'이다. 우리는 이 땅에 우연히 온 줄 알았는데 하나님이 창세전부터 예정해서 당신의 자녀가 되게 해 주셨다는 자기 자신에 대한 깨어남이고, 인생에 대한 깨어남이다. 이렇게 성도 된 사람들이 함께 만들어 가게 된 교회에는 하나님의 어마어마한 비밀이 담겨 있다. 즉 교회는 하나님의 은혜의 풍성함이 흘러나오는 곳이고, 예수 그리스도의 충만함(헬. 플레로스)이 샘처럼 솟아나는 곳이다.

이 깨어남, 자각이 우리 각 사람 안에 그리고 교회 안에서 일어나도록 하려면 현재만 보아서는 안 된다. 과거로 돌아가 보고, 성경을 통해 미래로 갔다가 현재로 다시 돌아와 우리가 어느 자리에 있는지를 분명히 알아야 한다. 그래야 현재의 자신이 보이기 시작한다. 미래에 우리 인생의 마지막이 어떤지를 볼 때 현재에 어떻게 살아야 하는지를 알 수 있다. 마찬가지로 우리가 과거에 본래 어떤 사람인지를 분명히 알아야 지금 우리가 어떻게 살아야 하는지가 명료해진다. 부르심의 소망이 이때 드러나는 것이다. 그래서 바울은 에베소 성도들을 데리고 과거 여행을 시작한다.

과거의 나는 허물과 죄로 죽었던 자

"그는 허물과 죄로 죽었던 너희를 살리셨도다"(엡 2:1).

이를 헬라어 원문대로 번역하면, "하나님이 살리신 너희는 그때, 과거에 허물과 죄로 죽었다"이다. NIV는 좀 더 명료하게 "너희는 허물과 죄로 죽었다"(you were dead in your transgressions and sins)라고 옮겼다. 그들은 본래 다 죽어 있었다는 것이다. 그리고 나서 2-3절에서는 그들이 대체 어떤 상태에 있었기에 죽었다고 하는지를 서술한다.

"그때에 너희는 그 가운데서 행하여 이 세상 풍조를 따르고 공중의 권세 잡은 자를 따랐으니 곧 지금 불순종의 아들들 가운데서 역사하는 영이라"(엡 2:2).

'세상 풍조를 따랐다'는 것은, 그들이 세상의 그릇된 가치관과 세계관을 따라 살아가고 있었다는 것이다. 시대정신을 따르는 것과 세상 풍조를 따라 가는 것은 다르다. 시대정신은 하나님이 그 시대마다 성도들이 중요하게 고려해야 하는 하나님의 인도하시는 손길을 보게 해 주는 것이다. 반면에 세상 풍조는 세상의 그릇된 가치관과 세계관, 성경 66권이 가르쳐 주는 신앙이나 가치관과는 멀어져 있는 것들, 곧 오늘 우리 시대가 추구하고 있는 맘모니즘, 물질주의, 배금주의 등이다.

'공중의 권세 잡은 자, 곧 지금 불순종의 아들들 가운데서 역사하는 영을 따랐다'는 것은 그들이 마귀, 곧 사탄의 힘을 따랐다는 것이다. 이는 과거에 그들이 악한 영의 지배를 받고 살았다는 것이다. 로마 시대 당시로 보면, 향락과 쾌락과 황제가 추구하는 힘과 권력을 추구한 것이다. 이는 악한 영을 좇아가는 것으로 죽음의 상태다. 바울은 그들에게 "너희는 그때 죽었다"라고 선포한다.

이방인만 그런 것이 아니다. 2절이 이방인인 에베소 성도들에게 한 말이라면, 3절은 유대인인 자기 자신에게 한 말이다.

"전에는 우리도 다 그 가운데서 우리 육체의 욕심을 따라 지내며 육체와 마음의 원하는 것을 하여"(엡 2:3상).

하나님의 백성이요, 선민이라 하는 유대인들도 전에는 육체의 욕심을 따라 지냈다는 것이다. 성령을 알지도 못하고 성령의 지배를 받지도 않았기에 표면적으로는 제사도 드리고 십일조도 드리고 절기도 지켰지만, 속으로는 육체의 욕심을 따라 지내고 있었다고 말한 것이다.

바울은 갈라디아서 5장에서 육체의 일을 자세히 설명한 바 있다.

"육체의 일은 분명하니 곧 음행과 더러운 것과 호색과 우상 숭배와 주술과 원수 맺는 것과 분쟁과 시기와 분 냄과 당 짓는 것과 분열함과 이단과 투기와 술 취함과 방탕함과 또 그와 같은 것들이라 전에 너희에게 경계한 것같이 경계하노니 이런 일을 하는 자들은 하나님의 나라를 유업으로 받지 못할 것이요"(갈 5:19-21).

에베소 성도들은 이전에 육체의 욕심을 따라 지내며 육체와 마음의 원하는 것을 했다. 여기서 시선을 '원하는 것'이라는 표현에 두기 바란다. 마음이 가고 감정대로 하는 것이 바로 원하는 것이다. 오늘날 사람들은 그저 생각 없이 표현하는 것을 인간적이고 자연스럽다고 생각하는데, 바울은 잘 분별하면서 표현해야 한다고 말한다. 육체와 마음의 원하는 것을 툭툭 행하는 것은 성령의 일이 아니라는 것이다. 내적으로 죽어 있는 상태라는 것이다.

'하나님이 본래 나를 이렇게 태어나게 해 주셨는데 어쩔 수 없지 않은가. 이것이 내 본성인데 어떻게 하겠는가.'

이것이 바로 육체와 마음의 원하는 것이다. 사람들은 이를 악한 본성이라 생각하지 않는다. 그러나 이것은 다 죽음의 상태다. 그래서 바울은 3절에서 결론적으로 말한다.

"다른 이들과 같이 본질상 진노의 자녀이었더니"(엡 2:3하).

우리도 그들과 같이 본질상 진노의 자녀였다는 것이다.

"이방인이나 유대인이나, 하나님의 백성이라고 생각했던 자나 그렇지 않은 자나 결국 과거에는 다 죽어 있었다. 죽어서 무덤에 갇힌 인생들이었고, 이미 심판을 받았거나 심판을 향해 가는 자들이었다."

혹시 '나는 과거에 그런 상태가 아니었다. 나는 태어날 때부터 의인이었다'라고 생각하고 있는가? 우리는 본질상 다 진노의 자녀였다. 한 사람도 예외가 없다. 아버지 옆에 있는 첫째 아들이나 집을 떠난 둘째 아들이나 다 집을 떠나기는 마찬가지였다. 첫째 아들도 마음으로는 이미 아버지의 품을 떠나 있었다. 차이가 있다면 행동으로 옮겼느냐, 옮기지 않았느냐일 뿐이다. 둘째 아들은 행동으로 옮겼고, 첫째 아들은 어떤 이유에서든 갈등하며 아버지 옆에 있었지만, 마음은 이미 아버지의 품을 떠나 있었다. 그런 면에서는 모두가 다 집을 떠난 것이고, 본질상 진노의 자녀였으며, 다 마귀의 자식들이었다고 바울은 선포한 것이다.

현재의 나는 구속받아 하늘에 앉힌 자
그런데 그랬던 우리가 어떻게 되었는가?

"긍휼이 풍성하신 하나님이 우리를 사랑하신 그 큰 사랑을 인하여 허물로 죽은 우리를 그리스도와 함께 살리셨고 [너희는 은혜로 구원을 받은 것이라]"(엡 2:4-5).

길을 잃고 헤매던 우리, 죽어서 무덤에 갇혀 있던 우리, 본질상 진노의 자녀였던 우리를 하나님이 찾아와 주셨다. 하나님이 예수 그리스도를 통하여 죽음의 무덤에 찾아와 "나사로야 나오라"(요 11:43)라고 말씀하셨듯이 우리를 무덤에서 십자가의 사랑으로 건져 주셨다고 바울은 말한다.

죽은 사람은 스스로를 구원할 수 없다. 우리가 우리 자신을 구원할 수 없는 이유는, 우리가 이미 죽어 있기 때문이다. 영적으로는 이미 죽은 상태다. 밖에서 도움이 찾아와야 그 무덤에서 나올 수 있다. 그런데 감사하게도 하나님이 허물과 죄로 죽어 진노의 자녀가 되어 있는 우리를 찾아와 그리스도와 함께 살려 내신 것이다. 뒤에 어떤 이야기가 나올지 짐작이 간다. "모든 것이 은혜구나! 당연한 것이 없었구나! 하나님이 주신 은혜의 선물로 내가 지금 여기에 있구나!" 하게 될 것이 분명하다.

우리 안에 있는 은혜 의식이 점점 약해져 간다면 그 이유가 무엇일까? 우리가 자꾸 아버지 옆에 머물면서 애써 장원을 가꾸는 첫째 아들처럼 느껴지는 이유는 무엇일까? 우리가 과거에 어떤 상태였는지를 잊어버렸기 때문이다. 자신의 과거의 상태가 뚜렷이 확인되고 죽었던 자신의 모습이 각인되면 하나님의 은혜의 손길이 우리 안에 명료하게 드러난다. 그래서 바울이 2-3절에서 과거의 우리를 불편하지만 고발하고 공개한 것이다.

"너희가 본질상 진노의 자녀였다는 것을 인정하느냐?"

이것을 우리에게 묻는 것이다. 그리고 바로 그때, 지금 우리가 받는 하나님의 은혜가 얼마나 크고 놀라운지가 드러난다. 그러면서 우리가 어떤 새사람이 되었는지도 드러난다.

"또 함께 일으키사 그리스도 예수 안에서 함께 하늘에 앉히시니"(엡 2:6).

지금의 그리스도인들은 누구인가? 그리스도 예수 안에서 함께 하늘에 앉혀진 사람들이다. 과거의 우리는 본질상 진노의 자녀였다. 죄와 허물로 죽은 자들이었다. 육체와 마음의 원하는 것을 좇았지, 성령을 좇는 인생이 아니었다. 그런데 지금은 예수님으로 인해 그분과 함께 다시 살아나 그리스도 예수 안에서 하늘에 앉혀 있는 사람이 되었다. 놀라운 은혜의 말씀이다.

'하늘에 앉혀 있다'라는 말은 원어로 '하늘의 영역에 살고 있다'라는 뜻이다. 이제 우리는 죽음을 입고 죽음 속에 사는 사람이 아니라, 부활을 입고 부활을 사는 사람이다. 그래서 유진 피터슨은 에베소서 강해서의 제목을 《부활을 살라》라고 했는데, 아주 좋은 은유다. 예수를 믿는다는 것은 죽음을 사는 것이 아니라, 부활을 입고 부활을 사는 사람이 되었다는 것이다.

한 성도가 있다. 어느 날 예수 믿지 않는 새 신자가 교회에 찾아왔다. 그는 누가 이르지도 않았는데 그날부터 새 신자를 보이지 않는 손길로 살피며 돌봐 주기 시작했다. 따뜻하게 대하고 품어 주며, 같이 밥도 먹고, 그에게 어려움이 있다는 것을 알았을 때는 자기가 가진 것들을 살포시 나눠 주기도 했다. 새 신자는 세상에서 받지 못한 사랑을 받으니 너무 감격스럽기도 하고, 한편으로는 당혹스럽기도 하고, 또 한편으로는 의아했다. 그래서 어느 날 그 성도에게 물었다.

"도대체 왜 이렇게 잘해 주십니까?"

그러자 그 성도가 말했다.

"예수님이 부활하셨잖아요."

무슨 의미인가?

"주님이 살아나셨잖아요! 저도 부활했어요. 저는 이제 새사람이에요. 새사람으로 살아가는 부활이 어떤 것인지 저는 경험하며 누리고 있어요. 이제는 당신에게 보여 주고 싶고, 같이 그렇게 살고 싶어요."

이것이 바로 부활의 삶이다. 여기에는 무엇인가를 해야 한다는 의무나 강압적 도덕이 없다. 이렇게 하지 않으면 심판을 받을까 봐 두려워서 하는 일이 아니다. 이렇게 해야 주님이 더 큰 상을 주실 것 같다는 보상 심리도 작동하지 않는다. 예수님이 부활하셨으니 우리도 부활한 사람으로서 이렇게 사는 것이다. 특이하고 낯설 것이 없다. 만약 특이하고 낯설게 느껴진다면, 지금 죽음의 상태에서 살기 때문에 부활을 사는 모습이 기이하게 느껴지는 것이다. 하나님이 우리를 하늘에 앉히셔서 우리는 하늘을 살아가는 사람이 된 것이다.

미래를 향한 끝없는 자기 부정

본문 말씀의 두 가지 현실을 있는 그대로 끌어안자.

"하나님, 저는 허물과 죄로 죽었던 자입니다. 이 세상 풍조를 따랐을 뿐 아니라 불순종의 아들들 가운데서 살았습니다. 육체와 마음의 원하는 것을 행하며 살았습니다. 본질상 진노의 자녀였습니다. 하나님, 이런 과거의 저를 철저히 주님 앞에 고발합니다. 과거의 저를 철저히 부정합니다. 더 나아가 회개합니다."

이것은 자발적인 회개다. 어떤 사람은 "과거를 부정하면 지금의 내 인생을 스스로 부정하는 것이 아닌가?"라고 말한다. 그렇지 않다. 과거를 부정했기 때문에 지금의 내가 주님 안에서 견고히 다시 살게 되는 것이다. 성장과 성숙은 항상 부정과 함께 온다. 지금 우리가 성장했다면, 조금 전에 있던 자신을 부정한 것이다. 회개가 일어난 것이다. 그래서 그리스도인은 끊임없이 회개해야 하는 것이다.

지금 우리의 모습은 과거의 연장선상에 있기에, 과거를 견고하게 움켜쥐고 놓지 않을수록, 과거를 부정하지 않을수록 미래로 나아가지 못한다는 사실을 꼭 기억하기 바란다. 동시에 과거를 부정했고, 과거에 자신이 진노의 자녀였다는 사실을 알기에 지금 놀라운 은혜로 구속해 주신 하나님의 뜻이 명료하게 드러나고 있음을 명심하기 바란다.

06

은혜

은혜, 자랑할 것이 없게 하다

엡 2:8-10

기독교 신앙이 은혜를 외칠 수밖에 없는 이유

어떤 사람이 친구들에게 큰 은혜의 빚을 졌기에 식사를 대접하려고 식당에 갔다. 식사를 맛있게 하고 계산을 하려는데 지갑과 카드가 없다는 것을 그제야 알게 되었다. 순간 얼마나 당황했겠는가. 그런데 주인이 말했다. 어떤 분이 친구라 하면서 값을 다 지불하고 갔다고 말이다. 그 순간 그는 얼마나 놀라고 안도감을 느끼겠는가.

톰 라이트(Thomas Wright)가 쓴 에베소서 주석 《모든 사람을 위한 옥중서신》(IVP 역간)에 소개된 이야기다. "기독교 신앙이 말하는 은혜가 바로 이런 것

임을 이야기하는 것이다. 하나님이 우리에게 주시려 하는 은혜를 아주 조금
이지만 맛보게 해 주는 이야기다'라고 그는 덧붙였다.

이제 바울은 그리스도인의 신앙이 어떤 특징을 가졌는지를 아주 함축해
서 설명한다. 즉 기독교 신앙은 말끝마다 "은혜다", "은혜다" 하는데 그 말이
본래 어떤 뜻인지를 이야기한다.

"너희는 그 은혜에 의하여 믿음으로 말미암아 구원을 받았으니"(엡 2:8).

여기 '구원'이라는 말이 나온다. 구원과 칭의는 다르다. 칭의는 의롭다고
인정받는 것이다. 하나님의 자녀, 즉 하나님의 가족이 되는 것을 말한다. 칭
의는 로마서와 갈라디아서의 주제다. 한편, 구원은 그야말로 구원이다. 배가
조난되었는데 구조받았다면 이는 구원이다. 죽을병에 걸렸는데 병이 나았다
면 구원이다.

마찬가지로 여기서 바울이 말하는 구원은 에베소서 2장 1-3절과 연결되
어 있다. 예수님을 알기 전에 인간이 처해 있던 내적 상태는 허물과 죄로 죽
은 상태였다. 내면이 죽었으니 삶도 다 껍데기요, 죽은 삶이다. 즉 바울이 말
하는 구원은 우리가 예수님을 알기 전에 처했던 존재 전체와 연결되어 있는
것이다. 우리가 어떤 상태였는가?

"그는 허물과 죄로 죽었던 너희를 살리셨도다"(엡 2:1).

하나님이 오시기 전의 우리는 허물과 죄로 범벅이 된 상태였다. 그리고 여
기서 파생된 결과가 무엇인가? 죽음이다. 이어지는 말씀은 허물과 죄로 죽

은 상태의 삶이 어떤지를 이야기한다.

> "그때에 너희는 그 가운데서 행하여 이 세상 풍조를 따르고 공중의 권세
> 잡은 자를 따랐으니 곧 지금 불순종의 아들들 가운데서 역사하는 영이
> 라 전에는 우리도 다 그 가운데서 우리 육체의 욕심을 따라 지내며 육체
> 와 마음의 원하는 것을 하여"(엡 2:2-3상).

성령을 따라가는 삶이 전혀 아니었다는 뜻이다. 그래서 결론적으로 우리
는 하나님을 알기 전에 모두 다 "본질상 진노의 자녀"(엡 2:3하)였다고 말한다.

바울이 말하는 하나님이 찾아오시기 전의 인간은 죽은 자요, 무덤에 시
체로 나뒹구는 자요(여기서 무덤은 영적 무덤이다), 창세기 2장에서 하나님이 "반드
시 죽으리라"(창 2:17, 3:3)라고 말씀하셨던 그 상태다. 그래서 본질상 진노의
자녀이고, 진노를 받을 수밖에 없는 자였다.

당신은 본질상 진노의 자녀였다는 사실을 인정하는가? 이 사실이 진정으
로 인정되어야 여기서 신앙의 참된 출발이 이루어진다. 모든 신앙의 기초는
실존적으로 볼 때 자신이 본래 누구였는가를 자각하는 데서 시작된다. 이렇
게 허물과 죄로 죽었던 우리에게 하나님이 찾아와 그리스도의 피 값으로 구
원해 주신 것이다.

이제 바울이 말하는 구원, 에베소서가 말하는 구원이 명료하게 드러난다.
허물과 죄로 죽었던 우리를 하나님이 그 죽음에서 건져 주시는 것이다. 요한
복음의 언어로 하면, 죽음에서 생명으로 옮겨지는 것이다. 칭의는 하나님의
가족이 되는 것이니 구원에 포함되는 것이고, 구원으로 들어가는 문이라고
이야기할 수 있다.

사망에서 생명으로 옮겨지는 것, 죽음을 벗어나서 생명으로 살아가기 시작하는 것, 이것은 오직 은혜로만 이루어지는 일이다. 죽은 사람은 자신을 구원할 수 없기 때문이다. 죽은 사람은 자신이 죽어 있다는 사실조차도 알지 못한다. 예수님을 믿지 않는 사람이 "내가 왜 죄인인가? 왜 말끝마다 죄인, 죄인이라고 이야기하는 것인가? 기분 나쁘다"라고 말하는 이유도 그가 죽어 있기 때문이다.

은혜를 뼛속 깊이 의식하게 되는 순간

이제 바울은 하나님이 찾아오셔서 어떤 사건이 일어났는지를 이야기한다.

> "너희는 그 은혜에 의하여 믿음으로 말미암아 구원을 받았으니 이것은
> 너희에게서 난 것이 아니요 하나님의 선물이라"(엡 2:8).

"내가 예수님을 믿게 된 것은 진짜 하나님의 선물이구나. 나는 죽을 수밖에 없는 사람이고 이미 죽은 사람인데, 죽어서 심판받아 지옥에 가는 것은 말할 것도 없고 이미 지옥이 내 인생에서 시작되어 그 지옥에 빠져 살던 자였는데, 하나님이 나를 찾아와 건져 내어 주셨구나."

이것이 바로 은혜 의식이다. 그런데 이 은혜 의식이 우리 안에서, 우리 입에서만 맴도는 언어가 아니라 뼛속까지, 영혼까지 파고 들어가서 나오는 참된 은혜 의식으로 싹트기 위해서는 자신이 진정으로 죽은 자였다는 것, 자신의 인생은 파산 선고를 당한 자였다는 것, 자신은 죄와 허물로 완전히 죽어 있는 자였다는 것이 실질적으로, 실존적으로 내면에서 받아들여져야만

한다. 존 스토트는 이를 가리켜 "거룩한 죄의식의 자각"이라 했다.

'모든 것이 은혜다. 나의 구원받은 삶은 하나님이 값없이 주신 선물이다'라는 의식이 진정으로 찾아오려면 본래 우리가 얼마나 죽은 자였는지, 얼마나 죽어 마땅한 자였는지가 깨달아져야 한다. 예수님을 믿다 보면 이러한 깨달음 또한 은혜라는 것을 알게 된다. 이 깨달음은 교회의 공적인 자리에서 "하나님, 저는 죽어 마땅한 자였습니다"라고 말하는 것보다 훨씬 깊은 차원에서 일어나는 성령의 역사다.

바리새인들이 왜 예수님을 밀어내고 그분의 말씀을 받아들이지 못했는가? 그들에게는 인생이 은혜, 곧 값없이 주신 하나님의 선물이 아니었다. 그들이 유대인으로서 여호와를 앙망하는 삶을 살기 위해 얼마나 많이 노력하고 헌신했는가. 행위를 강조했다고 말하지만, 더 깊은 차원이 있다. 그들은 자신들의 삶이 본래 죽어 있던 상태라는 것을 인정하지 않았다. 그랬기에 그들은 자신들의 공로를 쌓아 가는 삶이 죽은 상태라는 것도 인정하지 않았다. 자신들이 허물과 죄로 죽은 자임을 인정하지 않은 것이다. 그 알량한 행위 때문에, 그 종교적이고 도덕적인 삶 때문에 그런 것이다. 다시 말해, 그들에게는 죄에 대한 자각과 죄에 대한 진정한 자의식이 없었던 것이다. 그랬기에 예수님의 말씀이 들리지 않았다. 아니, 들릴 수가 없었다. 예수님의 말씀은 은혜 의식을 가진 사람에게만 들리기 때문이다.

죄인들은 왜 예수님의 말씀에 열광했을까? 죄인들은 자기가 도둑질하고, 못된 짓을 하고, 박하와 운향과 회향과 모든 채소의 십일조를 드리지 못하기 때문에 역설적으로 본인들이 죄인임을 알았다. 그래서 죄인인 그들에게 하나님이 주시는 말씀이 은혜로 들린 것이다. 그런데 바리새인들은 자신들이 죄인임을 알지 못했기에 예수님이 은혜로 주시는 말씀이 튀어 나갈 수밖에 없었다. 그러므로 은혜 의식을 가졌다 해도 그것이 뼛속에서 흘러나오지 않는다면 다 머리와 교리로 받는 지식에 그치게 된다.

초대 교회 때는 이 모든 내용을 세례 받기 1년 전, 즉 세례 교육을 하는 동안 다 가르쳤다. 그 당시에는 1년간 세례 교육을 했는데, 그 시간 동안 자신이 본래 누구인지, 왜 그가 살아가는 삶이 은혜인지를 속속들이 깨닫게 해 주고, 그 사람 속에 진정한 하나님의 은혜 의식이 자리 잡았을 때만 세례를 주었다. 오늘날에는 그렇게 하지 않다 보니 우리도 모르게 성경에 있는 본래의 신앙 의식, 은혜의 보고가 상당히 많이 유실된 가운데 신앙생활을 하고 있다. 그럼에도 그것을 바르게 가르치지도, 깨닫지도 못하니 그리스도인으로서 막연히 잘 살고 있다고 느끼게 되는 안타까운 일이 생긴다.

자신이 진정 하나님의 은혜로 지금 그 자리에 서 있고 하나님을 아빠 아버지라고 부를 수 있다는 사실이 인정되는 데까지 오면, 그는 당연히 자신의 삶을 세상 사람들과는 전혀 다르게 보기 시작한다.

'아! 내가 가진 것, 내가 지금 누리고 있는 것은 하나도 내 것이 아니구나. 선물이 아닌 것이 없구나. 모든 것이 하나님의 은혜요, 값없이 주신 선물이구나!'

성령 안에 있는 내적 상태가 바로 이런 것이다. 그렇기에 자랑하지 않는다. "자랑하면 안 돼! 공로를 내세우면 안 돼!" 하고 밖에서 명령하기 때문에 억누르는 것이 아니라, 진정으로 그에게는 자신에게 자랑할 것이 조금도 없다는 마음이 찾아온다. 당연하다. 자신은 본질상 진노의 자녀였는데, 순전히 은혜로 놀라운 구원의 은총을 받았다는 것을 아는데 자랑할 것이 어디 있겠는가. 누군가는 자랑으로 생각하는 직분도 껍데기일 뿐이다. 직분은 주님의 일을 효율적으로 하기 위해 하나님이 주신 사명일 뿐, 결코 자랑할 것은 아니다. 그러니 이 사람에게는 "행위에서 난 것이 아니니 이는 누구든지 자랑하지 못하게 함이라"(엡 2:9)라는 마음이 참으로 찾아오는 것이다.

여기까지 오면 마음이 자신도 모르게 겸손해지고, 삶이 새롭게 이해된다. 그 사람 안에 시작된 은혜의 삶이 반짝반짝 빛나기 시작한다. 그리고 이 삶과 비교해 볼 때 하나님이 찾아오시기 전의 삶은 너무나 누더기 같고 초라하며 보잘것없이 보일 뿐 아니라 "내가 진정 죽었었구나!" 하고 고백하게 된다. 그러니 그리스도인에게는 이전(before)과 이후(after)가 분명할 수밖에 없다. 이는 모태 신앙인이나 중간에 예수 믿은 사람이나 똑같이 나타난다. 삶이 선물이듯이, 그 삶 속에 살포시 놓인 '나'라는 존재도 당연히 하나님의 선물이고 작품이다. 무려 창세전부터 예비된 작품인 것이다.

나 같은 사람을 도대체 왜?

그러면 이런 생각이 들 수 있다.

'하나님이 나 같은 사람을 도대체 왜 믿게 해 주셨지?'

이유가 없다. 주님의 예정이고 섭리다. 예정이나 섭리는 법적인 개념이 아니라, 은혜를 진정으로 깨달을 때 찾아오시는 영광 되신 하나님에 대한 진정한 찬양의 고백이다. 그래서 로마서는 예정을 10장에 가서 이야기하기 시작하는 것이다.

하나 더 있다.

'나 같은 사람을 도대체 왜 하나님이 구원해 주신 것이지?'

바울은 이에 대해 다음과 같이 답한다.

"우리는 그가 만드신 바라 그리스도 예수 안에서 선한 일을 위하여 지으심을 받은 자니"(엡 2:10상).

주님이 선한 일을 하게 하려고 우리를 지으셨다는 것이다.

에베소서 4-6장에는 그리스도인의 삶이 나오는데, 바울이 볼 때 그리스도인의 삶의 내용이 모두 선한 일에 속한다. 참된 죄의식이 있을 때에야 참된 은혜 의식이 생기고, 참된 은혜 의식이 생길 때 이것이 우리로 하여금 바울이 말하는 그리스도인의 삶을 살아갈 수 있는 능력이 되기 때문이다.

가진 것 중에 하나도 주님이 주지 않으신 것이 없다는 참된 의식이 있을 때 비로소 소유 의식으로부터 자유롭게 되며 해방된다. 우리가 가진 것은 당연히 소유가 아닌 점유다. 하나님이 잠시 맡기신 것이니 필요한 사람이 있으면 자발적으로, 능동적으로 나눠 줄 수 있게 된다. 시켜서 하는 것이 아니라, 은혜 의식이 가진 것에 자유함을 갖게 하는 것이다. 모든 그리스도인의 삶의 원리가 다 이렇다. 그러므로 참된 죄의식이 없으면 에베소서 4-6장의 삶을 살아 낼 수 없을 뿐 아니라, 살아 내고픈 열망도 찾아오지 않는다. 그러므로 살지도 못한다. 또다시 이는 바리새인들의 율법 항목이 되어 버린다.

여기까지 오면 성령이 우리 각 사람에게 깨닫게 해 주신다. '솔직히 나에게는 참된 죄의식이 없었는데, 나는 내가 본질상 진노의 자녀였다는 생각을 해 본 적이 없는데', 혹은 '본래 나는 그런 참된 죄의식 속에서 은혜를 붙잡고 믿음의 여정을 시작했는데 어느새 내 안에 그 의식이 무뎌지고 사라져 버렸다'는 생각이 찾아온다. 그리고 이 마음이 우리로 하여금 기도하게 만들어 준다. "하나님, 제가 죄인이었다는 사실을 놓쳐 버렸습니다. 본질상 진노의 자녀였다는 것을 잊었습니다", 혹은 "하나님, 저는 제가 본질상 진노의 자녀였다는 사실을 깨닫지 못하고 있습니다. 제가 죄인이라는 것을 깨닫지 못하고 있습니다. 저에게 죄인이라는 것을 깨달을 수 있도록 은혜를 내려 주옵소서"라고 기도하게 된다. 죄인이라는 사실을 깨닫는 것도 은혜임을 알아야 한다. 그러므로 우리는 자랑할 것이 하나도 없다.

여기까지 왔을 때 주님이 우리에게 주시는 온전한 뜻이 드러난다.

"네가 부족해도 은혜 의식의 자리에 있다면, 너는 내 안에서 선한 일을 위하여 지으심을 받은 것이다. 이는 하나님이 너의 인생을 전에 예비하사 그 가운데서 행하게 하려 하신 것이다."

이 놀라운 보배의 말씀이 생명의 말씀이 되는 것이다.

07

신인류 탄생

그리스도인, 즉 '신인류'의 탄생

엡 2:11-16

그리스도 안에서 거듭난 삶

예수님 당시 예루살렘에는 헤롯 성전이 있었다. 헤롯 성전을 보면 유대인들이 다른 사람을 어떤 방식으로 대했는지를 알 수 있다. 헤롯 성전의 한복판에는 성소와 그 안에 지성소가 있고, 성소를 중심으로 네 겹의 뜰이 양파 껍질처럼 성전을 에워싸고 있었다. 성소에는 제사장들만, 지성소에는 대제사장들만 출입할 수 있었다. 성소 밖으로는 유대인 남자들이 들어가는 뜰이 있고, 그 밖에 또 담을 쳐서 유대인 여자들이 들어가는 뜰을 만들었다. 그리고 제일 바깥에 또다시 담을 쳐서 이방인의 뜰을 만들었다. 이방인의 뜰과 유대인의 뜰 사이에는 1.5미터 정도 되는 돌벽이 쌓여 있어 이방인들이 유대인의 뜰을 볼 수는 있지만 들어갈 수는 없었다. 그들은 거기에 헬라어와 라틴어로 된 경고문을 붙였는데, '침입하는 자는 처형된다'라고 적혀 있었다고 한다. 침입하면 벌을 받거나 기소되는 것이 아니라 처형된다는 것이다. 당시 유대인들이 이방인들을 얼마나 경멸하고 배제했는지를 단적으로 보여 주는 장면이다.

본문인 에베소서 2장을 보면 유대인이었던 바울이 이방인들을 본래 어떻게 보았는지가 그대로 투영되어 있다.

> "그러므로 생각하라 너희는 그때에 육체로는 이방인이요 손으로 육체에
> 행한 할례를 받은 무리라 칭하는 자들로부터 할례를 받지 않은 무리라
> 칭함을 받는 자들이라"(엡 2:11).

예수 그리스도를 인격적으로 만나기 전, 하나님이 그리스도 안에서 살려 주시기 이전의 이방인들은 할례 받지 않은 불경건한 사람들이고 야만인들이었다는 것이다. 이어지는 구절에서는 이렇게 말한다.

> "그때에 너희는 그리스도 밖에 있었고 이스라엘 나라 밖의 사람이라 약
> 속의 언약들에 대하여는 외인이요"(엡 2:12상).

그들은 유대인의 뜰 밖에 있었다는 말이다. 하나님의 백성이라는 신분으로부터 완전히 배제되고 제쳐진 사람들이었다. '약속의 언약들에 대하여는 외인이요'에서 '외인'은 영어로 'foreigner', 즉 '외국인'이나 '낯선 자'라는 뜻이

다. "너희는 이때 언약을 진정 알지도 못했고, 언약을 알았더라도 그것은 너희에게 주신 것이 아니었기에 너희에게는 해당 사항이 없었다"라고 바울은 말한 것이다. 그들은 언약에 대해서는 효력적으로 전혀 소용이 없는 자들이었다. 그래서 바울은 이어서 "세상에서 소망이 없고 하나님도 없는 자이더니"(엡 2:12하)라고 결론적으로 말했다. 그들은 세상에서 소망이 없었다. 허물과 죄로 죽은 사람이었기 때문이다.

우리는 예수님을 알기 전의 우리 자신에 대한 이해가 분명해야 한다. '허물과 죄로 죽을 수밖에 없는 자', 이것은 절반만 맞는 고백이다. 이 고백은 허물과 죄로 인해 심판과 죽음이 예정되어 있다는 이야기다. 그런데 바울은 그렇게 보지 않는다. 허물과 죄로 이미 죽었다고 본다.

"너희는 그때 죽어 있었다. 이방인인 너희는 이 세상 풍조와 공중의 권세 잡은 자를 따랐고, 유대인인 우리는 육체의 욕심을 따라 지내며 육체와 마음의 원하는 것을 하는 본질상 진노의 자녀였다. 유대인이나 이방인이나 예수 그리스도를 인격적으로 만나고 그분을 인생의 주님으로 모시기 전에는 전부 본질상 죽은 자였다."

이 부분을 계속해서 강조하고 싶다.

"주님, 저는 허물과 죄로 죽었던 자입니다."

이 사실을 인정하는가? 죽음을 향해 가는 자가 아니고, 이미 죽었다. 지옥은 우리가 죽고 난 뒤에 오는 것이 아니라, 이미 우리 인생에 시작되었다. 하나님을 알지 못한 채 사는 인생이 지옥이다. 그래서 사람들은 자신이 지옥에 살고 있다는 것을 모른다. 천국을 살아 봐야 그것이 지옥인 줄 알고, 생명을 얻어 봐야 생명 얻기 전의 그것이 죽음이었음을 알게 되는 것이다.

다 죽었던 자들이요, 이미 사망 선고를 받고 살아가는 허망한 인생들이다. 세상에 소망이 없다 보니 육신의 정욕, 안목의 정욕, 이생의 자랑과 같은 쓸모없는 것을 좇아간다. 예수님을 제대로 알기 전에 명예를 쥐려고 좇았던 모습, 자존심을 구기지 않고 세상 사람들 앞에서 어떻게든 사람 대접을 받으려 애쓰며 살아왔던 모습이 언뜻 떠오르는가? '어떻게 그 허망한 것에 내 인생을 걸었었지?'라고 생각되는가? 그곳에는 하나님이 없다. 하나님이 없는 인생을 들어서 바울은 '본질상 진노의 자녀'라고 사망 선고를 내린 것이다.

그런 우리를 하나님이 그리스도 예수 안에서 살려 주셨다. 예수를 믿고 부활한 것이다. 죽어서 부활하는 것이 아니요, 예수를 믿는 순간 부활한다.

은혜는 주변의 모든 벽을 허문다

바울은 에베소서 2장 7-10절에서 그리스도 안에 있는 성도의 내적 정서를 명료하게 설명했다. 잠깐 되짚어 보자. 허물과 죄로 죽었던 우리를 주님이 살리셨다. 그러므로 이제는 사는 것 자체가 은혜다. 코로 숨 쉬며 하나님을 찬양하고 하나님의 자녀로 살아가는 것 자체가 전적인 은혜다. 우리는 아무 공로 없이 생명을 얻었다. 자랑할 것이 아무것도 없다. "은혜로다. 은혜로다. 모든 것이 하나님의 은혜로다!" 하는 이 고백을 안고 살아간다.

불교 신앙과 기독교 신앙 사이에는 차이가 있다. 불교 신앙은 추구하면 할수록 자기 인식이 더 뚜렷해지고 커진다. 반면에 기독교 신앙은 예수님을 알면 알수록 자신이 죄인이라는 인식이 더 명료해진다. 벼가 익을수록 고개를 숙이는 것과 같은 이치다. 모든 것이 은혜이다 보니 하나님 앞에서 우리 마음이 얼마나 부드러운지 모른다. 말씀 앞에 서 있는 우리 마음이 얼마나 온유하고 겸손한지 모른다.

이전에는 삽질을 하면 삽이 튕겨 나갔다. 마음 밭이 완고하고 딱딱한 자갈로 가득 찼기 때문이다. 이제는 은혜로 사는 인생이라 생각하니 말씀이 안에 들어올 때 삽이 쑥쑥 들어간다. 마음에 삽질하기가 얼마나 편한지 모른다. 30배, 60배, 100배의 결실을 거두는 옥토가 된 것이다. 사람이 은혜 의식으로 가득 차 있을 때 나타나는 일이다. 그러니 하나님 앞에서는 겸손하고, 다른 사람이 볼 때는 온유하고 자애로우며, 무엇보다 다른 사람을 환대한다. 환대해야겠다고 마음먹고 그리하는 것이 아니다. '내가 사는 것이 은혜구나'라는 마음이 들면 사람들을 대하는 마음이 부드럽고 말랑말랑해지는 것이다. 그렇기 때문에 우리가 사는 것이 은혜임을 알면 누군가를 우리의 사랑에서 배제하지 않게 된다.

은혜는 우리 주변에 있는 모든 벽을 허문다. 은혜는 지금까지 사람을 대하면서 가지고 있던 장벽과 차별, 배제 의식 등으로부터 우리를 완전히 놓임받게 해 준다. 이 세계와 훨씬 가까워지는 것이다. 사람들이 거듭나고 난 뒤에 "죄인도 원수도 친구로 변한다"(새찬송가 436장 3절)라고 찬양할 수 있는 것은 자신을 둘러싼 세계와 그동안 가졌던 장벽이 사라지고 눈에 있던 비늘이 벗겨졌기 때문이다. 연합의 단계로 들어가는 시작이 이루어진 것이다. 그래서 바울은 "[예수 그리스도가 주님이 되시자] 이제는 전에 멀리 있던 너희가 그리스도 예수 안에서 그리스도의 피로 가까워졌느니라"(엡 2:13)라고 말한다.

은혜 의식이 얼마나 중요한지 모른다. 은혜 의식이 뼛속까지 흘러 들어가고 세포 속에 각인되면 우리 육체의 욕심이 무장 해제를 당한다. 이전에 가졌던 것, 이전에 좇았던 것, 이전에 좋아했던 것이 다 배설물처럼 여겨진다. 더 탁월하고 온전하며 가장 위대하고 고상한 가치를 발견했기 때문이다. 손에 쥐고 있는 것을 놓을 수 있는 힘은 더 좋은 것을 발견했을 때 생긴다. 지금 손에 있는 것을 쥐고 있어서는 더 좋은 것을 가질 수 없기에, 덜 좋은 것을 내려놓고 더 좋은 것을 취하는 것이다. 예를 들어, 손에 은을 가득 쥐고 있다고 생각해 보자. 그런데 앞에 금덩어리가 나타났다. 은을 쥔 상태로는 금덩어리를 쥘 수 없으니 얼른 은을 내려놓고 금덩어리를 쥐는 것이다.

바울이 예수 그리스도를 알기 전에 가졌던 모든 것을 배설물로 여긴 것이 바로 이런 이유에서였다. 가장 아름답고 고상한 생명의 가치를 발견했기 때문에 이전 것들을 다 지난 것, 배설물로 여긴 것이다. 바리새인이었다는 것도, 배웠다는 것도, 남들이 다 알아주는 학벌을 가졌다는 것도 모두 배설물로 여겼다. 교회 안에도 보이지 않는 학벌로 인한 계파가 많다. 물론 인간적으로는 같이 모여서 교류하고 교제하는 것도 좋지만, 그 모임으로 인해 다른 형제자매를 배제하거나 차별하거나 자신과 다른 부류로 생각하게 만들어서는 절대로 안 된다.

그리스도인은 신인류, 교회는 새로운 사회

바울은 예수 그리스도에 대해 이렇게 말했다.

> "그는 우리의 화평이신지라 둘로 하나를 만드사 원수 된 것 곧 중간에 막힌 담을 자기 육체로 허시고"(엡 2:14).

예수님이 중간에 막힌 담을 육체로 허셔서 인류가 구원을 받게 되었다. 하지만 인간은 세상이 만든 육체의 담을 여전히 갖고 살아간다. 그랬던 사람이 부활하신 예수님을 만나 거듭난 감격으로 자신을 보면 지금까지 쥐고 있던 것을 전부 내려놓게 되고, 이제는 누구도 차별하거나 배제하지 않으며, 누구도 자신과 코드가 다르다고 해서 멀리 있는 낯선 사람처럼 대하지 않게 된다. 모든 사람을 예수 그리스도 안에서 품을 수 있는 전혀 새로운 사람으로 탄생한 것이다. 이것이 바로 새 인류요, 예수님이 우리에게 주려 하시는 새사람이다.

이러한 신인류에게는 이전에 좋았던 모든 것이 하잘것없다. 밭에 감추어진 보화, 생명이신 예수 그리스도를 발견했기 때문에 그분만 추구하고, 그분 안에서 사람들을 만나고, 그분 안에서 인생을 살아간다.

본문 14절에 의하면 예수님은 우리의 화평이시다. 그분은 우리의 '샬롬', '에이레네', '평화'이시다. 주님은 둘로 하나를 만들어 원수 된 것, 곧 중간에 막힌 담을 당신의 육체로 허셨다. 예수님이 오시기 전에는 사람들 안에 수없이 많은 벽이 있었다. 남녀의 벽, 자유인과 노예의 벽, 인종의 벽, 피부색의 벽, 문화의 벽, 계층의 벽, 이념의 벽, 사상의 벽 등 인간은 수없이 많은 벽을 계속 만들며 살아왔다. 그런데 그 중간에 막힌 담, 막힌 벽을 주님이 당신의 육체로 다 허무셨다. 성전 뜰에 있던 수없이 많은 벽, 양파 껍질 같은 그 벽을 다 허물어 버리셨다. 그래서 "유대인이나 헬라인이나 종이나 자유인이나 남자나 여자나 다 그리스도 예수 안에서 하나"(갈 3:28)라는 고백을 가진 전혀 새로운 사람을 만드셨다. 본문 15절에서 바울은 말한다.

"자기 안에서 한 새사람을 지어 화평하게 하시고."

'한 새사람'(헬. 카이논 안트로포스, new human being), '신인류', '새 인간'을 예수님이 만드신 것이다.

은혜로 구원받은 자들, 아무런 자랑할 것 없는 사람들이 어떻게 다른 사람을 미워하고 적개심을 가질 수 있겠는가. 더군다나 우리를 구원하신 하나님은 우리가 다른 사람을 적개심이나 의구심으로, 혹은 미워하는 마음으로 보는 것을 아주 싫어하신다. 주님은 이렇게 말씀하신다.

"나는 너희가 그런 마음으로 다른 사람을 보는 것이 싫다. 세상 사람들이 만들어 놓은 인종과 피부색과 문화와 민족과 이념과 사상의 벽으로, 그 안목으로 다른 사람들을 보는 것이 싫다. 내가 대신하여 죽은 형제자매인 너희가 다른 사람들을 배제하는 것이 싫다."

우리는 좋아하지만 주님이 싫어하신다는 것을 알면 그리고 우리가 주님을 왕으로 섬긴다면 우리 자신을 내려놓아야 마땅하다. 그런데 왜 그리 한사코 쥐고 있는가? 예수님이 정말 우리 인생의 주님이시고 우리가 정말 공로 없이 순전히 은혜로 구원받았다는 사실을 안다면, 이방인은 유대인을 우습게 여기고 유대인은 이방인을 경멸했던 모습을 회개하게 될 것이다.

로마의 귀족들이 당시 변방 민족들을 얼마나 우습게 여겼는지 모른다. 자신들은 세계 주류 시민이요, 귀족이라며 교만하고 기고만장한 마음으로 가득 차 있었다. 변방 민족들은 냄새가 난다며 차별하고 배제했다. 그런데 로마의 귀족 부인들이 예수를 믿고 나서 달라졌다. 당시로서는 충격적인 사건이었다.

"도대체 무엇이 저 사람을 저리 다르게 만들었는가?"

예수 그리스도가 왕이 되신 뒤에는 그들이 가진 배타적인 귀족 의식이나 차별 의식이 죄악이라는 것을 알게 된 것이다.

"예수라는 분이 정말 대단하구나. 저 여자 속에 있는 예수 때문에 내가 저 여자에게 사람 대접을 받네."

이는 한국의 초대 교회 때 일어났던 일이다. 양반이 예수 믿고 나서 자기를 대하는 모습을 보고 종이 생각한다.

'도대체 우리 주인님 안에 무슨 일이 일어났기에 나를 이리 선대해 주시는가?'

그러고 나서 보니 주인이 예수를 믿는다는 것을 알게 되고, 그 예수에 대해 관심을 갖기 시작한다. 바로 이런 일들이 복음의 역사 속에 나타났다.

지금 그 자리에서 신인류로 살아가라

"법조문으로 된 계명의 율법을 폐하셨으니"(엡 2:15상).

이 말씀을 오해해서는 안 된다. 예수를 믿으면 계명이 폐해진다는 뜻이 아니다. 예수님은 율법을 온전하게 하려고 오셨다. 여기서 바울이 말하는 '계명의 율법'이란 주후 1세기에 유대인들이 만든 계명을 가리킨다. 유대인들이 만든 계명은 대부분 이방인을 배제하고 차별하며 순혈 공동체를 만드는 데 혈안이 되어 나온 것이다. 그것을 주님이 폐하셨다는 것이다. 그리고 주님은 이 둘로 당신 안에서 한 새사람을 지어 화평하게 하셨다(엡 2:15하). 예수 믿는 사람은 다 신인류라는 사실을 믿기 바란다.

언젠가 이에 관하여 설교한 후 한 성도가 메시지를 보내 왔다. 우리 교회에서 신인류 운동을 시작하면 어떻겠냐는 내용이었다. 아주 좋은 생각이다. 모두 신인류 운동을 시작해 보기 바란다. 신인류는 속사람이 새로워지는 데서 나온다.

"그분을 보니 이제는 차별하지 않아. 이전에는 이념적인 잣대로 사람을 보았는데, 이제는 그리하지 않아. 자기 이념과 다르다고 해서 미워하거나 배제하지 않아. 그리스도 안에서 생각은 다르지만 서로 끌어안더라."

그가 바로 신인류다. 신인류 운동을 멀리서 할 필요는 없다. 교회에서 처음 보는 성도가 있으면 "처음 뵙겠습니다" 하고 인사하는 데서 시작하면 된다. 상대방이 교회를 10년 동안 다녔는데 처음 뵙는다고 하면 면박을 받을까 봐 걱정되는가? 그래도 괜찮다. 그간 잘 못 뵈었던 분이니 인사하면 된다.

교회에 처음 와서 낯설고 어색한 가운데 누군가 따뜻한 인사를 건네는 것은 무슨 신호를 주는 것인가? "당신은 내 형제이고 자매입니다. 세상은 당신을 어떻게 보는지 모르지만, 그리스도의 몸 된 교회는 당신을 환영합니다"라는 사인을 명료하게 주는 것이다. 이는 이 장의 본문인 다섯 구절을 묵상하는 것보다 그에게 훨씬 강력하게 다가온다. 그 순간이 바로 예수 그리스도가 우리를 통해 현존하시는 순간이다. 주님은 세상에 이런 공동체를 주려고 교회를 세우셨다. 그래서 교회를 명료하게 말하면 '새로운 사회'다.

세상은 찢기고 나뉘어 손가락질하며 싸운다. 국민은 정치인들이 나뉘어서 손가락질하고 싸우느라 국민의 가슴속에 있는 응어리에는 관심도 안 가진다며 속상해한다. 세상의 이런 부분들에 대해서 소망을 줄 수 있는 공동체가 있으면 좋겠다고 생각한다. 그곳이 바로 교회여야 한다. 세상에 소망이 되신 예수 그리스도의 현존함을 보일 수 있는 곳, 그곳이 바로 교회여야 하는 것이다. 그런 그리스도인이 되고, 그런 교회가 되게 해 달라고 기도해야 한다.

작은 일부터 실천하기 바란다. 교회 식당에서 혼자 식사하는 성도에게 인사해 본 적이 있는가? '저분이 왜 혼자 식사를 할까?' 생각해 본 적이 있는가? 담임목사로서 교회에 대해 전혀 낯설 이유가 없음에도 교회 식당에 가서 혼자 밥을 먹으면 기분이 이상하다. 아는 장로님들, 성도님들이 밥을 갖고 와서 앞에 앉아 함께 식사해 줄 때 얼마나 감사한지 모른다. 헤아려 주는 것이다. 담임목사인 나도 그런데, 교회에 다닌 지 얼마 안 된 성도가 혼자 식사를 하고 있으면 그 마음이 오죽하겠는가.

문제는 20년, 30년 혹은 50년 동안 교회에 다닌 우리에게 혼자 식사하는 성도를 헤아리는 마음이 전혀 없다는 것이다. 주님이 그런 우리를 보며 얼마나 안타까워하실까? "얘야, 네가 다가가 줘야 하지 않느냐? 그래야 네가 신인류이고 네가 섬기는 이 교회가 새로운 사회, 세상의 소망이 되지 않겠느냐?"라고 말씀하실 것이다. 우리는 중간에 막힌 담을 당신의 육체로 허신 예수 그리스도, 그분의 현존을 나타내는 자들이 되어야 한다.

"그는 우리의 화평이신지라"(엡 2:14).

주님은 우리의 샬롬이시고, 우리의 에이레네요, 평화요, 평안이시다. 부활하여 사랑하는 제자들에게 찾아온 주님이 제일 먼저 하셨던 말씀은 "너희에게 평강이 있을지어다"(요 20:19)이다.

우리의 마음은 평안한데, 마음 안에 벽이 있다. 세상이 준 이 벽, 인종과 문화와 계층과 성별의 벽, 정치와 사상과 이념의 벽이 예수님이 주님이신데도 아직 허물어지지 않고 있지는 않은가? 하나님이 성령을 보내어 허물어 주시고, 중간에 막힌 담을 육체로 허신 우리 주 예수 그리스도를 진정으로 왕으로 섬기게 해 달라고 기도하기 바란다. 신인류가 되게 해 달라고 기도하기 바란다. 교회가 새로운 사회가 되어 세상의 소금과 참 빛, 소망이 될 수 있도록 하나님이 은혜를 내려 주시기를 기도한다.

08

교회 되게

교회가 교회 되는 골간, 그리스도

엡 2:17-22

하나님 나라의 시민이 되었다는 기쁜 소식

어떤 사람이 자국에 전쟁이 터지고 큰 기근이 와서 가족들과 함께 생존 보트에 몸을 싣는다. 국제 난민이 된 것이다. 바다 물결이 닿는 곳에 운명을 맡겨 자신들을 받아 주는 곳에서 남은 인생을 살아갈 수밖에 없는 처지에 놓인다. 오늘날 전 세계에는 이 같은 국제 난민이 매우 많다. 그런데 난민들을 대하는 나라들에도 속사정이 있다. 인권이라는 보편적 가치를 생각하면 당연히 받아들여 자국민처럼 돌봐 주고 정착하도록 도와야 하지만, 나라의 재정 사정이 넉넉하지 않으면 쉬운 일이 아니다.

결국 받아 주는 나라가 없는 이들은 또다시 생존 보트에 몸을 싣는다. 그리고 마침내 난민으로 인정해 주는 나라를 찾는다. 그 나라에서 여권도 내주고 얼마 지나지 않아 주민증도 발급해 자국민으로 인정해 준다. 당연히 아이들은 학교에 다니는 기쁨을 누리게 된다. 지난 몇 년간 난민으로 살았던 그들에게는 얼마나 안심이 되겠는가. 불안하던 마음이 안정을 얻고 삶에 소망이 찾아오지 않겠는가? 바울은 이방인이 하나님의 백성이 되는 일이 꼭 이와 같은 이치라고 말한다.

"그때에, 즉 하나님이 그리스도 안에서 살려 주시기 이전에, 너희가 허물과 죄로 죽었을 때 너희는 이방인이요, 그리스도 밖에 있던 사람들이었다. 국제난민처럼 영혼도 마음도 어디 한 곳 맡길 데 없는 가련한 인생들이었다. 그런데 예수님이 난민이 된 너희에게 주민증을 들고 찾아와 주신 것이다."

그러면서 바울은 이렇게 말한다.

"또 오셔서 먼 데 있는 너희에게 평안을 전하시고 가까운 데 있는 자들에게 평안을 전하셨으니"(엡 2:17).

"너희는 평안하라. 이제는 안심하라. 난민 시절은 끝났다. 영혼도 마음도 떠돌아다니는 것은 이제 끝이다. 너희에게는 이제 평안이 있을 것이다. 왜냐하면 그리스도 안에서 하나님 나라의 시민이 되었기 때문이다"라는 말이다.

"그러므로 이제부터 너희는 외인도 아니요 나그네도 아니요 오직 성도들과 동일한 시민이요 하나님의 권속이라"(엡 2:19).

신분이 완전히 변화되었다. 외인이었던 사람이 시민이 된 것이다. "저는 그리스도인입니다"라는 말은 "저는 신분이 완전히 바뀐 사람입니다"라는 의미다. 영혼의 국제 난민이요, 피난민으로 생존 보트를 타고 망망대해를 헤매던 사람이었는데, 예수님이 주민증을 갖고 찾아와 주셔서 이제는 당당하게 하나님 나라의 국적을 가진 시민이 된 것이다. 바울 당시로 치면, 아무도 관심 갖지 않는 약소국에서 떠내려온 난민이 로마 시민이 된 것이다.

그러니 이제는 안심하고 두 다리 뻗고 잘 수 있다. 절대적으로 안전하고 평안하다. 그 나라의 국민이 되었기에 이제는 무엇을 먹을까, 무엇을 입을까 염려하거나 걱정할 필요가 없다. 필요하면 그 나라의 복지 정책에 따라 보살핌을 받기 때문이다. 하나님이 당신의 나라의 시민이 된 우리를 책임져 주신다. 우리가 할 일은 오직 그분의 나라와 그분의 의를 구하는 것이다.

사도들과 선지자들의 터 위에 세우라

바울은 그 나라의 시민이 신분상으로만 아니라 내용상으로 어떻게 세워져 가는지에 대해서 다음과 같이 설명한다.

"너희는 사도들과 선지자들의 터 위에 세우심을 입은 자라 그리스도 예수께서 친히 모퉁잇돌이 되셨느니라"(엡 2:20).

여기서 '너희'는 누구인가? 창세전부터 예정되어 하나님의 때에 태어난 사람들이다. 운명 속에 태어난 사람들이 아니라, 하나님의 예비하심 속에 태어난 사람들이다. 그래서 하나님의 자녀가 된 사람들이다. 그뿐만이 아니다. 그리스도인인 '너희'는 사도들과 선지자들의 터 위에 세우심을 받은 자들이다. 이는 매우 중요한 자기 인식으로서, 그리스도인의 자의식이다. '나는 누구인가? 나는 사도들과 선지자들의 터 위에 세우심을 받은 자다'라는 것이다.

선지자들은 메시아가 오실 것을 예언했던 자들이다. 선지자들의 모든 말은 표지판처럼 하나를 가리켰다. 바로 예수 그리스도, 곧 메시아다. 선지자들의 터 위에 세워졌다는 것은 선지자가 예언했던 예수님 위에 세워졌다는 말이다. 그리고 사도들은 예수님의 제자 중의 제자다. 예수님께 배우고, 예수님과 함께 먹고, 예수님의 신앙과 사상과 가르침이 세포와 뼛속에 들어와 육화되어 있었던 자들이다. 그러니 사도들이라 하면 곧 예수 그리스도의 화신이라 할 수 있다. 그랬기에 그들은 가는 곳마다 자기 안에 육화되어 계신 예수님을 전했다. 불은 가는 곳마다 온기를 전하고, 얼음은 가는 곳마다 냉기를 전한다. 내용이 흘러나오면 자연히 그 내용의 영향력이 주변에 전해지기 마련이다.

따라서 '너희는 사도들과 선지자들의 터 위에 세우심을 입은 자'라는 말은 사도들이 전하고 살아 냈던 예수 그리스도, 선지자들이 표지판으로 알려 주었던 예수 그리스도 위에 세우심을 입었다는 뜻이다. 그러므로 이어서 "그리스도 예수께서 친히 모퉁잇돌이 되셨느니라"(엡 2:20하)라고 말한다. 이는 그리스도가 터전이 되시고, 중심이 되시고, 골간이 되신다는 뜻이다. 이것이 교회이고, 교회 된 우리다. 한마디로, 사도들과 선지자들의 터 위에 세우심을 받았다는 말은 '나는 그리스도 위에 터를 세우고 살아가는 사람'이라는 의미다.

제도로서의 교회나 보이는 교회가 세워지기 전이기에 성경에서 말하는 교회는 모두 사람이다. '하나님의 백성', '하나님의 가족', '성령의 전', '그리스도의 몸' 등은 모두 교회를 표현하는 은유인데, 사람을 가리킨다. 성경에서 교회에 대해 가르쳐 주는 계시의 말씀을 명료하게 붙들기 위해서는 성경이 말하는 교회가 우리가 경험하는 교회와 결이 같은 부분도 있지만 다른 부분도 많음을 염두에 두어야 한다.

그렇다면 2천 년 동안의 모습으로 교회를 확장해 본다면 교회는 제도인가, 아니면 사람인가? 교회를 2천 년의 역사 속에서 보면 제도다. 조직과 건물을 가지고 교파로 움직인다. 이것을 일컬어 현실 교회라 한다. 현실 교회로 자리를 옮기면 이야기가 조금 달라지기 시작한다. 하지만 현실 교회, 즉 조직이나 제도를 가지고 있는 교회 역시 사도들과 선지자들의 터 위에 세우심을 받아야 한다. 예수 그리스도가 교회의 중심이 되셔야 하고, 예수 그리스도가 교회의 모든 조직과 행정의 리더십에서 골간이 되고 살이 되며 머리가 되셔야 한다.

그런데 중세에는 그렇지 않았다. 예수 그리스도가 머리가 되셔야 하는데 교황이 교회의 머리가 되어 있는 모습을 본 것이다. 이러한 현실 교회의 모습을 고집하는 교황제가 옳지 않다고 여긴 개혁자들은 집요하게 성경으로 들어가 성경 속에 드러난 교회를 교회의 본모습이요, 참모습이요, 이상이고 비전이며 교회가 추구해야 하는 궁극적인 목적과 방향으로 보았다. 바로 이것이 개혁교회의 신앙이고, 개신교 신앙의 핵심이다.

그런데 5백 년의 개신교 역사를 보면, 교회가 현실 속에서 살아남기 위해 만든 온갖 제도와 조직과 전통이 다시 교회 안에서 머리가 된다. 사도들과 선지자들의 터 위에 교회가 세워지는 것이 아니라, '다른 것' 위에 교회가 세워지는 현실 교회의 모습이 나타난 것이다. 세상에서 조직을 운영하는 원리가 걸러지지 않고 들어와 주인 행세를 하게 된 것이다. 경영학이, 심리학이, 조직학이 주인 행세를 하게 된 것이다. 이는 사도들과 선지자들의 터 위에 세우심을 받지 않았을 뿐 아니라, 예수 그리스도가 친히 모퉁잇돌이 되지 않으셨다는 말이다.

참된 교회를 향한 몸부림

성경은 분명하게 말하는데, 우리는 이 부분에 대해 별로 문제의식이 없다. 왜 그럴까? 신학을 처음 공부할 때는 이해가 안 되었는데, 목회를 20-30년간 해 보면서 알아차리기 시작했다. 교회가 된 성도들, 교회가 된 나의 출발이 성경이 아니라 현실 교회이기 때문이다. 어떤 사람은 중간에 예수를 믿어 교회에 다니고, 어떤 사람은 태어나자마자 교회에 다닌다. 우리는 성경에 있는 교회의 참모습과 사도들이 가르쳐 준 교회를 배우기 전에 현실 교회를 먼저 경험하고 배우게 되는데, 그것을 본래 교회라고 생각하게 되는 것이다.

포항에서 목회할 때 교회의 모습을 보면서 속상해하자 은퇴한 장로님이 위로차 찾아와 말씀하셨다.

"목사님, 목회하면서 지치시면 안 돼요. 낙심하면 안 돼요. 교회는 본래 그런 곳이라고 생각하고 목회해야 안 지치고 오래가요."

나를 격려하고자 하신 말씀이었다. 그런데 교회는 본래 그런 곳이라는 말이 지금까지도 머릿속에서 떠나지 않는다. 이는 현실 교회가 본래 그런 곳이라는 것이다. 성도들은 성경 속에 나타난 사도들과 선지자들의 터 위에 하나님이 세우려고 하시는 교회보다 현실 교회를 먼저 경험해 버렸고, 그것이 본래 교회라고 생각하는 것이다.

순서상으로는 성경의 교회가 먼저가 아닐까? 그것이 우리가 가져야 하는 참 교회이고, 저 예루살렘에 있는 교회이며, 역사의 마지막에 임하는 바로 그 교회가 아닐까? 아우렐리우스 어거스틴(Aurelius Augustinus)은 이 부분을 이야기하면서, "보이는 교회와 보이지 않는 예루살렘의 참 교회 사이에 거리감이 있고 긴장이 있다"고 보았다. 이 거리감과 긴장은 결국 교회가 집요하게 추구해야 하는 이상과 비전이고, 교회가 갱신되고 개혁되어야 하는 방향이라고 했다. 이 긴장을 내려놓는 순간 교회는 타락하기 시작한다는 것이다.

그런데 성도들과 목회자들은 현실 교회를 먼저 경험한다. 그래서 현실 교회가 성경이 가르쳐 주는 교회보다 더 강한 인상으로 자리 잡아 있다. "너희는 사도들과 선지자들의 터 위에 세우심을 입은 자라"(엡 2:20)라는 말씀을 들었을 때 성경이 우리에게 가르쳐 주는 교회의 본모습을 생각하면서 가슴이 뛰기보다는 우리에게 별 의미 없는 말씀으로 여겨 옆으로 쳐 놓는 것이다. 현실 교회에 대한 이미지와 경험이 이미 우리 안에 압도적으로 자리 잡고 있기 때문이다. 이 경우에 우리는 우리가 가야 하는 예루살렘의 교회에 대해서는 무뎌지다 못해 죽어 있는 것이라 말할 수 있다.

우리는 사도들과 선지자들의 터 위에 세우심을 받은 자들이다. 예수님이 교회라는 나의 모퉁잇돌이 되셨다. 우리가 섬기는 교회의 모퉁잇돌이 되셨다. 우리는 성령 안에서 하나님이 지으실 터전이 되기 위해 예수님 안에서 함께 지어져 가는 자들이다.

바울은 이때 현실 교회와 예수님이 자신에게 가르쳐 주신 교회 사이에 거리감이 존재한다는 사실을 알아차리고 있었다. 이미 당시에 유대인들이 세운 현실 교회와 이방인들이 세운 현실 교회가 같이 자라 가고 있었기 때문이다. 교회 성장의 원리로 보면, 유대인들은 유대인의 교회를 세우고 이방인들은 이방인의 교회를 세우는 것이 훨씬 좋다. 동질적인 문화를 공유하므로 갈등이나 충돌의 소지가 적기 때문이다.

그런데 바울은 집요하게 유대인들과 이방인들은 함께 예배를 드리는 보편적 교회를 이루어야 한다고 보았다. 이방인들은 본래 지류였지만, 깨우치고 하나님을 알게 되어 하나님의 백성인 이스라엘의 본류 속으로 들어와 성령 안에서 하나님이 거하실 처소가 되기 위해 그리스도 예수 안에서 '함께' 지어져 가야 한다고 본 것이다. 인종과 문화와 계층과 언어와 정치 이념과 사상의 모든 차이에도 불구하고 그리스도 안에서 집요하게 하나 되려는 몸부림을 가질 때, 그러한 교회야말로 진정 주님이 기뻐하시는 참된 교회라고 본 것이다. 현실 교회의 한계를 인식하면서, 예수님이 이미 가르쳐 주신 온전한 교회의 모습을 집요하게 추구해 가야 하는 것이다. 이것이 하나님이 사도들과 선지자들의 터 위에 세우신 교회다.

교회는 다른 어떤 터전 위에도 세워지면 안 된다. 문화나 이념, 인종이 터전이 되어서는 안 된다. 그런데 현실 교회는 종종 그렇게 한다. 남아프리카공화국의 인종 차별에 가장 앞장섰던 사람들은 당시 예수를 성경적으로 온전하게 믿고 있다고 자신했던 화란 개혁교회의 백인들이었다. 그들은 흑인에 대해 3분의 2만 인간일 뿐, 온전한 인간이 아니라고 가르치기까지 했다.

사도들과 선지자들의 터 위에 세워졌다면 인종 때문에 사람을 차별하지 않을 텐데 어떻게 이런 일이 일어났을까? 그리스도 안에서는 남자나 여자나, 유대인이나 헬라인이나, 종이나 자유인이나 하나라는 것이 성경의 기본인데 어떻게 이런 일이 일어났을까? 사도들과 선지자들의 터 위에 세우지 않았기 때문이다. 그들은 성경을 읽었을 테지만, 성경을 믿음으로 받지는 않았던 것이다. 태어날 때부터 혹은 중간에 예수님을 믿을 때부터 경험했던 현실 교회가 그들이 본 교회였기 때문이다.

성경이 가르쳐 주는 본래의 교회상

결론적으로, 자신이 경험하고 가졌던 현실 교회에 대한 상을 성경의 세계 안에서 끊임없이 깨 버리는 사람이 바로 예수님의 제자다. 자신이 생각하고 경험한 현실 교회상, 자신이 지금까지 소중하게 여긴 현실 교회상이 에베소 서를 읽으면서 부정되고 하나님 안에서 끊임없이 반복해서 지워지면서 성경이 가르쳐 주는 본래의 교회상을 집요하게 추구하는 자, 그가 바로 선지자들과 사도들의 터 위에 교회를 세우려고 하는 사람이다.

또 다른 원인을 파고 들어가서 살펴보는 가운데, 한국 교회의 성도들은 기독교적인 것이 복음적인 것이라고 생각하는 경향이 있다는 것을 발견했다. 그러나 조직신학적으로 볼 때 기독교적인 것과 복음적인 것은 절대로 같지 않다. '기독교적'이라는 말에는 이미 문화와 관습과 이념의 색채가 덧입혀져 있기 때문이다. 그래서 2천 년 역사를 보면, 중세 시대에 기독교적이라 이야기했던 것이 사실은 복음적이지 않아서 후에 부정되는 경우가 끊임없이 생겼다.

결국 우리가 사도들과 선지자들의 터 위에 세우심을 입기 위해서는 사도들이 집요하게 전했던 복음(헬. 유앙겔리온), 곧 예수 그리스도 위에 세울 때만 예수님의 교회로 함께 지어져 갈 수 있다. 사도들과 선지자들의 복음 위에 세워져야 한다는 것이 교회가 세워지는 기본적인 원리임을 잊어서는 안 된다. 교회의 조직과 제도 위에 세워지는 것이 아니라, 사도들과 선지자들의 터전 위에 세워지는 것이다. 예수 그리스도 안에서 함께 지어져 가는 교회가 되기를 바란다.

시간이 오래 걸릴 수도 있고 짧게 걸릴 수도 있지만, 개혁교회는 끊임없이 자신을 개혁해 나가는 교회다. 자기 자신을 개혁하고, 자신이 섬기는 현실 교회를 사도들과 선지자들의 터 위에 세우는 복된 신앙이 되기를 바란다.

09

비밀

마침내 계시된 하나님의 비밀

마침내 드러난 하나님의 계시

이제 바울은 에베소서 3장에 와서 자기가 계시로 받은 복음이 어떤 것인가를 이야기한다.

> "너희를 위하여 내게 주신 하나님의 그 은혜의 경륜을 너희가 들었을 터이라"(엡 3:2).

여기서 '하나님의 은혜의 경륜'이란, 기업의 CEO가 회사를 경영하듯이 역사의 주인인 하나님이 세계를 경영해 가시는 손길을 말한다. 바울은 그 은혜의 경륜을 '너희'가 들었다고 말한다.

> "곧 계시로 내게 비밀을 알게 하신 것은 내가 먼저 간단히 기록함과 같으니 그것을 읽으면 내가 그리스도의 비밀을 깨달은 것을 너희가 알 수 있으리라"(엡 3:3-4).

성경에는 기록되어 있지 않지만, 바울이 편지나 글을 통해서 에베소 성도들에게 하나님이 자신에게 주신 계시의 비밀을 미리 이야기했다는 뜻이다. 알려졌던 그 정보를 환기시켜 주는 것이다.

그렇다면 그 계시의 내용이 무엇인가? 넓게 보면 에베소서 1-3장에 기록된 바울의 신앙 전체다. 즉, 하나님이 예비하고 택정하셔서 때가 찬 경륜을 따라서 하나님의 자녀가 되었다는 것이다. 하나님의 구원의 대서사시 전체가 바울이 하나님께 받은 계시라는 것이다. 그리고 그 계시의 내용을 좀 더 좁게 보면 에베소서 3장 6절 말씀이다.

> "이는 이방인들이 복음으로 말미암아 그리스도 예수 안에서 함께 상속자가 되고 함께 지체가 되고 함께 약속에 참여하는 자가 됨이라."

그리스도 예수 안에서 우리가 하나님의 상속자가 되고, 유대인과 이방인이 함께 지체가 되고, 하나님이 주신 약속이 이제는 유대인들뿐만 아니라 예수 그리스도 안에서 모든 사람에게 해당하는 약속이 되었다는 말이다. 이것이 좋은 소식이요, 복음이라는 것이다. 이 계시의 내용, 좋은 소식이 창세전부터 예비되었는데 때가 찬 경륜을 따라서 마침내 예수 그리스도를 통해 성취되었고, 이제 그 복음이 바울 자신을 통해 에베소 성도들에게 전달되고 있다는 것이다.

그렇다면 바울은 이 복된 소식을 어떻게 알게 된 것인가? 3절에 의하면, 계시를 통해 그 비밀을 알게 되었다. 이제 조금 더 자세히 살펴보자.

온전하고 참된 진리

"이는 이방인들이 복음으로 말미암아 그리스도 예수 안에서 함께 상속자가 되고 함께 지체가 되고 함께 약속에 참여하는 자가 됨이라"(엡 3:6).

그렇다면 이것이 정말 하나님이 계시로 바울에게 들려주셔야 하는 비밀스럽고 신비스러운 것인가? 사실 상식적으로 생각해 보면, 이 말씀은 이상하게 들릴 수 있다. 진정으로 어떤 진리가 참 진리, 온전한 진리가 되려면 그 진리는 모든 사람에게 해당하고 적용될 수 있어야 한다. 모든 사람에게 해당하는 진리일수록 크고 온전하고 참된 진리가 된다.

예를 들어, 한 작가가 책을 썼는데 이 책을 특정 지역 사람들만 읽고 공감한다면 이 책은 지역의 한계를 가지고 있다는 사실을 드러낸 것이다. 반면에 대한민국 국민 전체에게 읽히고, 나아가 전 세계의 언어로 번역되어 세계인들이 읽고 싶어 하는 책이 되었다면, 이 책이 모든 사람이 들을 수 있는 보편적 진리를 담고 있다는 것이 확인된다.

만일 어떤 진리가 특수한 계층이나 성별, 피부색을 가진 사람들이나 특수 성향을 가진 이들에게만 해당할 경우, 우리는 그것을 보편적 진리라고 말하지 않는다. 과하게 표현하면, 문제가 있는 진리라고 이야기한다. 그만큼 장애가 있고 어느 부분엔가 결함이 있는 것이다. 만약 14만 4천 명만 구원을 받는다면, 그에 속한 사람들은 너무나 행복하고 감격스럽다. 하지만 그 밖에 있는 사람들은 이 구원에서 배제되어 버린다. 따라서 이런 구원, 이런 진리는 문제가 있는 것이다.

오늘날 우리가 이 정도는 상식적으로 사고할 수 있다. 그렇기에 이방인들이 이제는 때가 되어 그리스도 안에서 하나님의 상속자가 되고, 유대인과 이방인이 함께 지체가 되고, 함께 하나님의 약속에 참여하게 되었다는 소식이 바울에게 계시로 전달되고 신비로 알려졌다는 말이 잘 이해되지도 않고, 그다지 신비로워 보이지도 않고, 비밀스러운 사건으로 들리지도 않는 것이다.

그럼에도 불구하고 어떻게 보면 이 평범해 보이는 복음이 계시를 통해 사람들에게 들어가야 했기에 하나님은 그들의 이성과 경험을 강제로 뒤집으셨고, 그 안에 말씀을 빛으로 넣어 주셨다. 전혀 생각지도 못했는데 어느 날 신비처럼 임한 것이다. 즉 바울도 유대교의 시야를 벗어나서 예수를 받아들이기가 처음에는 힘들었다는 이야기요, 자신의 세계관인 유대교의 세계관에서 벗어나기가 어려웠다는 뜻이다.

바울은 이전에 하나님은 누가 뭐라 해도 이스라엘의 하나님이셔야 하고, 하나님의 상속과 약속은 이스라엘에게만 주어져야 하며, 이스라엘 형제자매들만을 지체라고 생각했었다. 이 사고에 경도된 사람들은 하나님이 지금 예수 그리스도를 통해 무슨 새 일을 하시는지 알 수도 없고, 알아도 솔직히 관심이 없다. 그런 하나님이라면 자신의 하나님이고 싶지 않은 것이다.

요나와 하나님 사이의 갈등이 충분히 이해가 된다. 원수 나라의 도시인

니느웨의 백성을 용서하시는 것에 화가 나서 어쩔 줄 몰라 하는 요나를 안타까운 눈으로 바라보시는 하나님의 심정이 느껴지는가?

> "여호와께서 이르시되 네가 수고도 아니하였고 재배도 아니하였고 하룻밤에 났다가 하룻밤에 말라 버린 이 박넝쿨을 아꼈거든 하물며 이 큰 성읍 니느웨에는 좌우를 분변하지 못하는 자가 십이만여 명이요 가축도 많이 있나니 내가 어찌 아끼지 아니하겠느냐 하시니라"(욘 4:10-11).

"내가 만든 피조물 속에 있는 생명들을 나는 너무나 소중히 여긴다. 내가 어찌 아끼지 아니하겠느냐?"라는 하나님의 말씀이 자기로 가득 차서 하나님을 믿는 요나에게는 들어오지 않는다. 꼭 부모를 빼앗긴 것만 같다. 어느 날 부모님이 낯선 아이 하나를 데리고 들어와 "얘야, 이제부터 이 아이도 우리 식구고 네 형제니 사이좋게 잘 지내라!" 하는 것과 같다. 아버지, 어머니는 그 아이를 나와 똑같이 대해 준다. 똑같이 흰 쌀밥을 주고, 똑같이 고기를 주고, 똑같이 새 옷을 입혀 준다. 이상하게 이때부터 아버지, 어머니가 낯설게 느껴진다. 여태껏 부모님의 사랑을 독차지했던 나는 은근히 화가 난다. 지금까지 부모님은 내 편이라 생각했는데, 이 아이의 편이기도 하다는 것이 드러난 것이다.

이것이 바울 시대에 기독교를 보는 유대인들의 심리였다. 하나님이 이런 바리새인이었던 바울에게 찾아와 새로운 계시를 주신 것이다. "사울아, 나는 네 편이기만 한 것이 아니라 이제는 예수 그리스도를 통해 만민의 편이 되었다. 저 이방인들도 그리스도 안에서 상속자가 될 수 있는 너의 형제이며 약속의 자녀다. 아브라함과 이삭과 야곱과 요셉에게 주었던 약속은 유대인뿐 아니라 그리스도 안에서 만민에게 해당하는 약속이 되었다"라고 선포하신 것이다. 바울에게는 엄청난 충격이고, 혁명에 가까운 계시였다.

이 계시 앞에서 보일 수 있는 반응은 크게 두 가지로 나뉠 것이다. 하나님이 자신의 편이어야 한다고 생각하는 사람은 이러한 하나님을 받아들일 수 없고, 이러한 계시를 인정할 수 없다. 귀를 막거나 요나처럼 도망할 것이다. 그리고 이 진리를 전하려는 사람들을 잡아서 죽이고 싶을 것이다. 그래서 바울이 가는 곳마다 유대인들이 따라다니면서 방해하고 힘들게 했던 것이다.

그런데 그중에 비록 불편하지만, 이 계시를 마음을 열고 받아들이는 사람이 있다. 그들은 한 가지만 확인하면 된다. '지금 내게 말씀하시는 분이 내가 지금까지 믿고 따라 왔던 내 영의 아버지, 하나님이 맞는가? 악령이 천사의 얼굴을 하고 온 것이 아니라 아브라함과 이삭과 야곱과 요셉의 하나님이 지금 이 말씀을 하고 계시는 것인가?' 하는 것이다. 그리고 그 하나님이 맞다면 그들은 불편하지만 마음을 열고 이 계시의 말씀을 받아들인다.

왜일까? 하나님이 자신의 편이어야 한다고 생각하기 때문이 아니라, 자신이 하나님의 편이어야 한다고 믿으며 살아가기 때문이다. 피조물이요, 코로 숨 쉬는 자이며 허물과 죄로 죽었던 자신을 살리신 하나님을 이제는 어떤 일이 있더라도 주님으로 섬기고 살기로 결심했기 때문이다. 그러면 그분의 입에서 나오는 말씀이 때로는 낯설고, 때로는 불편하고, 때로는 자신의 문화와 다르거나 통념을 벗어난다 할지라도 그 말씀을 가지고 몸부림치기 시작할 것이다. 그리고 이제부터 밖에서 들어온 아이를 형제로 받아들이려 할 것이다. 하나님이 그렇게 말씀하시기 때문이다. 자신이 믿어 왔던 하나님이 맞기 때문이다.

복음은 규격을 갖지 않는다

그래서 바울이 성경 안으로 다시 들어가 보니, 지금 임한 새 시대는 이미 구약성경 구석구석에 예고되어 있었다는 것을 그제야 알게 된 것이다. 성경에 있었는데 유대교라는 율법에 눈이 가려져서 보지 못했던 것이다. 만민에게 복음이 전달되는 새 시대가 도래했다는 사인을 바울이 가장 정확하게 읽어 낸 것이다.

이때부터 바울은 이방인들에게 복음을 증거하는 데 걸림돌이 되는 것을 하나씩, 하나씩 걷어 낸다. "할례를 받아야 하는가? 이방인이면 할례가 필요 없다. 정결례를 해야 하는가? 이방인이면 필요하지 않다. 이스라엘의 많은 율법을 지켜야 하는가? 아니다. 십계명 외에 다른 많은 부분은 불필요하다"라고 선포한다. 그리고 "오직 복음이면 되고, 오직 은혜면 되고, 오직 예수 그리스도면 된다"라고도 선포한다. 이것이 그리스도교의 본격적인 시작이다. 그래서 바울은 유대인에게는 유대인의 모습으로, 헬라인에게는 헬라인의 모습으로, 율법 있는 자에게는 율법 있는 자의 모습으로, 율법 없는 자에게는 율법 없는 자의 모습으로 간다고 말했다. 복음을 위해서 그렇게 한 것이다. 단순히 인간적인 사랑을 위해서가 아니라, 복음으로 생명을 구하기 위해서다.

그럼 이 형식의 모양새가 없어지면 나중에 방종에 빠지는가? 그렇지 않다. 당연히 그 사람을 구하고 난 후 그에게 예수가 들어간 즈음에 지금까지 옆으로 밀쳐 놓았던 것들을 다 가르친다. 율법도 가르치고, 경건 생활의 틀도 가르친다.

바울은 천지를 통해서 드러나는 하나님의 일반 모습을 이야기했다. 교리신학에서는 이를 '자연 계시'라고 이야기한다. 그런데 자연 계시를 통해서는 예수 그리스도의 아버지이신 하나님을 믿을 수도, 부활을 알 수도 없다. 그러니 자연 계시, 즉 공존하는 새와 하나님의 형상으로 만들어진 것 같은 아름다운 자연을 통해서 창조주 하나님은 만날 수 있지만, 예수 그리스도를 보내신 그 하나님은 만날 수 없다. 그 하나님은 결국 성경으로 들어가야 만날 수 있다. 이것을 일컬어 '특별 계시'라고 이야기한다.

당연히 "그 하나님이 어떤 분인지 알고 싶어!"라고 할 때 "네가 알고 싶어 하는 하나님이 사실은 이 성경에 다 들어 있어. 한번 같이 가 볼래?" 하며 성경 안으로 데리고 들어가 보는 것이다. 순서의 문제인 것이다. 모양새를 없앤다는 것은 나중에 방종에 빠진다는 이야기가 아니라, 하나님을 더 온전히 만나는 기틀이 되는 것이다.

바울의 이 계시 때문에 그야말로 전 세계의 민족 중에서도 변방 중의 변방이고 이방인 중의 이방인이었던 한국 사람들에게 140년 전에 복음이 전해졌다. 선교사들이 이 복음을 알았기에 낯선 피부색을 가진 우리에게 담대하게 하나님의 언약의 자녀가 되는 특권을 전해 준 것이다. 그래서 그리스도 밖에서 멀리 있던 우리가 이제는 그리스도 안에서 하나님의 자녀로 가까워졌다.

우리가 원래 하나님으로부터 얼마나 멀어져 있었는지를 안다면 이제 이 하나님 안에서 그분의 자녀요, 상속자가 된 감격과 특권을 누리는 것에 대한 감사함을 절대로 잊어서는 안 된다. 무엇보다 허물과 죄로 죽었던 우리, 본질상 진노의 자녀였던 우리를 주님이 예수 그리스도의 피 공로로 용서하고 하나님의 자녀가 되게 해 주신 은혜를 잊어서는 안 된다.

그런데 140년이 지났는데, 한국 교회와 성도들은 어느새 유대인과 같이 되어 버렸다. 예수님이 복음의 모든 경계를 허물어뜨려 주셨기에 이 복음을 만날 수 있었는데, 어느새 한국 기독교는 자꾸 복음에 제한을 두고 틀을 만든다. 복음을 규격 안에 넣으려고 한다. 복음이 들어가기 위한 전제나 조건들을 계속해서 만든다. 교회 안에서 전통의 이름으로 그렇게 하고 있다. 전통은 복음이 가는 물길이기에 소중하다. 물길이 없으면 복음은 들어갈 수 없다. 하지만 시대가 흘러 물길이 바뀔 필요가 있을 때는 기꺼이 스스로를 상대화해야 한다. 복음을 위해서 그렇게 하는 것이다. 문화도 복음의 물길로서 좋은 것이다. 하지만 문화가 자꾸 복음을 막는다면 기꺼이 내려놓고 상대화할 수 있어야 한다.

그런데 왜 한국 교회는 복음은 보지 못하고 앞에 있는 달을 가리키는 손가락만 보고 있는가. 왜 그것을 진리이고 본질이요, 복음이라 생각하면서 복음의 생명력을 가라앉히고 있는가. 우리는 겸손하게 사도 바울이 받은 계시, 그리스도의 비밀이 담긴 계시, 사실은 이미 성경에 기록된 것인데 하나님이 우리의 이성과 경험을 비집고 뇌를 열어서 우리에게 가르쳐 주셔야만 하는 상식적인 이 진리, "너희도 하나님의 상속자, 누구든 하나님 안에서 그분의 자녀로 참여하는 자가 될 수 있다. 복음에는 전제나 틀이 없으며, 복음은 규격을 갖지 않는다"라는 단순한 진리가 진정 계시로 받아들여질 수 있도록 기도해야 한다. 이렇게 만들어진 교회가 하나님의 교회요, 참 교회가 되는 것이다.

10

풍성함

측량할 수 없는 그리스도의 풍성함

엡 3:7-9

사도 바울이 자랑한 은혜의 선물

에베소서 3장 1절에서 바울은 자신을 '이방인을 위하여 갇힌 자'라고 소개한다.

> "이러므로 그리스도 예수의 일로 너희 이방인을 위하여 갇힌 자 된 나
> 바울이 말하거니와."

감옥에 갇혀 있다는 뜻도 되고, 그의 실존을 연결해서 보면 "이방인에게

복음을 전하다가 감옥에 가고, 매를 맞고, 수많은 고난을 당하는 것을 나는 두려워하지 않는다. 오히려 나는 그것을 자랑한다'라는 의미에서 자신을 에베소 성도들에게 소개할 때 '감옥에 갇힌 자'라고 한 것이다. 누가 자신을 소개하면서 "나는 죄수 번호 △△△번 ○○○입니다"라고 하겠는가. 죄수가 되었다는 것은 부끄럽고 치욕스러운 일이다. 그런데 바울은 스스로를 갇힌 자라고 소개했다. 갇혔다는 말이 그에게는 명예이고 훈장인 것이다.

바울은 지금 무엇을 위해서 갇혀 있는가? 복음을 위해서 갇혀 있다. 그러면 도대체 그가 가진 복음이 무엇이기에 그는 복음 때문에 스스로 갇힌 자라고 말하는 것을 조금도 저어하지 않고 심지어 자랑스러워할까?

> "이 복음을 위하여 그의 능력이 역사하시는 대로 내게 주신 하나님의 은혜의 선물을 따라 내가 일꾼이 되었노라"(엡 3:7).

여기서 '일꾼'은 원어로 보면 '노예, 종'이다. 자신의 능력이 아니라 하나님의 능력이 역사하셔서 자신에게 주신 하나님의 은혜의 선물을 따라 이 복음을 위해 이방인의 종이 되고 하나님의 노예가 되었다는 뜻이다. 그렇다면 바울이 하나님께 받은 은혜의 선물이 도대체 무엇이기에 그는 이 은혜의 선물을 사람들에게 전하는 일을 위해 스스로 갇힌 자가 되었다고 자랑하고 다녔을까?

하나님께 받은 첫 번째 은혜의 선물은, 바울이 받은 계시의 비밀이다.

"때가 차서 하나님이 유대인뿐만 아니라 만민을 그리스도를 통해서 언약의 자녀로 삼아 주셨다. 아브라함에게 주셨던 언약이 이제는 우리의 것이 되기도 한다. 그리고 하나님은 한 형제자매로 묶인 신인류, 새로운 공동체를 우리에게 주셨다."

이것이 계시의 비밀의 내용이다.

두 번째 은혜의 선물은, 이 놀라운 계시의 비밀을 전하는 사역을 하나님이 바울에게 맡기신 것이다. 이것은 바울의 입장에서 볼 때 하나님의 은혜의 선물이다. 바울에게는 사역의 선물이라 할 수 있겠다. 이 놀라운 계시를 전하는 특권을 다른 사람에게 주지 않고 자신을 통해 이방인에게 전달되도록 사명을 맡기셨다고 한 것이다. 바울에게는 사명이 하나님의 은혜의 선물이다. 우리는 흔히 사명을 마지못해 하는 것이라 생각하는데, 바울은 사명을 선물로 생각했다니 굉장히 놀라운 일이다.

그런데 바울의 복음 안으로 들어가 보면 충분히 이해가 된다. 어떤 사명이 정말 자기의 생명과 같이 너무나 귀하고 그 일을 하는 것이 행복하다면 그는 그 사명을 당연히 선물로 생각할 것이다. 한편 어쩔 수 없이 해야 하거나 고되어 마지못해 하는 사명이라면 그것은 단지 의무요, 하나의 율법이 되는 것이다. 그러나 바울은 사명을 선물로 생각했다. 이 놀라운 계시의 비밀을 사람들에게 전하는 특권을 받았기 때문이다. 여기에는 이유가 있다. 자신이 전달해 주는 이 계시의 비밀, 교회를 통해서 계시의 비밀을 함께 살게 하는 신비가 바울이 볼 때는 너무나 엄청났던 것이다. 8절에 그 내용이 소개된다.

은혜의 선물의 내용은 그리스도의 풍성함

"모든 성도 중에 지극히 작은 자보다 더 작은 나에게 이 은혜를 주신 것은 측량할 수 없는 그리스도의 풍성함을 이방인에게 전하게 하시고"(엡 3:8).

지극히 작은 자보다 더 작은 자신에게 하나님의 은혜의 선물을 전하는 은혜, 이방인에게 복음을 전하는 은혜를 주신 것은 측량할 수 없는 그리스도의 풍성함을 이방인에게 전하려 하시는 것이라고 바울은 말한다. 그러면 바울이 하나님께 받아서 이방인들에게 전하려고 하는 복음 상자 안에는 무엇이 들어 있을까? 도대체 이 복음 상자 안에 무엇이 들어 있기에 바울은 옥에 갇힌 자가 되고, 매를 맞고, 파선하고, 수없이 많은 고난을 당한 것을 오히려 훈장이나 자랑으로 여긴 것일까?

바울이 전하는 복음 상자를 열어 보니 '측량할 수 없는 그리스도의 풍성함'이 들어 있다. '측량할 수 없는 그리스도의 풍성함'은 헬라어로 '아넥시크니아스토스'라 하는데, 이는 '탐지할 수 없다'라는 뜻이다. 로마서 11장 33절에 같은 단어가 나온다.

> "깊도다 하나님의 지혜와 지식의 풍성함이여, 그의 판단은 헤아리지 못
> 할 것이며 그의 길은 찾지 못할 것이로다."

하나님의 지혜와 지식은 너무 깊고 높고 심오해서 헤아릴 수 없으며, 마찬가지로 그리스도를 구주로 믿게 되었을 때 주신 은혜의 풍성함, 아직 발굴해 내지 못했지만 그리스도 안에 있는 이 풍성함은 측량하거나 헤아릴 수 없고, 추측할 수 없으며, 다할 줄 모른다는 이야기다.

지금 바울은 자기가 깨닫지 못한 것을 전하는 것이 아니라 자기가 가지고 있는 복음, 자기가 누리고 있는 복음을 전하고 있다. "너도 이것 한번 가져 봐. 기가 막히게 좋아" 하면서 말이다. 물건을 써 보고 좋으니 다른 사람에게 권하는 것과 같은 이치가 다른 이에게 복음을 전하는 일이다.

그리고 바울에게는 복음 안에 있는 내용물이 결정적으로 중요했기 때문에 다른 이들에게 전하지 않을 수 없었다. 거듭 언급하지만, 복음 안에 있는 내용물은 바로 측량할 수 없는 그리스도의 풍성함이다. 그리스도의 풍성함, 그리스도 안에 있는 풍성함, 그리스도를 통해 우리에게 주시려는 하나님의 은혜의 풍성함은 측량할 수 없을 정도로 깊고 높고 심오하고 다함이 없다. 그 내용을 알고 싶고 자신의 것으로 갖고 싶다면 전하라고 떠밀지 않아도 전하고 다닐 것이다. 오늘날 많은 성도가 이 측량할 수 없는 그리스도의 풍성함을 이야기해도 별다른 감흥이 없다. 왜냐하면 현대 교회가 측량할 수 없는 그리스도의 풍성함을 엄청나게 유실해 버렸기 때문이다.

바울이 말하는 여섯 가지 그리스도의 풍성함

바울 서신 전체를 훑어보면 바울 신학 안에서 크게 여섯 가지를 이야기하고 있다는 것을 알 수 있다. 그중 첫째는 에베소서 2장에서 언급했던 것으로, 하나님이 허물과 죄로 죽었던 우리를 살려 내어 새 생명을 주시는 것이다. 예수 그리스도를 인격적으로 영접하는 순간, 허물과 죄로 죽었던 우리가 살아서 새 생명을 얻게 된다. 우리의 인생 전체가 완전히 새롭게 부활하게 되는 것이다. 지워 버리고 싶었던 과거까지도 부활하여 모든 것이 합력하여 선을 이루는 새로운 삶이 되게 한다. 이것이 측량할 수 없는 그리스도의 풍성함의 한 부분이다.

둘째는, 인생 전체가 예수 부활과 함께 완전히 부활한다는 것이다. 저주받은 인생인 줄 알았고, 무미건조하게 살다가 끝나는 인생인 줄 알았는데 우리 인생이 하나님이 주신 놀라운 은혜의 선물이라는 사실을 깨닫게 된다.

이 사실을 알게 되면 풍성한 은혜가 물밀듯 밀려온다.

셋째는, 본질상 진노의 자녀였던 우리가 그리스도 때문에 하나님의 상속자가 되는 것이다. 하나님의 자녀가 곧 상속자이므로 하나님이 가지신 능력과 그분의 지혜가 우리에게 그대로 전수된다. 다 이어져 간다. 그리고 우리는 언약의 자녀다. 언약의 계승자로서 하나님이 아브라함과 이삭과 야곱과 요셉과 모세에게 주셨던 것이 이제는 우리의 것이 된다. 구약성경에 나오는 약속의 말씀을 아무리 읽어도 언약의 자녀가 되기 전에는 그 약속이 우리의 것이 아니다. 그런데 예수님 때문에 언약의 자녀가 되었기에 수천 년 전에 아브라함이라는 한 사람에게 주신 언약이 우리의 것이 되는 효력을 갖게 되는 것이다. 이것이 그리스도 안에 있는 풍성함이다.

넷째는, 하나님을 점점 알아 가게 되면 자신을 묶고 있는 많은 것으로부터 자유하는 힘을 얻게 된다.

"주의 영이 계신 곳에는 자유가 있느니라"(고후 3:17).

하나님을 온전히 알면 그분의 능력과 사랑이 우리를 어떻게 휘감고 인생을 이끌어 가시는지를 알기 때문에, 그동안 세상을 살면서 살아남기 위해 손에 쥐고 있던 많은 것을 하나씩 내려놓을 수 있게 된다. 세상이 이것을 갖지 않으면 망한다고 이야기해서 자신도 모르게 쥐고 달려왔던 많은 것을 차례로 놓아 버리게 된다. 때로는 그것들을 움켜쥘 수도 있고 풀어낼 수도 있는 자유함을 갖게 된다. 하나님이 주신 놀라운 생명을 전하는 삶이 가장 큰 기쁨이고 영광스러운 일이다.

물론 이 자유는 한 번에 오지 않는다. 말씀을 묵상하면서 내면 여행을 해 보면 두 가지 현상을 경험하게 되는데, 먼저는 자기 영혼의 진실을 직면하면서 대단히 불편해진다. 자신이 좋은 사람인 줄 알았는데 나쁜 사람이라는 사실을 알게 되기 때문이다. 그런데 그 부분을 통과해서 밑으로 내려가 영혼의 진실을 알게 되면, 그제야 비로소 갖게 되는 엄청난 해방감과 자유함이 있다. 한 꺼풀, 한 꺼풀 양파 껍질을 벗기듯 벗겨 나가면 점점 자유로워지고 가벼워지기 시작한다. 사람들이 딱지 붙이는 일에 신경 쓰지 않게 된다. 그러다 나중에는 "나는 비천에 처할 줄도 알고 풍부에 처할 줄도 알아 모든 일 곧 배부름과 배고픔과 풍부와 궁핍에도 처할 줄 아는 일체의 비결을 배웠노라 내게 능력 주시는 자 안에서 내가 모든 것을 할 수 있느니라"(빌 4:12-13)라는 고백이 나오게 된다. 하나님이 주신 놀라운 생명을 누리고 사는 것이다. 이 모두가 그리스도의 측량할 수 없는 풍성함이다.

자연히 가장 가치 있는 보물을 가졌기에 이 보물을 소유하고 계속 가져가기 위해서는 필요에 따라 나머지를 팔게 된다. 이는 예수님의 밭에 감추어진 보화의 비유와 바로 연결된다. 그리고 그 나머지 것을 파는 순간, 너무도 자랑스럽고 뿌듯하고 행복해한다.

"그리스도로 인해 받게 된 생명의 풍성함을 나는 누구에게도 빼앗기고 싶지 않다. 나는 그 풍성함을 아직 다 누리고 있지 못한데, 그 풍성함을 갖기 위해 일생 구도자로 전심을 다해 달려가기 원한다."

이 강력한 영적 추동력이 여기서 나온다. 그 사람 안에는 별로 가진 것이 없는 듯하나 늘 천하를 가진 것 같은 당당함과 자유함이 있고, 동시에 스스로를 한없이 낮출지라도 낮추어지지 않는 묘한 매력이 나온다.

다섯째는, 우리보다 먼저 이 놀라운 계시의 비밀을 깨달은 사람들이 있다. 그리고 이미 이 비밀을 따라 살아가고 있는 사람들이 있다. 사도 바울이 앞서 에베소서 1장에서 이야기한 신인류가 모인 공동체다. 바로 이 공동체, 교회에 소속되는 것도 그리스도의 풍성함이다. 그 안에서 어떻게 사랑해야 하는지를 배우고, 어떻게 품어 주어야 하는지를 배우고, 서로 갈등이 생겼을 때 어떻게 용서하면서 화해를 이루어 가는지를 배우고, 어떻게 세상을 이기는 삶을 살 수 있는지를 배운다. 예배와 말씀을 통해 배우고, 소그룹에서 성도들이 가진 말씀을 놓고 교제하면서 배운다. 세상을 위해 봉사하면서 세상을 섬기는 법을 배운다. 그러면서 기도와 물질을 서로 나누어 쓴다. 그래서 이 공동체 안에 있는 사람들에게는 부족함이 없다. 측량할 수 없는 그리스도의 풍성함이다.

여섯째는, 이렇게 살다가 죽으면 저 천국에서 영생 복락을 얻어 영원한 안식에 들어가게 된다. 보통의 경우에는 끝이 좋으면 과정이 나쁘기 마련인데, 그리스도인은 끝이 좋아서 모든 것이 다 좋은 줄 믿는다. 그렇기에 모든 것이 다 좋아지게 될 것이라 믿고 갈 수 있다. 사는 동안 예수님 때문에 엄청나게 고생했는데, 숨을 거둔 후 천국에 갔더니 그간의 모든 고생의 산물이 다 상급이 되어 돌아오는 것이다. 천국에 간 그 사람이 어떻게 생각하겠는가?

'하나님이 내게 주신 인생이라는 것은 참 보배롭고 아름다운 것이구나. 고생만 한 줄 알았는데 이렇게 놀라운 은혜의 선물이 기다리고 있었네.'

그러고 나서 보니 땅에서 고생하고 애쓰며 수고한 것 때문에 생명이 여기저기서 자라 가고 있는 모습이 보인다. 얼마나 뿌듯할까? 끝이 좋으니 나타나는 현상이요, 그리스도 안에서 받는 생명의 풍성함이다. 그러므로 우리는 이미 미래로 가서 보고 와서 사는 사람들이다. 지금 이 순간에 고난이 닥쳐와도 넉넉히 이긴다고 믿는다. 그리스도의 풍성함이다.

바울에게 "당신이 깨달은 그리스도의 풍성함이 어떤 것인지 들려주시오"

라고 요청을 하면 그는 아마 종일을 말하고도 다 말할 수 없다고 이야기할 것이다. 이처럼 그리스도가 당신을 믿는 자들에게 주시는 생명의 풍성함, 그 종류와 내용은 이루 말할 수 없다. 그리고 이 측량할 수 없는 그리스도의 풍성함을 이제 바울이 이방인들에게 전한다.

교회는 그리스도의 풍성함을 나누고 누리는 곳

그렇다면 우리가 교회가 되고 교회를 이룬다는 말은 우리가 생각하는 것보다 훨씬 엄청난 의미를 갖고 있다는 것을 알 수 있다. 측량할 수 없는 그리스도의 풍성함이 무엇인지를 배우는 곳, 그리스도의 풍성함을 경험해 보게 해주는 곳, 보다 일찍 예수 믿은 사람을 만나 같이 교제를 나누며 그리스도의 풍성함을 느끼게 해 주는 곳 그리고 그리스도의 풍성함을 향유하고 이 좋은 것을 다른 사람에게 전하고 싶어서 몸부림치게 만드는 곳, 이곳이 바로 교회다.

그래서 교회 안에 있으면 측량할 수 없는 그리스도의 풍성함이 흘러넘친다. 무엇인가 다르다. 축 처진 사람이 교회에 가면 고양되면서 무엇인가를 동경하기 시작한다. 지금 머릿속에 있는 그대로 살고 싶어진다. 따뜻한 온돌방에 들어가 있으면 몸이 저절로 훈훈해지는 것과 같다.

당신이 섬기는 교회가 측량할 수 없는 그리스도의 풍성함을 경험할 수 있게 되기를 바란다. 측량할 수 없는 그리스도의 풍성함이 느껴지고 만져지는 은혜가 임하기를 바란다. 현대 교회가 개신교임에도 불구하고 영성에 대해 관심을 갖게 된 이유가 바로 여기에 있다.

"구원에 대한 확신을 얻는 것으로는 더 이상 충분하지 않다. 이제는 그 구원이 내게 느껴지고 만져지기를 원한다. 측량할 수 없는 그리스도의 풍성함을 온전히 깨달아 알고 싶다."

그래서 영성에 관심을 가지고 교단 내에 영성 신학을 만든 것이다. 2천 년 기독교의 유산이다. 필요하면 이런 부분에 도움을 얻어야 한다. 주님이 우리에게 생명의 풍성함을 주려고 우리를 그렇게 빚어 내신 것이다.

"영원부터 만물을 창조하신 하나님 속에 감추어졌던 비밀의 경륜이 어떠한 것을 드러내게 하려 하심이라"(엡 3:9).

이 생명의 풍성함은 그리스도가 오셨을 때 하나님이 아들을 통해 주려 하셨던 것이 아니다. 하나님은 아담과 하와를 지으셨을 때 그 본래의 풍성함을 통해 우리를 온전한 사람으로 만들어 가기를 원하셨다. 그래서 '영원부터 만물을 창조하신 하나님 속에 감추어졌던 비밀의 경륜'이라고 말하는 것이다.

그런데 이 계획이 어그러졌다. 아담이 범죄하여 죄가 세상에 들어와 이 풍성함을 누리는 모든 기관과 경험이 박살 나기 시작했다. 하나님이 다시 시작하셔서 여기까지 온 것이다.

언젠가 아주 자존심이 상하는 말을 들은 적이 있다. 교회를 보면 참을 수 없는 존재의 가벼움이 느껴진다는 것이다. 세상 사람들에게 교회가 어떻게 비쳤기에 그런 말을 듣는지, 마음이 아팠다. 복음은 결코 가볍지 않다. 하나님의 은혜의 깊이와 부요함과 풍성함은 우주의 우주도 다 담아 내지 못한다. 그 풍성함을 누리고 전하며 살아가자.

11

경륜

마침내 드러난 '비밀의 경륜'

엡 3:8-10

바울의 고백, "은혜 위의 은혜!"

에베소서를 묵상할 때는 어떤 구절이나 어떤 장을 읽든 놓치면 안 되는 질문이 있다. '교회란 도대체 무엇인가?'라는 질문과 '교회는 내게 어떤 곳인가?'라는 질문이다. 에베소서는 간단히 이야기하면 교회의 책이다. 에베소서는 성경 66권 중에서도 가장 심오한 책인데, 에베소서 3장은 그중에서도 가장 심오하고 난해하다.

　바울은 인생에서 분명하고 명료한 목적의식과 방향 감각을 갖고 있었다. 그것은 바로 자신이 복음을 만민에게 전하기 위해 부르심을 받았다는 것이다. 이 복음은 그가 책상에서 공부하면서 고안해 낸 신학이 아니라, 하나님이 계시를 통해 선물로 주신 것이었다. 그래서 바울은 이렇게 말했다.

"이 복음을 위하여 그의 능력이 역사하시는 대로 내게 주신 하나님의 은혜의 선물을 따라 내가 일꾼이 되었노라"(엡 3:7).

그리고 바울은 은혜의 선물을 보면서 늘 감동했다. 하나님이 그 놀라운 은혜의 복음을 자기같이 예수 믿는 사람들을 박해하던 자에게 먼저 알게 해 주신 것에 감사드렸다. 바울이 받은 은혜의 선물 중 하나다. 그뿐만 아니라 바울에게는 하나님이 자신을 택해 이 복음을 이방인들에게 전하는 사명을 주신 것 역시 은혜의 선물이다. 모든 것이 은혜 위의 은혜다.

"모든 성도 중에 지극히 작은 자보다 더 작은 나에게 이 은혜를 주신 것은 측량할 수 없는 그리스도의 풍성함을 이방인에게 전하게 하시고"(엡 3:8).

하나님이 자신으로 하여금 복음을 먼저 알게 해 이 복음을 전하는 은혜를 주신 것은 측량할 수 없는 그리스도의 풍성함을 이방인에게 전하게 하시려는 것이라고 바울은 고백했다. 그리스도가 우리에게 주신 은혜의 측량할 수 없는 풍성함을 인생 가운데 깨닫고 누리고 맛보고 경험하며 감격하는 은혜를 받기 바란다.

죄와 허물로 죽었던 우리에게 새 생명을 얻게 하신 하나님의 은혜의 풍성함은 그 어떤 것과도 바꿀 수 없다. 그래서 우리는 이제 부활의 능력을 힘입어 살아가는 자가 되었다. 당연히 우리에게는 세상의 밥이 되지 않고 세상을 이기며 살 수 있는 능력이 주어졌다. 우리는 하나님의 상속자요, 언약의 자녀이기 때문이다. 만물을 지배하고 다스리시는 하나님의 상속자인 우리는 그분의 능력을 그대로 상속받아 사용할 수 있음을 믿기 바란다. 바로 이 능력을 사용하는 가장 간단한 열쇠는 기도다. 그리고 그 일을 가능하게 하는 힘은 믿음이다. 그리고 그 일을 실행해 가는 우리의 심령 속에 있는 정서는 사랑이다. 이 모두가 그리스도의 측량할 수 없는 풍성함이다. 이 생명이 고 갈되지 않고 죽을 때까지 우리 안에서 점점 왕성해지는 축복이 있게 된다.

우리 인생은 아무리 잘못되어도 영원한 생명이다. 우리는 잘못될 이유가 없기에 바울처럼 "사망아 너의 승리가 어디 있느냐 사망아 네가 쏘는 것이 어디 있느냐"(고전 15:55) 하고 사망에 도전장을 내밀며 당당하게 살아갈 수 있 다. "네 신앙을 계속 가지고 있으면 너는 죽을 것이다"라는 위협에도 자기를 향한 칼끝에 목을 대는 기백을 보일 수 있는 이유는, '오늘 내가 죽어도 천 국에서 발견된다'는 강력한 확신이 있기 때문이다. 이것이 다 그리스도의 측 량할 수 없는 풍성함이다. 그러므로 우리가 사는 모든 것이 의미 있고 소망 으로 가득 차 있다. 그래서 바울은 복음 안에 있는 측량할 수 없는 그리스 도의 능력을 전하게 하려고 하나님이 자신을 부르셨다고 말한 것이다.

비밀의 경륜의 핵심은 교회

바울은 이어서 말한다.

"영원부터 만물을 창조하신 하나님 속에 감추어졌던 비밀의 경륜이 어떠 한 것을 드러내게 하려 하심이라"(엡 3:9).

언뜻 보면 8절의 '측량할 수 없는 그리스도의 풍성함'과 9절의 '비밀의 경륜'은 비슷한 말 같지만 강조점이 좀 다르다. 전자는 그리스도의 복음 안에 들어 있는 능력을 이야기한다면, 후자는 복음 자체의 한 측면을 말한다. 간단히 말하면, 비밀의 경륜은 그리스도를 통해서 유대인과 헬라인이 하나가 된다는 것이다. 유대인과 헬라인뿐만 아니라 그리스도를 통해서 만민이 하나 된다는 것이 바로 비밀의 경륜이 드러나는 것이다.

하나님은 이미 창세전부터 그리스도 안에서 만민을 하나로 묶으셨고, 한 형제자매로 삼기를 원하셨다. 아담과 하와 안에는 모든 민족의 원형적 씨앗이 같이 들어 있었다. 그런데 죄로 인해 이 계획이 깨어졌다. 민족이 언어를 각기 달리하면서 뿔뿔이 흩어졌다. 하나님이 이 가운데서 아브라함을 불러 유대인을 제일 먼저 당신의 백성으로 삼아 이 계획을 다시 시작하신 것이다.

유대인은 하나님의 계획의 시작일 뿐, 유일한 길은 아니다. 그런데 그들은 하나님의 계획을 깨닫지 못했다. 그릇된 선민의식으로 하나님을 독점하려고 했다. 그리고 자신들의 상한 민족적 자존심을 종교 심리를 통해 보상받으려고 하나님을 믿지 않는 이방인들을 무시하고 멸시하기까지 했다. 이런 가운데서 하나님이 때가 되어 마침내 예수 그리스도를 보내셨다. 그분은 중간에 막힌 담을 십자가로 허물어뜨리셨다. 유대인과 이방인이 하나 되게 해 주시고, 종과 자유인이 신분의 차이 없이 형제자매가 되게 해 주시고, 남자와 여자가 하나 되게 해 주셨다. 이념과 문화와 피부색의 장벽을 넘어서서 "당신은 나의 형제요, 자매입니다"라고 고백하는 전혀 새로운 사람들을 만드셨다. 그것을 에베소서에서는 '신인류'라고 이야기한다고 앞서 언급했다.

신인류가 모인 집단, 새로운 인류가 함께 모여서 사는 그룹이 바로 교회다. 여기서 교회는 제도나 공간이 아니다. 교회는 바로 전혀 새로운 사람들,

곧 신인류다. 이들은 같이 모여서 측량할 수 없는 그리스도의 풍성함을 나눈다. 그리고 그 풍성함을 말씀을 통해 맛보고 누리고 나누며 함께 살아간다. 당연히 그 풍성함을 전하기를 원한다. 이러한 교회 안에는 꿈이 있다. 온 인류가 자신들과 같은 신인류로 완전히 변화되는 그날을 꿈꾸며 살아가는 것이다. 이렇게 하는 시작점이 교회고, 이 풍성함을 배양하는 곳이 교회이며, 복음의 놀라운 은혜가 직간접적으로 경험되는 곳이 교회다.

에베소서에서 바울이 보는 교회를 간단히 말하면, 생명의 인큐베이터다. 아무리 자라나지 못하고 소망이 없어 보이던 사람도 교회라는 인큐베이터 안에서 양분을 공급받으면 얼마쯤 지나 생명의 능력을 가진 전혀 새로운 사람으로 자라 가는 신비한 곳이 바로 교회다. 이것이 바로 바울이 보고 있는 교회관이다. 그러니 교회는 단지 하나의 교회가 아니다.

정리하면, 바울은 이렇게 말한 것이다.

"하나님의 복음이 시작되고, 자라 가고, 사람들 안에 뿌리를 내리고, 이 사람에게서 저 사람에게로 전달되면서 단순히 전수될 뿐만 아니라 양육되고 훈련되어 전혀 새로운 생명이 나타날 수 있는 결정적인 장소이자 사람이 바로 교회다. 교회라는 것은 그야말로 하나님 속에 감추어진 비밀의 경륜이다. 만민을 하나님 안에서 한 형제자매로 삼아 교회라는 전혀 새로운 사회를 만드시는 하나님의 경륜이 어떠한지를 나 바울을 통해 드러내게 하시려는 것이다."

비밀의 경륜의 핵심이 교회라는 것이다. 9-10절에 바로 그 내용이 나온다.

"비밀의 경륜이 어떠한 것을 드러내게 하려 하심이라 이는 이제 교회로
말미암아 하늘에 있는 통치자들과 권세들에게 하나님의 각종 지혜를 알

게 하려 하심이니."

바울이 말하는 '통치자들과 권세들'은 이교도들, 즉 하나님을 믿지 않는 자들이다. 그런데 이교도인 자들이 하나님을 믿지 않음에도 불구하고 교회가 선포하고 가르치는 진리를 통해 하나님의 지혜를 알게 하려고 하나님이 교회를 주셨다고 바울은 말한 것이다.

여기까지 오게 되면, 바울이 생각하는 교회가 우리가 생각하고 경험하는 교회와는 차원이 다르다는 사실을 알게 된다. 바울은 지금까지 에베소서를 통해 우리를 계속 흔들어 깨워 왔다. 우리 인생은 우연이나 무계획 아래 시작된 것이 아니라, 창세전부터 하나님이 알고 정하고 불러서 우리를 이 자리에 있게 하셨다는 것이다. 우리의 인생은 누가 뭐라 해도 창조주의 놀라운 섭리 속에서 계획된 것이다. 인생을 대하는 무게감과 숭엄함이 다르다. 이 사실을 안다면 세상에서 아무리 시달려도 "내 인생은 저주받은 인생이며 행복하고 좋은 것이라고는 하나도 없다"고 이야기하지 않는다. 하나님이 알고 정하고 불러서 이 길을 가게 하시는데, 드러나지 않은 하나님의 섭리가 있음을 믿고 그 부르신 분을 계속 바라보면서 믿음의 걸음을 걸어가게 되는 것이다. 인생에 대해 깨어난 것이다. 그래서 '내 인생에는 누가 뭐라 해도 우주에 필적하는 무게감이 있다. 내 인생은 하나님이 주신 선물로서 존귀한 것이다'라고 생각하며 힘들다고 쉽게 삶을 포기하는 일은 생각도 하지 않게 된다. 인생에 대해 깨어나고, 자신에 대해 깨어나게 하는 것이다.

죄와 허물로 완전히 죽어 있던 자를 주님이 살리셨다. 본질상 진노의 자녀였던 자들이다. 이것은 누구나 예외가 없다. 주님은 본질상 진노의 자녀였던 자를 순전히 은혜로 살려 내셨다. 그래서 이제는 부활의 능력으로 살아

가게 해 주셨다. 하나님의 상속자요, 언약의 자녀가 되게 해 주셨다. 완전히 수지맞은 인생이 된 것이다. 살아가는 동안 절절한 은혜 의식을 갖지 않을 수 없다. '참 감사하다. 어떻게 나 같은 사람을 구속하고 당신의 자녀로 삼아 주셨을까?' 하는 마음이 떠나지 않는다.

내가 에베소서를 묵상하면서 받은 은혜 중의 하나는 25세에 회심하면서 예수님을 만났을 때의 감흥이 되살아난 것이었다. 그때 예수님을 새롭게 만나고 나서 느낀 나의 인생에 대한 첫인상은 '와! 땡잡은 인생이네'였다. 예수를 믿고 나니 모든 것이 엄청난 축복이요, 새로운 인생을 살고 있음을 깨닫게 된 것이다. 완전히 파선된 배가 하루아침에 항구를 향해 달려가는 쾌속정으로 바뀐 듯한 마음이 찾아왔다. 당연히 기분이 날아갈 것 같았다.

그런데 참 이상한 것은, 주님을 섬기고 교회를 섬기다 보면 이런 부분들이 점점 배양되어야 하는데, 속상하게도 조금씩 잠식되었다. 말씀이 위대한 까닭은 그 안에 원형적 보석을 가지고 있기 때문이다. 말씀 속에 들어가 깊이 묵상을 하면 잃었던 은혜가 회복되고 잊었던 하나님과의 만남이 다시 생각나면서 내가 어디서부터 출발했는지를 뚜렷이 각인시켜 주는 힘이 공급되었다. 에베소서를 묵상하면서 바로 그 은혜를 새로이 받게 된 것이다.

새로운 사회, 사랑으로 따뜻한 교회

당연히 성도인 우리 자신이 얼마나 큰 축복 속에서 이 걸음을 걷고 있는지가 확인되고 인식이 부활되면, 교회 된 자신을 바라보는 인식이 달라지면서 교회에 대한 소망도 완전히 달라진다. 그래서 바울의 자기 인식과 하나님 인식, 교회에 대한 인식은 연결되어 있다고 볼 수 있다. 그리고 주님은 이런 사람을 통해 교회라는 공동체를 시작하게 하신다.

앞선 장에서도 언급했지만, 존 스토트가 에베소서 강해서의 제목을 '새로운 사회'라고 이야기한 것은 정확한 표현이다. 이 새로운 사회 안에 들어가면 장벽이 없다. 세상에는 유리 천장을 깨고 올라가야 하는 벽이 얼마나 많은가. 그런데 교회에는 장벽이 없다. 교회에는 끼리끼리가 없다. 인간이 사는 곳이기 때문에 형성될 소지가 있는데, 깨어 있는 그리스도인들이 그 끼리끼리 의식을 끊임없이 허물고 하나 된 인식을 만들려 한다. 만일 끼리끼리라는 인식에 대한 문제의식이 없어지면 그것은 새로운 사회가 되기를 포기하는 것이다. 교회는 어디 출신이 없이 하나다. 우리의 출신은 어디인가? 그리스도다. 우리는 그리스도에게서 시작되어 그리스도를 통해 진행하고 그리스도를 통해 마무리한다는 것, 이 하나다.

세상은 정글같이 살벌해 보이지만 교회에는 형제자매라 부르는 따뜻한 만남이 있다. 이 따뜻함이 온 공간을 가득 채운다. 이사야 선지자가 말한 대로 여호와의 동산 같고, 물이 끊기지 않는 샘 같은 곳이다. 그러므로 교회에 오면 세상에서처럼 긴장하지 않아도 된다. 자신을 솔직히 개방할 수도 있고, 자신의 연약함을 노출하면서 누군가의 도움을 받을 수도 있고, 그런 누군가를 발견하면 힘이 있는 내가 교만하지 않으면서 도와줄 수도 있다.

교회에서는 우리를 정죄하고 판단하지 않는다. 우리 모두는 용서받은 죄인이기 때문이다. 세상에서는 미천하다고 여겨지는 일을 할지라도 교회에 오면 자존감으로 당당하다. 하나님의 자녀이기 때문이다. 세상에서는 높은 자이지만 교회에 오면 겸손하다. 용서받은 죄인이기 때문이다. 그래서 비밀의 경륜이 드러난 교회에서는 서로를 바라보는 눈빛이 한없이 따뜻하다. 서로 형제자매이기 때문이다. 이것이 본래의 교회다. 경건한 사람의 무리가 아니라 용서받은 죄인의 무리이기 때문에 서로 겸손하고, 서로 환대하고, 서로 배려한다. 인간적인 마음이 한 번씩 삐져나올 수는 있다. 그러나 그리스도인은 항상 말씀 앞에서 돌아올 준비가 되어 있는 사람들이다. 하룻밤 지나면 미안하다고 말할 수 있는 곳이 교회다.

만일 우리가 이런 교회를 현실 교회 속에서 아직 세워 가고 있지 못하다면 둘 중 하나다. 우리는 어느 사이에 우리도 모르게 용서받은 죄인의 모임이 아니라 경건한 사람의 모임을 만들어 가고 있는 것이다. 율법주의와 공로주의가 기승을 부리는 곳에서는 성도들의 영혼이 피어나지 못한다. 그런 곳에 있으면 서로가 상처를 주고받는다. 그리고 상처를 견디지 못해 교회를 떠난다. 이 상처는 적절히 다뤄지지 않으면 자기 안에서 자기를 또다시 아프게 한다.

상처받은 채로 신앙생활하는 성도들도 있다. 그러나 그들은 더 이상 자기 모습을 있는 그대로 보여 줄 수 없고, 누군가를 온전히 사랑할 힘도 없다. 상처가 안에 있는 사랑을 식게 만들었기 때문이다. 결국 멀찍이 떨어져 있거나 마음의 문을 오래전에 닫고 주님만 바라보면서 교회 봉사만 열심히 한다. 그래서 형제자매 안에 영혼의 불꽃이 일어나지 않는다. 거기까지는 갈 수 없고, 가고 싶지도 않은 것이다.

그러면 어떻게 해야 하는가? 교회의 깨어 있는 지도자들이 기도해야 한다. 공동체에 성령의 역사가 일어나게 해 달라고, 성령이 긍휼히 여기셔서 우리를 싸매고 위로하고 치유하여 다시 하나가 되게 해 달라고 기도해야 한다.

하나님은 절대로 교회를 포기하지 않으신다

놀라운 것은, 하나님이 교회를 얼마나 끔찍하게 사랑하시는지다. 2천 년 역사 속에서 현실 교회는 바울이 에베소서에서 강론한 교회의 모습에 비하면 턱없이 부족했다. 그런데 하나님은 교회를 엄청나게 사랑하신다. 본래 교회 자체가 위대한 곳이기 때문이다. 하나님은 절대 교회를 포기하지 않으신다.

교회는 하나님의 백성이 거듭나고 하나님의 말씀이 때로는 원색처럼, 때로는 제철소에서 잘 제련된 철강석처럼 선포되는 곳이다. 양육과 훈련을 통해 하나님의 백성으로서의 삶을 배워 가는 곳이 교회다. 교회를 포기한다는 것은 하나님이 당신의 구원의 경륜의 모든 계획을 포기하시는 것과 마찬가지다. 그래서 주님은 예수님이 재림하시기까지 절대로 교회를 포기하지 않으신다.

교회는 창세전부터 하나님이 예정하신 비밀의 경륜이 드러난 곳이다. 신인류가 이제 본격적으로 배양되고 훈련받고 자라나는 곳이다. 이곳에서 세상의 통치자들과 권세자들이 지혜를 공급받기도 하고, 말씀이 그들을 부끄럽게 해 회개하고 돌아오게도 한다. 그래서 교회는 바울이 보기에는 엄청난 영적 권세가 있는 곳이다. 세상이 인정하느냐, 인정하지 않느냐는 교회의 권세를 위축시키지 않는다.

현재 교회의 모습이 어떠하든 주님은 절대로 교회를 버리지 않으신다. 당신을 거부하고 필요할 때만 주님을 찾는 교회인데도 버티고 서서 지켜 주신다. 구원의 방주 한복판에 구멍이 뚫려서 물이 솟아나더라도 절대로 그 교회를 버리지 않으신다. 그 배에 있는 사람들을 끝까지 사랑하시기 때문이다.

주님이 이처럼 사랑하시는 교회를 더 가슴에 품고 기도하게 될 수 있기를 바란다. 지금까지 우리의 경험과 잔상과 부모로부터 물려받았던 교회에 대한 이미지는 그림자에 불과하다. 바울과 함께 에베소서 속에 있는 교회 안에 들어가 교회가 얼마나 위대하고 신비로운 곳인지, 얼마나 놀라운 일을 할 수 있는 곳인지, 교회를 통해서 하나님의 경륜이 얼마나 강력하게 일어날 수 있는지를 바라보며 교회를 위해 기도하기를 바란다.

12

새로운 관점

인생을 대하는 전혀 다른 관점

엡 3:11-13

하나님의 예정된 은혜

우리가 삶이라는 인생의 급물살에 휩쓸려 살아갈 때는 우리가 살아가는 인생이 잘 보이지 않는다. 그러다가 잠잠히 말씀 안으로 들어가고, 말씀 속에서 하나님을 묵상하고, 그 하나님의 빛 아래서 인생을 성찰하게 되면 인생이 조금씩 보이기 시작한다. 우리가 누구인지, 우리가 무엇을 위해 이 땅에 왔는지, 우리가 어떻게 살아가야 하는지가 조금씩 보인다.

앞서 언급했듯이, 에베소서에 나타난 바울의 신앙을 이해하는 키워드 중에 하나가 '예정'이다.

"곧 창세 전에 그리스도 안에서 우리를 택하사"(엡 1:4상).

바울에게는 그의 인생도 예정되었고, 그에게 계시된 복음도 창세전에 예정되었다. 교회도 하나님의 신비로운 경륜으로 예정되었다가 때가 되었을 때 하나님이 우리에게 선물로 주신 것이다. 이 흐름에서 보면 복음이 그에게 예정되었듯, 그에게 이 복음이 전해지는 특권도 예정된 것이다. 이처럼 바울은 인생과 복음의 많은 비밀을 '예정'이라는 키워드로 풀고 있다.

바울처럼 자유를 소중히 여기는 사람이 예정을 강조하다 보니, 어떤 신약학자들은 에베소서에 대해 바울이 직접 쓴 서신이 아니라 바울 공동체 안에 있던 제자들이 쓴 서신일 것이라고까지 말하곤 한다. 하지만 그렇지 않다. 한 신앙인이 인생의 원숙기에 이르러 자신의 신앙과 인생을 깊이 헤아려보기 시작하면 그의 걸음은 거대한 하나님의 거역할 수 없는 섭리 속에서 여기까지 왔다는 사실을 알아차리게 되기 때문이다.

바울은 다메섹에서 주님을 만난 후 아나니아가 안수 기도하여 그 눈의 비늘이 벗겨졌다. 바울에게로 향하기 전에 주님은 아나니아에게 말씀하셨다.

"가라 이 사람은 내 이름을 이방인과 임금들과 이스라엘 자손들에게 전하기 위하여 택한 나의 그릇이라 그가 내 이름을 위하여 얼마나 고난을 받아야 할 것을 내가 그에게 보이리라"(행 9:15-16).

복음이 바울에게 예정되어 있었고, 그 복음을 전하는 것이 바울에게 또한 예정되어 있었다면, 복음을 전하면서 받게 되는 고난도 이미 예정되어 있던 것이라고 바울은 받은 것이다. 모든 것이 자신이 전하는 이 생명의 복음을 위해 예정된 것이었다고 깨닫기 시작한 것이다. 그래서 바울은 이전보다 더 적극적으로 자신의 인생을 수용한다. 자신이 앞으로 나아가야 할 길을 감사와 찬양으로 하나님께 올려 드리면서 더 적극적으로 걸어가게 된다. 그리고 나중에 그는 에베소교회 장로들에게 유언처럼 말한다.

> "내가 달려갈 길과 주 예수께 받은 사명 곧 하나님의 은혜의 복음을 증언하는 일을 마치려 함에는 나의 생명조차 조금도 귀한 것으로 여기지 아니하노라"(행 20:24).

달려갈 푯대를 명료하게 발견한 자의 기쁨이 묻어난다. 인생이 가는 푯대가 막연했는데, 후반이 되면서 모든 것이 씨줄과 날줄로 연결된다. '그때 그 일이 일어난 것이 이러한 이유 때문이었구나. 내게 찾아온 고난은 우연이 아니라 예정된 것이었구나' 하는 사실을 알게 될 때 자신의 인생이 온전히 이해되기 시작하면서 앞으로 가는 그 걸음이 힘을 받게 된다. 푯대를 발견한 자의 행복이다.

푯대를 발견했는가? 푯대를 발견한 자는 그 푯대를 향해 머뭇거리지 않고 달려가야 한다. 그러므로 바울은 에베소 성도들에게 담대히 선포한다.

> "우리가 그 안에서 그를 믿음으로 말미암아 담대함과 확신을 가지고 하나님께 나아감을 얻느니라"(엡 3:12).

예수 그리스도는 바울에게 하나님이 어떤 분인지를 명료하게 가르쳐 주신 분이다. 바울은 예수님을 알게 되면서 하나님을 또한 온전히 깨달아 알게 되었다.

"하나님은 변개치 않으시는 분이다. 우리가 어떻게 하는가를 가만히 지켜보다가 화를 내릴지, 복을 내릴지를 결정하고 그 일을 하기 위해 우리 인생을 쪼개 보고 계시는 분이 아니다. 그분은 우리를 한없이 사랑하는 하나님, 아들을 내어 줄 정도로 우리를 사랑하는 하나님이시다. 그 죽은 아들을 부활시킬 정도로 우리 인생을 승리의 정상 위에 세워 놓을 자신감이 있는 하나님이시다. 그래서 죄의 노예 상태, 애굽의 노예 상태에서 우리를 불러낸 분이시다."

바울은 이 점을 확고히 알고 있었기에 예수님을 바라보면서 하나님 앞에 담대함과 확신을 가지고 나아간다고 말했다. 여기서 '담대함'은 'freedom'(NIV), 즉 '자유함'이다. 예정은 숙명이나 운명이 아니라는 뜻이다. 예정은 자신을 향한 하나님의 계획을 온전히 수용하는 자가 갖는 고백으로, "하나님이 이 길을 예정하셨다"라는 선포다.

바울은 이를 전적으로 수용했다. 하나님이 이 좋은 길을 통해서 당신의 일을 이루실 것을 믿었기 때문이다. 예정을 따라가는 걸음 속에는 선택과 결단과 자유가 같이 들어 있다. 그래서 그는 자유함 속에서 그 예정에 기쁨으로 참여한다. 담대함을 갖는다는 것은 바로 이러한 의미다.

"담대함과 확신을 가지고 하나님께 나아감을 얻느니라"(엡 3:12하).

이는 하나님이 자신의 인생을 결국 구원하실 것이라는 확신이다. 하나님이 자신을 선한 길로 반드시 이끌어 가신다는 확신이다. 감옥에 있는 자가 담대함과 확신을 가지고 하나님께 나아간다는 것은 실로 놀라운 일이다. 그는 지금 전혀 다른 생의 비밀을 깨닫고 있기 때문이다.

바울이 보았던 것

그래서 바울은 에베소 성도들에게 권면한다.

> "그러므로 너희에게 구하노니 너희를 위한 나의 여러 환난에 대하여 낙
> 심하지 말라 이는 너희의 영광이니라"(엡 3:13).

왜 바울은 감옥에 있는 자신을 보면서 낙심하지 말라고 말하는가? 감옥에 있는 일은 복음을 위한 것이기 때문이다. 이미 예정된 고난의 한 부분이기 때문이다. 그리고 복음을 위해 지금 감옥에 있는 것은 복음이 결정적으로 전진하기 위한 전초 기지를 확보하는 것이기 때문이다. 물론 이런 모습이 바울에게는 가끔 버겁고 힘들지만, 결국은 좋은 것이다. 그래서 그는 에베소 성도들에게 나중에 영광이 될 것이라고 말한 것이다.

바울은 정말 다른 차원에서 살아가는 사람처럼 보인다. 그는 다메섹에서 예수 그리스도를 만난 이후로 철저하게 예수 그리스도 한 분에 고정된 인생을 살았다. 예수님 한 분을 아는 일을 위해서 나머지 모든 것은 다 배설물로 여긴다고 했다. 그러면서 "내 주 그리스도 예수를 아는 지식이 가장 고상하기 때문이라"(빌 3:8)라고 말했다.

그렇다면 도대체 바울은 그리스도 안에서 무엇을 보았던 것일까? 바울이 만나고 믿었던 예수를 우리도 믿고 만나고 있는데, 바울은 예수님 안에서 무엇을 만났고 무엇을 더 보았기에 그리스도 예수를 아는 지식 하나를 얻기 위해서 지금까지 쌓아 왔던 모든 것을 배설물로 여길 정도까지 되었을까?

우리는 그리스도를 알아 가면서도 인생 전체를 그리스도를 위해 불사르지 못한다. 늘 이것 말고도 뭐가 더 있는 것처럼 여기저기를 기웃거린다. 그

러고는 그리스도에 온갖 잡다한 것을 섞어 그것을 복음이라고 말한다. 사실은 가짜인데 복음이라고 이야기한다.

바울이 단지 수사학적인 표현으로 그리스도를 아는 지식의 고상함을 위해 나머지 모든 것을 배설물로 여긴다고 말한 것이 아니라면, 바울은 무엇인가를 그리스도 안에서 본 것이다. 그래서 밭에 감추어진 보화를 발견한 농부처럼 자신의 소유를 다 팔아서 그리스도 한 분을 산 것이다. 그리고 거기에 자신의 인생을 오롯이 드린다. 그리스도 안에서 진짜 생명을 발견한 것이고, 만백성을 살리는 구원의 복된 소식을 본 것이다. 가슴 뛰는 놀라운 은혜를 발견한 것이다. 당연히 이제는 이를 전하고 싶어서 어쩔 줄 몰라 한다.

에베소서를 묵상하면서 신학교를 다닐 때 가졌던 질문이 다시 찾아왔다. 성경에 나오는 사도들의 삶을 보면 무엇인가 우리와 다른 것 같았다. 고백의 내용은 같은데, 고백의 깊이와 심오함이 다른 것 같았다.

"나도 그들처럼 예수를 믿는데 왜 오롯이 드리지 못하고 자꾸 곁눈질하며 살고 있지?"

이 말은 아직 입술이나 표면적으로는 밭에 감추어진 보화를 발견했다고 하지만 여전히 내게는 그것이 보화가 아니기 때문에, 그것 외에도 소중하고 값비싼 것이 많기 때문에 자꾸 그들을 기웃거린다는 의미다. 그런데 그 다른 점이 무엇인지를 모르겠다. 지금까지도 이 부분은 언뜻 왔다가 지나가고, 구름 속에서 비쳤다가 사라져 버리는 것 같은 묘한 느낌을 가져다준다.

바울이나 어거스틴, 루터 같은 사람들이 발견한 복음은 우리가 지금 발견하여 감격하고 있는 복음과는 깊이와 차원이 다른 것처럼 느껴진다. 무엇인가 확실히 다르다. 사는 모양을 보면 알 수 있지 않은가. 밭에 감추어진 보화 중에서 참된 보화를 발견한 사람은 나머지 모든 것이 하찮게 여겨져서 그것을 팔아 버리고 그 보화를 산다. 우리가 이후에 어떤 삶을 살 것인가는 지금 발견한 것이 우리에게 얼마나 가치가 있느냐에 의해 결정된다.

바울은 이 보화를 발견했을 때 다른 것을 배설물로 여겼다. 그리고 그리스도를 아는 지식만을 집요하게 추구했다. 가장 역동적이고 실천적인 삶을 사는 사람이 성경을 구술하는 방식을 보면 굉장히 신비적인 명상가에 가깝다는 것을 알 수 있다. 정말 예수님 안에서 무엇인가를 본 것이다. 그런데 우리는 예수님을 알고 나서도 여전히 밖에 있는 무엇인가에 의해 자꾸 휘둘리지 않는가? 교회 안에 온갖 잡스러운 것들이 들어온 것도 사실 예수 그리스도 안에 있는 참 보화, 측량할 수 없는 그리스도의 풍성함이 교회를 압도하지 못하고 있기 때문에 나타나는 현상이다.

언젠가 새벽에 묵상하는데 이런 기도가 나왔다.

"하나님, 그리스도를 더 알게 해 주십시오. 그리스도를 더 신실하게 추구하게 해 주십시오. 그리스도를 추구하는 것에 자꾸 윤리적이고 도덕적인 것을 갖다 붙이려 하지 말고 바울처럼 그리스도를 아는 고상한 지식, 그 속에 저의 심장을 뛰게 만드는 그 무엇인가를 알게 해 주십시오."

주님 안에 있는 복음의 깊이와 넓이와 측량할 수 없는 풍성함을 깨달아 알게 해 주셔서 정말 전하지 않고는 견딜 수 없는 사람이 되게 해 달라는 마음이 일어났다.

바울이 깨달은 놀라운 은혜의 복음, 감옥에 있으면서도 오히려 자신에 대해 기뻐하면서 자신의 환난이 에베소 성도들의 영광을 위한 것이라고 담대히 이야기할 수 있는 은혜를 우리가 다 찾아낼 수 있게 되기를 기도한다.

13

속사람

바울의 기도 1

엡 3:14-19

바울의 차원이 다른 기도

스승이 제자를 똑같은 기준과 잣대로 가르치게 되지는 않는다. 제자에게 스승의 가르침을 알아들을 수 있는 집중력이나 이해할 수 있는 귀가 얼마나 열려 있는지, 그가 그 가르침을 얼마나 간절히 받고 싶어 하는지에 따라 스승이 가진 모든 것을 다 쏟아부어 가르쳐 주는 경우도 있고, 지식의 표피만 대충 가르치게 되는 경우도 있다. 후자가 그렇게 좋은 것은 아닌데, 그럼에도 배우는 사람의 태도가 가르치는 사람의 열정을 어느 정도 좌우하게 된다는 사실에 대해서는 염두에 둘 필요가 있다.

바울과 에베소 성도들의 관계가 마치 이와 같다. 스승인 바울이 진정 제자다운 제자를 만나서 자기가 깨우친 신학과 영성을 에베소 성도들에게 온전히 쏟아붓는 듯한 인상을 받는다. 아마도 제3차 전도 여행 중에 바울 선교의 금자탑에 해당하는 문화 대변혁이 기독교로 인해 일어난 곳이기도 하고, 3년을 머물면서 눈물로 각 사람을 훈계했던 교회이기 때문인 것도 같다. 바울의 두 번째 기도문을 보면 그가 에베소 성도들을 향해 얼마나 심오하고도 숭고한 기도를 하는지 모른다. 단지 건강하고, 성령 충만하며, 범사에 형통하게 해 주시기를 바란다는 기도와는 차원이 다르다.

에베소 성도들을 위한 바울의 두 번째 기도

에베소서 3장 14-19절은 에베소서에 나오는 바울의 두 번째 기도다. 앞서 1장 15-19절에서 사랑하는 성도들을 위한 첫 번째 기도를 이미 드렸다. 두 번째 기도도 마찬가지로 성도들을 위한 기도다. 하나님이 교회라는 당신이 주신 새로운 사회에 사는 신인류가 어떤 사람이 되기 원하시는지를 바울이 기도를 통해 보여 준다.

우리에게 바울의 기도가 공개되어 있다는 것은 축복이다. 초대 교회의 사도들이 성도들에게 어떤 기대와 열망을 가졌는지를 알게 해 주기 때문이다. 그들의 기도를 하나씩 묵상해 보면 현대 교회의 목회자나 리더십들이 자신이 섬기는 교회의 성도들을 보며 갖는 기대와 바람과는 결이 다르다는 것을 알 수 있다. 바울의 기도에서는 'Christian formation', 'spiritual formation'이라고 하는데, "이런 성도가 되게 해 주십시오. 이런 신앙, 이런 영성을 가진 사람이 되게 해 주십시오"라는 기도 말이 흘러나온다. 마치 지성소의 휘장

을 열어 그 내밀한 곳에 있는 비밀스러운 열망을 들여다보게 해 주는 것과
같다.

속사람을 능력으로 강건하게 하소서

"이러므로 내가 하늘과 땅에 있는 각 족속에게 이름을 주신 아버지 앞에
무릎을 꿇고 비노니"(엡 3:14-15).

정통 유대인들의 기도 방식은 서서 기도하는 것이다. 예루살렘의 성전 벽
에 서서 기도한다. 그런데 바울은 무릎을 꿇고 기도한다. 그만큼 간절하고
절박하다는 의미다. 엘리야가 얼굴을 무릎 사이에 넣고 기도했듯이, 바울은
자기 사람들, 교회, 교회 된 사람을 놓고 기도하는 데 절박하고 절절했다.

"그의 영광의 풍성함을 따라 그의 성령으로 말미암아 너희 속사람을 능
력으로 강건하게 하시오며"(엡 3:16).

'그의 영광의 풍성함'은 앞으로 바울이 빌고 간구하는 모든 기도와 그 기
도가 이루어지는 근거다. 하나님의 영광의 풍성함은 우리가 기도하는 내적
인 힘으로, 그것이 하나님께 있음을 믿기 때문이다. 바울은 자기가 믿고 따
르는 하나님이 영광이 풍성한 분이심을 확신하고 있다.
'풍성하다'는 것은 '차고 넘친다'는 뜻이다.
"하나님은 자원이 무궁무진하시다. 그래서 하나님의 뜻대로 구하면 무엇

이든지 이루어 주지 못하시는 것이 없다. 우리 하나님은 없는 것을 있는 것으로 만들며, 죽은 자를 살리는 분이시다. 그러므로 바랄 수 없는 중에도 바랄 수 있고, 소망이 끊어진 가운데서도 하나님께 구할 수 있다."

이것이 바로 하나님의 영광의 풍성함이다. 첫 번째 기도에서 바울은 그렇게 기도했다.

> "너희 마음의 눈을 밝히사 그의 부르심의 소망이 무엇이며 성도 안에서
> 그 기업의 영광의 풍성함이 무엇이며"(엡 1:18).

능력 있는 기도가 나오기 위한 첫 번째 관건은, 빌고 간구하는 대상이 되시는 하나님 안에 있는 영광의 풍성함이 무엇인지를 알아야 한다는 것이다. 바울은 그것이 이미 첫 번째 기도에서 어느 정도 이루어졌다고 보았다. 자신의 성도들이 이제 하나님은 영광의 풍성함이 있는 분임을 알았다는 것이다. 이제부터 이 기반 위에서 본격적인 새로운 기도가 터져 나온다.

> "그의 영광의 풍성함을 따라 그의 성령으로 말미암아 너희 속사람을 능
> 력으로 강건하게 하시오며"(엡 3:16).

바울의 기도를 보면, 마치 성도 중에 성령이 그 안에 없는 사람도 있는 듯한 기도 말이 구성되어 있는 듯하다. "성령이 들어와 그 사람의 속사람을 능력으로 강건하게 하옵소서"라는 기도처럼 느껴진다. 이어지는 말씀도 비슷하다.

"믿음으로 말미암아 그리스도께서 너희 마음에 계시게 하시옵고"(엡 3:17).

성도면 당연히 그 마음속에 성령이 내주하신다. 그런데 성도 중에 그리스도가 그 안에 계시지 않는 사람들이 있는 것 같으니 그들이 믿음으로 말미암아 그리스도가 그 마음에 계시기를 원한다고 기도한 것인가? 그 뜻이 아니다. 예수 그리스도를 진정 구주로 영접하면 그 사람 안에 성령이 들어오신다. 우리 인생에 주님이 그리스도이신지 아닌지는 그 사람만 안다. 이 부분이 분명하면 성령은 그 사람 안에 들어오신다. 그래서 이제부터 성령이 그 사람과 함께하신다. 성령의 내주하시는 역사다.

그런데 바울이 볼 때 성도의 문제는 성령의 내주 여부가 아니라는 것이다. 성령은 참 그리스도인이라면 모두에게 내주하시는데, 내주하심의 강도와 정도가 다르다는 것이다. 성령의 능력이다. 성령에는 인격이 있고 능력이 있다. 성령의 인격은 우리 안에 들어와 계신다. 그런데 성령의 능력이 나오지 않는 경우가 있다. 바울은 성령의 능력이 한 성도 안에서 얼마나 강력하게 역사하느냐를 바라보며 "성령으로 말미암아 너희 속사람을 능력으로 강건하게 하시오며"라고 기도한 것이다.

성령의 충만함으로 속사람이 강하고 단단하고 견고해지면 외풍에 흔들리지 않는다. 인생에 지진이 와도 믿음이 무너지지 않는다. 시험을 거뜬히 이긴다. 세상 한복판에서 살아가지만, 시류에 휩쓸리지 않고 믿음의 길을 아름답게 도도히 걸어간다. 그가 바로 속사람이 능력으로 강건하게 된 사람이다. 결론적으로, 그 사람은 하나님이 자기 인생에 주신 소명을 오늘도 기쁨으로 추구해 나가는 사람이 되는 것이다. 속사람을 능력으로 강건하게 해달라고 기도하기 바란다.

어떻게 성령의 능력이 임할까

그러면 성령이 우리 안에 들어와 계실 때 우리가 어떻게 해야 속사람이 성령의 능력으로 강건해질 수 있을까? 어떻게 해야 성령 충만한 사람이 될 수 있을까?

가장 중요한 것은 정기적이고 규칙적으로 경건 생활을 하는 것이다. 규칙적인 경건 생활, 차곡차곡 영적인 믿음의 내공을 쌓아 가는 것이 속사람이 강건해지는 첩경이다. 정기적으로 말씀을 보고, 정기적으로 기도 생활을 하고, 무엇보다 자기를 이 과정에서 성찰해야 한다. 하지만 정기적인 경건 생활이 오히려 덫이 되는 경우도 있다. 바리새인의 경우다. 그들은 박하와 운향과 회향과 모든 채소의 십일조를 드린다. 때가 되면 어김없이 제사 행위를 한다. 문제는 그 안에서 자신에 대한 성찰이 없다는 것이다.

예배당에 나와서 예배를 드리는 것은 귀한 일이다. 그러나 그 일이 덫이나 올무가 되어서는 안 된다. '예배당에 나와서 주님의 음성을 들었는가? 예배 드리기 전보다 단 1도라도 주님을 향해 바뀌었는가?' 하는 마음으로 자기를 성찰하고 주님께로 더 가까이 나아가야 한다. 입술과 언행을 살피고 선한 일을 계속 도모하면 속사람이 성령으로 강해진다.

바울은 에베소 성도들을 위한 두 번째 기도에서 크게 다섯 가지를 간구한다. 첫째는 속사람의 강건이고(엡 3:16), 둘째는 그리스도의 내주하심이며(엡 3:17상), 셋째는 사랑 가운데서 뿌리가 깊어지는 일(엡 3:17하)이고, 넷째는 그리스도의 사랑을 아는 일(엡 3:18)이며, 다섯째는 하나님의 충만함으로 충만하게 되는 일(엡 3:19)이다. 그런데 속사람이 강건하게 되어 가는 길은 사랑 안에 거하고 예수 그리스도를 끊임없이 알아 가려 하는 데서 온다. 선한 일을 사모하면서 속사람이 성령으로 강건하게 되는 것이다. 바울은 이미 앞에서 그리스도인은 어떤 사람으로 지음 받았는지에 대해 이야기했다.

"그리스도 예수 안에서 선한 일을 위하여 지으심을 받은 자니"(엡 2:10).

이 방향으로 계속 가면 되는 것이다. 당연히 처음에는 속사람이 약하다. 처음부터 속사람이 강한 사람은 없다. 처음에는 속사람이 약해서 쉽게 흔들리기도 하고, 시험에 빠지기도 하고, 잘 넘어지기도 하고, 분별력이 없어 그릇된 것을 좇아가다가 인생의 낭패를 보기도 한다. 마치 아브라함이 가나안 땅에 찾아온 기근을 견디지 못하고 사명을 놓아 버린 채 애굽으로 도망가 버렸는 것처럼 말이다. 그러나 하나님의 은혜 속에서 성령이 강해지고 속사람이 강건하게 되면, 아브라함처럼 하나님을 너무나 사랑해서 하나밖에 없는 아들을 하나님께 내어 드리고 하늘을 감동시키는 사람이 된다. 속사람이 능력으로 강건하게 되는 것이다.

반복된 죄, 속사람을 빈약하게 하는 원인

반대로 속사람이 능력을 발휘하지 못해 점점 유약해지고, 나중에는 빈약해져서 형체마저 없어져 버리는 경우도 있다. 성령이 내주하시기는 하나 그 힘이 지극히 미약해서 역사하지 못하는 것이다. 대개 반복해서 죄를 짓는 경우가 그렇다. 우리는 죄짓는 일을 가볍게 여겨서는 안 된다. 속죄의 은총을 오용하거나 남용해서는 안 된다. 죄짓고 주님께 와서 용서를 구한 후 '주님이 용서해 주셨으니 이제 나는 안전하다'고 생각하는 것이다.

하지만 주님이 우리에게 주신 것은 속죄의 은총만이 아니다. 주님은 우리가 성령으로 강건하게 되기를 원하신다. 이것이 주님의 본마음이다. 하나님은 당신의 자녀가 성령으로 강력한 사람이 되어 가기를 원하시지, 매일 같은 죄 때문에 걸려 넘어졌다가 하나님 앞에 와서 용서 구하기를 반복하는 것을 원하지 않으신다. 그런데 우리는 이 부분에 있어 너무 간단히 생각하는 경향이 있다.

문제는, 반복해서 죄를 짓게 되면 그 사람 안에 있는 성령이 점점 소멸해 가기 시작한다는 것이다. 악한 말과 행실을 반복하는 것은 성령을 소멸시켜 가는 것으로, 이는 세상 사람과 별반 다를 바 없는 가치관으로 살아가는 것이다. 마틴 로이드 존스(Martyn Lloyd Jones)는 《산상설교집》(정경사 역간)에서 이렇게 말했다.

"현대 교회의 위기는 다른 곳에서 온 것이 아니다. 심오한 죄론이 없기 때문에 심오한 은총론을 현대 교회는 깨달아 알지 못하고 있다."

우리는 성령으로 속사람이 강력하게 되기 위해서라도 우리가 지을 수 있는 죄에 깨어 있어야 한다. 물론 잘못할 수 있다. 잘못하면 뉘우치고 성찰하고 회개하면 된다. 그때부터 성령이 다시 역사하신다. 그런데 뉘우침이나 성찰이나 회개를 하지 않는 것은, 성령이 우리 안에서 점점 약해지도록 이끌어 속사람을 성령 소멸의 직전 단계까지 몰고 가는 것이다.

반복해서 죄짓는 일을 아무렇지 않게 생각하지 않기 바란다. 이는 속사람을 유약하게 만들어 성령의 역사가 끊어지게 만드는 일이다. 쉽게 벌컥벌컥 화내지 않기를 바란다. 성경은 "사람이 성내는 것이 하나님의 의를 이루지 못함이라"(약 1:20)라고 말씀한다. 하지만 우리는 혈기를 부리는 자신을 힘이 센 사람으로 생각하는 경향이 있다. 사람들에게는 그렇게 보일 수 있을지 모르지만, 하나님이 보실 때는 우리 안에 계신 성령을 약하게 만들어 속사람을 유약하게 하는 것이다.

성령의 속사람이 약해지면 우리도 약해지기에 누가 뭐라 하면 목소리가 강한 쪽으로 휩쓸려 간다. 바람에 나는 겨처럼 정함이 없다. 성령이 소멸하기 직전까지 갔을 때 나타나는 일이다. 바울이 앞서 본질상 진노의 자녀와 별반 다를 바 없다고 이야기했던 상태다. 한번 생각해 보라.

'나는 평소에 무엇을 꿈꾸고 소망하며 살아가는가? 나의 크고 작은 언행 하나하나가 나의 속사람을 강건하게 하는가, 아니면 유약하게 하는가?'

한국 교회가 중심을 잡지 못하고 표류하는 이유도 한국 교회의 속사람이 약해져 있기 때문이다. 속이 허해서 자꾸 무엇인가를 들여와 빈속을 채우려 하는데 잘 작동하지 않는 것이다. 하나님의 자녀인 우리와 우리가 몸담은 교회의 속사람이 성령의 능력으로 말미암아 강건하게 되기를 기도하기 바란다. 그래서 우리 안에 계신 성령의 강력한 역사로 인해 영적 권세를 얻는 복된 성도가 되기를 바란다.

주님을 중심에 모시는 삶

이어서 그다음 기도가 나온다.

"믿음으로 말미암아 그리스도께서 너희 마음에 계시게 하시옵고"(엡 3:17).

그런데 이 기도는 맥락상 얼핏 이해가 되지 않는다. 지금 바울은 무신론자나 신앙을 찾고 있는 구도자나 예수 믿다가 마음이 냉랭해져 있는 냉담자들에게 편지하는 것이 아니다. 에베소에 있는 그리스도인들에게 이 편지를 쓰고 있다. 그러면 그들은 당연히 믿음으로 사는 사람들이고, 그 안에 그리스도가 계신 사람들이다. 그런데 바울은 이렇게 기도한다.

예수님은 생전에 성전에서 이렇게 말씀하셨다.

> "나를 믿는 자는 내가 하는 일을 그도 할 것이요 또한 그보다 큰일도 하리니 이는 내가 아버지께로 감이라"(요 14:12).

앞으로 주님이 부활, 승천하는 일이 당신이 이 땅에 남겨 두신 일을 성도가 이루는 데 결정적으로 중요하다는 사실을 암시하고 있다. 그 관건은 성령이다. 성자가 성부께로 가시면 그때 성부가 보혜사 성령을 세상에 보내 주시는 것이다. 그리고 성령이 예수를 구주, 즉 메시아로 받아들인 사람들 안에 들어가 역사하시기 시작한다. 모르면 길을 가르쳐 주시고, 지혜와 지식을 깨닫게 해 주시고, 잘못 가고 있다면 교정해 주시고, 죄를 지으면 회개하면서 하나님의 사람으로 만들어 가신다. 잘못된 일을 반복해서 하는데도 깨우침이 없다면 성령이 역사하시지 못하기 때문에 일어나는 일이다. 결국 우리는 성령으로 인해 우리가 받은 구원을 두렵고 떨림으로 이루어 가게 된다. 그리고 무엇보다 예수님은 성령을 통해서 당신의 성도, 곧 영적 형제자매를 다스리신다.

우리는 예수님을 한 번도 못 뵈었지만 그분과 사귀고 교제하고 말씀을 들으며 그분의 음성을 듣는 것은 다 성령이 중간에 역사하시기 때문에 일어나는 일이다. 교회에서 성령이 얼마나 중요한지 모른다. 그러면 그리스도인에게는 당연히 그리스도가 그 마음에 계신 것이다. 그리스도가 우리 마음에 계시기 때문에 그리스도인이 된 것이다. 이처럼 그리스도가 마음에 계시기 때문에 그리스도를 따라 살고 있는데 왜 바울은 하나님께 "믿음으로 말미암아 그리스도께서 너희 마음에 계시게 하시옵고"라고 기도한 것일까?

여기서 '계시다'에 해당하는 헬라어는 아주 놀라운 단어다. 헬라어로 '카토이케사이'인데, 원형이 '카토이케오'다. 이 단어와 표면적으로 뜻이 같은 단어는 '파로이케오'다. 두 단어가 비슷한 것 같지만 내용으로 보면 뜻이 다르다. '파로이케오'의 '파라'는 '옆', '근처에'라는 뜻이다. 즉 '파로이케오'는 '머물다', '계시다', '거주하다', '함께 있다'라는 뜻이기는 하지만 '옆에 머무는 것'이다. 즉 중심에 있지 않고 근처를 맴도는 것이다. 주님이 임재하기는 하는데 옆에 계신다. 근처에 계신다. 집 안에 들어와 계시지만 가운데가 아니라 근처에 계신다. 방으로 보면 안방에 계시지 않고 건넌방에 계신 것이다. 성경에서는 '잠시 거쳐 가는 나그네로 거주하다'라는 뜻으로 나온다. 에베소서 2장에서 이미 이 단어가 나왔다.

"그러므로 이제부터 너희는 외인도 아니요 나그네도 아니요"(엡 2:19).

여기서 '나그네'라는 표현이 '파로이케오'다.

한편 '계시다'라는 말의 헬라어인 '카토이케오'에서 '카토스', '카르도스'는 '심장', '중심'이라는 뜻이다. 주님이 심장부에 계신 것이다. 우리 마음의 핵심에 계신 것이다. 지나다가 일시적으로 나그네로 머무는 것도 아니고 건넌방에 있는 것도 아닌, 주인이 자기 집에 정착했을 때 쓰는 말이 '카토이케오'다. 즉 주인이 우리 마음의 안방에 들어앉아 가정 전체를 다스리고, 통치하고, 이끌어 가고, 살피며 돌본다는 뜻이다.

이제 바울이 왜 이 기도를 하는지가 명료해졌다. 그는 이렇게 기도한 것이다.

"하나님 아버지, 성도들이 믿음으로 말미암아 그리스도가 그들 마음의 중심에 있게 하시고, 그리스도가 그들의 마음을 완전히 장악해서 완전히 통치하게 하옵소서. 그리스도가 그들 마음에 나그네나 손으로 있게 하지 마옵시고 주인으로 계시게 해 주옵소서. 그리스도를 문전박대하지 않게 하시고, 나그네 대하듯 소홀히 대하지 않게 하시고, 건넌방이나 사랑방에 계시지 않도록 하게 하옵시며, 그리스도가 한 성도의 영혼을 완전히 장악해서 그들의 마음을 다스려 가게 해 주옵소서."

정말 엄청난 기도다. 예수님이 당신의 마음의 방 중심에 계시는가? 그분이 정말 주인이신가? 혹시 들락날락하게 해 드리고 있는 것은 아닌가? 평소에는 건넌방에 손님처럼 계시게 하다가 다급하고 위급한 일이 생기면 그제야 예수님을 얼른 안방으로 모시지는 않는가? 평소에는 당신이 주인으로 살다가 그분의 능력을 구할 일이 있으면 그때 주인으로 앉히고, 일이 다 해결되면 "주님, 죄송하지만 건넌방으로 다시 돌아가 주시겠어요?" 하고는 그분을 다시 건넌방으로 몰아내지는 않는가? 바울은 성도들 안에 일어나는 영혼의 실상을 알고 있는 것이다.

또 어떤 성도의 경우 그의 심령에서는 예수님이 주인으로 안방에 계신다. 그런데 세상에 나가는 순간부터는 자신이 주인이고 주님은 나그네처럼 되신다. 그의 안에는 어떤 신앙적 전제가 있다. "예수만으로는 절대 세상에서 승리할 수 없다. 세상에서는 세상을 살아가는 지혜가 있는 것이다"라는 전제다. 그래서 세상은 자신의 요령과 지혜로 살고, 신앙은 예수님을 따라간다는 전제 아래 살아가는 것이다. 이것을 신학적으로는 이원론적 신앙이라고 말한다. 신앙의 교묘한 줄타기를 하는 것이다.

물론 자신이 지금 구도자로 치열하게 사유하고 있으며 예수님이 진짜 구세주이신지 구도하면서 찾아가는 중에 있다면 이 고민의 과정은 괜찮은 것이다. 하지만 그렇지 않고, 영적으로는 자기 인생의 통치권자를 주님으로 이미 세워 두고는 주님을 계속 안방과 건넌방을 오가시게 하고 있다면 그것은 곤란하다. 이는 주님을 '카토이케오' 하는 것이 아니라, '파로이케오' 하고 있는 것이다.

믿음으로 중심에 모시라

그리스도가 우리 마음의 주인이 되시는 일이 어떻게 가능한가? 바울은 그 앞에서 지나가는 것처럼 말하지만 굉장히 중요한 원리로 이야기한다.

"믿음으로 말미암아 그리스도께서 너희 마음에 계시게 하시옵고"(엡 3:17상).

"너희는 믿음으로 말미암아 하나님을 신뢰해야 한다. 하나님이 창조주이신 것과 그분이 알고 계시고, 보고 계시고, 섭리하고 계시고, 죽은 자를 살리시며, 없는 것을 있는 것으로 만들 수 있는 분이시라는 것을 너희가 믿어야 한다. 이 믿음으로부터 행위가 나올 때 너희는 그리스도가 네 마음의 중심에 계시게 하는, 카토이케오 하는 일이 가능한 것이다. 그래서 나는 '믿음으로 말미암아 그리스도가 너희 마음에 계시게 하옵소서'라고 기도한다."

오직 예수님이 메시아라는 것, 이 사실을 믿음으로 말미암아 예수님이 실제 우리 마음의 중심에 계시는 것이다.

바울이 전하는 복음의 핵심을 한 조항으로 이야기한다면 "예수는 메시아다"라는 한 문장이다. 이 안에 바울 진리의 핵심이 다 들어 있다. 예수가 메시아이기 때문에 그 메시아를 모시고 있는 한 우리는 절대로 안전하다. 예수가 메시아이기 때문에 그분이 우리 인생을 이끌어 가신다. 예수가 메시아요, 왕이기 때문에 우리는 세상을 살 때와 교회를 섬길 때 두 가지 기준으로 살 이유가 없다. 예수가 메시아이기 때문에 그분은 교회를 다스릴 뿐만 아니라 세상도 다스리신다. 예수가 메시아인 것을 진정 믿는다면, 우리는 그리스도의 이름으로 세상을 개혁할 수 있는 데까지 나아가야 한다.

이 모든 원리가 그 한 조항에 다 들어 있다. 예수가 메시아이기 때문에 예수 이름으로 애매하게 정치나 이념이나 문화를 기웃거리거나 그것을 예수처럼 믿으면 안 된다는 원리가 "예수가 메시아다"라는 조항에 모두 들어 있다.

아브라함이 하나님의 말씀을 듣고 나이 75세에 자기가 살던 하란 땅을 떠나 약속의 땅 가나안으로 들어갔을 때 때마침 기근이 찾아왔다. 그는 본인이 받았던 약속과 생생하게 들었던 하나님의 음성은 모두 잊고 결국 애굽으로 도망했다. 기근이 왔을 때 아브라함 속에서 믿음이 역사하지 못한 것이다. 믿음이 아니라 눈앞에 온 기근을 실세라고 생각해 결국 그 마음의 중심에 계신 하나님을 밀어 버리고 세상 사람처럼 생각한 것이다. 그리스도는 믿음으로 말미암아 우리 마음의 중심에 계실 수 있다는 말씀을 반증한 것이다. 결국 애굽으로 간 아브라함은 하나님이 지켜 주셔서, 순전히 은혜로 가족 전체가 구원을 얻어 약속의 땅인 가나안으로 다시 들어오게 되었다.

시간이 흘러 롯의 목자와 아브라함의 목자 사이에 시비가 벌어졌다. 이번에는 아브라함이 전혀 다르게 대처한다. 자기 동생을 불러 "우리는 한 친족이라 나나 너나 내 목자나 네 목자나 서로 다투게 하지 말자 네 앞에 온 땅이 있지 아니하냐 나를 떠나가라 네가 좌하면 나는 우하고 네가 우하면 나는 좌하리라"(창 13:8-9) 하며 양보한 것이다.

양보하는 힘은 그가 호인이고 마음이 좋기 때문이 아니라, 믿음이 생겼기에 가능했다. 아브라함은 하나님이 자신의 인생을 통치하며 다스리고 계신다는 사실을 애굽에서 직접 경험하여 알았던 것이다. 이것이 아브라함 속에 확고한 믿음을 가져다주었다. 살아 계신 하나님이 인생을 통치하신다는 것이 확인되면서 그의 마음속에 하나님이 완전히 카토이케오, 곧 중심에 계시게 된 것이다.

하나님이 중심에 계시면 사물을 바라보는 관점이 달라진다. 자신을 힘들고 두렵게 했던 것들이 조금도 두렵지 않다. 그리고 하나님이 중심에 계신 사람으로서 기준과 원칙과 우선순위가 분명해지면서 그에 따라 처신하게 된다. 신기한 것은, 믿음은 더 큰 믿음을 부른다는 것이다. 작은 믿음의 결단은 더 큰 믿음의 결단을 불러와 예수님이 점점 마음속에 카토이케오, 곧 중심에 서시는 일이 강성하게 일어난다. 이를 보고 우리는 성령이 충만한 사람, 예수로 꽉 차 있는 사람이라고 이야기한다. 바울은 지금 이 기도를 하고 있는 것이다.

"성도들아, 하나님을 오직 신뢰함으로 말미암아 그리스도가 너희 마음의 중심에 계시기를 나는 기도한다."

마음의 중심에 계셔야 할 예수님을 건넌방이나 사랑방에 계시게 하지 말고, 집 안에는 들였지만 문밖에 계시게 하지 말고, 그분이 마음의 안방을 차지해서 다스리고 통치하시게 하기 바란다. 그분이 가르치고 깨우치며 말씀해 주시는 대로 따라가기를, 허리에 수건을 두르고 주인의 말을 듣는 머슴의 심정으로 살아가기를 기도한다.

14

충만

바울의 기도 2

에베소서 기도문을 통해 들여다본 신앙의 형질

바울의 에베소 성도들을 위한 기도문을 엿보는 것은 마치 우리를 사랑하는
어머니가 골방에서 훌쩍훌쩍 울면서 기도하는 모습을 우연히 들여다보게
되는 것과 같다. 또한 대제사장이 지성소 한복판에서 하나님께 자신의 성도
들을 위해 드리는 애절한 소원을 듣는 것과 같다.

　신학에서는 에베소서에 기록된 바울의 두 가지 기도문이 그리스도인의
영성 형성(spiritual formation)의 방향을 가르쳐 준다고 생각한다. 우리는 신앙을
하나로 뭉뚱그려서 생각하지만, 신앙 안에는 각각의 특질과 형질이 있다. 어

떤 특성, 어떤 형질, 어떤 구성 성분을 가졌느냐에 따라서 사람마다 신앙이 다르게 형성된다. 온화하고 따뜻한 신앙이라면, 그 특질이 그런 것이다. 무엇인가 전투적으로 보인다면, 그 특질이 그런 것이다.

영성 형성의 방향은 매우 중요하다. 처음에 신앙의 틀을 가질 때 방향이 잘못 형성된다든지, 신앙의 성분이 예수 그리스도에게서 배운 것과는 크게 상관없이 형성되어 버리면 나중에도 계속 그런 특질로 신앙이 형성되어 가게 된다. 그래서 나중에는 자기도 불행해지고, 자기가 속한 교회 공동체나 주변 사람들에게도 아픔을 가져다주는 일이 생긴다. 맹인이 되어 길을 인도하기 때문에 자기도 영생의 문에 들어가지 못하고 들어가려는 사람도 막아 버리는 안타까운 일이 생긴다.

예수님이 왜 한사코 바리새인과 서기관들에 대해 날을 세워 공격하셨을까? 그 사람들만 바라보았다면 그들을 그냥 품으시면 된다. 그것이 예수님 영성의 특징이다. 그런데 그들이 가진 신앙의 영향력 때문에, 적은 누룩이 온 땅에 퍼지듯 그대로 퍼지도록 내버려 두어서는 안 된다고 보았기에 바리새인과 서기관들에 대해 단호하셨던 것이다. 그들은 전형적으로 맹인이 맹인을 인도하는 경우였다. 문제는 자기가 맹인이라는 것을 알지 못하기 때문에 예수님은 그들에게 죄가 그대로 있다고 말씀하실 수밖에 없었던 것이다.

이런 측면에서 에베소서의 기도문은 우리가 형성해 가는 신앙의 인격, 신앙의 형질과 성분이 정말 그리스도 안에 있는지, 그리스도가 주신 것인지, 그리스도를 통해 성령과 함께 빚어져 가고 있는 형질인지를 찬찬히 들여다볼 수 있는 보석 같은 대목이다. 그래서 필요하면 우리 신앙의 형질을 교정하고, 더 깊이 왜곡되어 있는 것 같으면 회개해서 주님 앞에 고쳐 우리를 새롭게 하는 데 반드시 필요하다.

사랑 가운데서 뿌리가 깊어지는 일

이어지는 바울의 기도를 보자.

> "너희가 사랑 가운데서 뿌리가 박히고 터가 굳어져서"(엡 3:17하).

바울은 에베소 성도들에게 편지를 쓸 때 머릿속에 한 가지 그림을 늘 염두에 두고 있었다. 그가 지금 그리고 있는 그림은 참 교회다. 요한계시록으로 말하자면 하늘에 있는 예루살렘교회, 역사의 마지막에는 땅에 내려와 우리와 함께 있는 교회다. 어거스틴의 이야기로 하면, 보이지 않지만 모든 성도가 집요하게 추구해 나가야 하는 교회다.

이 교회의 상이 바울 안에는 그림으로 확고히 자리 잡고 있었다. 그리고 이 교회 안에 교회를 이루는 사람들, 혹은 이미 교회가 된 사람들을 그는 신인류라고 이야기한다. 인류에 새롭게 나타난 사람들이다. 생각하는 것이 다르고, 꿈꾸는 것이 다르며, 영적인 형질이 다르다. 바울은 그 형질이 사랑으로 구성되기를 바란다. 그는 인류에 새롭게 나타난 사람들, 참 교회가 어떤 것이고 그들이 어떤 사람들인지, 또 어떤 사람이 될 수 있는 가능성과 잠재력을 성령이 부어 주셔서 이 교회가 자라 가고 있는지를 염두에 둔 채 에베소서를 쓰고 있다.

그러므로 바울이 보는 신인류의 모습이 언뜻언뜻 서신을 읽는 우리에게 비쳐야 한다. 마치 구름 속에 가려진 햇빛이 구름이 벗겨지면서 비치는 것과 마찬가지다. 지루한 장마 끝에 슬쩍 햇빛이 비치면 얼마나 반갑고 따사로운지 모른다. 어떤 사람은 그 햇빛으로 인해 흥분하기도 하고, 어떤 사람은 그 햇빛이 영혼의 오장육부를 드러내어 부끄러워지기도 하고, 어떤 사람은 소망으로 가득 차기도 한다. 지금 에베소서를 읽으며 그런 반응이 교차하고 있다면, 당신은 정말 성경을 성경으로 읽고 있는 것이다. 성경을 계시의 말씀으로 읽고 있다는 뜻이다.

바울은 '사랑 가운데서 뿌리가 박히고 터가 굳어지게' 해 달라고 기도했다. 신인류의 특질 중의 특질, 가장 탁월한 미덕이 사랑이라는 것이다.

"오직 성령의 열매는 사랑과 희락과 화평과 오래 참음과 자비와 양선과 충성과 온유와 절제니 이같은 것을 금지할 법이 없느니라"(갈 5:22-23).

성령의 아홉 가지 열매는 모두 단수다. 이는 사랑이라는 첫 번째 열매로부터 나오는 부가적인 결실이기 때문이다.

신인류라 하면 사랑이 묻어 있어야 한다. 그리고 어느 날 자신 안에서 사랑이 묻어 있지 않은 부분들이 보이면 심각한 고민에 들어가야 정상이다. 그도 그럴 것이, 신인류의 시작 자체가 사랑이기 때문이다. 신인류는 어느 날 공중에서 떨어진 것이 아니다. 이들이 시작된 배경은 사랑이다. 우리가 먼저 하나님을 사랑한 것이 아니라, 하나님이 먼저 우리를 사랑하셨다. 하나님이 우리를 위해 피조물과 창조주의 엄청난 거리감을 뛰어넘어 성육하여 이 땅에 오셨다. 그래서 우리가 하나님에 대해 눈을 뜨게 되었다. 십자가에 당신을 내어 주어 죽으시는 것을 보고 하나님의 사랑이 어떤 것인지를 비로소 알게 되면서 그 사랑에 감동하고 고꾸라져 그리스도인이 된 것이다.

모태 신앙이기 때문에 예수를 믿게 되었다는 것은 3분의 1의 진리일 뿐이다. 모태 신앙인들을 비하하는 말이 아니라, 모태 신앙인도 결국은 허물과 죄로 죽었던 자다. 본질상 진노의 자녀였다. 그런데 하나님의 사랑 때문에 우리가 그분을 예수 그리스도로, 생명의 구주로 모시게 된 것이 아닌가? 그렇다면 중간에 하나님께로 돌아온 탕자든, 모태 신앙인이든 그들 신앙의 형질은 사랑이다. 바울은 이 지극히 단순한 진리를 일컬어 준 것이다.

이 사람은 당연히 하나님의 사랑 안에서 모든 것이 보이고 삶이 구성되기 시작한다. 그럴 수밖에 없는 것이, 교회 자체가 하나님의 가족이기 때문이다. 이 사람은 이미 하나님의 사랑이 무엇인지 알기에 하나님의 가족이 된 것이다. 신인류는 하나님의 사랑이 무엇인지 알 뿐 아니라 사랑을 받아 본 적이 있는 사람들이다. 받은 적이 있는 사람만이 누군가에게 줄 수 있다. 그래서 신인류는 감당할 수 없는 사랑을 받았고, 지금도 받고 있으며, 앞으로도 감당할 수 없는 사랑 때문에 살아갈 것이기에 그의 안에 사랑이라는 형질과 사랑이라는 DNA가 가득 차 있는 것이 지극히 정상이라고 할 수 있다. 이렇게 보면 신인류는 세상 사람들과는 기본적으로 영적 형질이 다르다. 출발이 다르고, 진행이 다르며, 끝이 다르기 때문이다.

이들 안에는 사랑이 있다. 그래서 이 사람들이 모이면 그리스도께 받은 사랑을 흘려보내게 된다. 하나님의 가족으로 서로 사랑한다. 서로 사랑하자고 결심하지 않는데도 원천에서 솟는 샘물처럼 솟아나 상대방을 적신다. 그것이 무엇인지 모르는 사람이 우연히 공동체에 들어와서 보면 이 공동체는 뭔지 모르게 따뜻하면서 서로 배려하는 것 같고, 서로 살펴 주는 것처럼 느껴진다. 그러다 성경을 읽으면서 주님께 받은 사랑이 이런 것임을 깨닫게 된다. 그래서 세상과는 전혀 다른 삶의 방식을 좇고 있는데, 세상을 다 얻은 사람처럼 행복해하는 것이다. 스스로 이런 것을 좇아야겠다고 생각하게 되는 것이다. 이는 지극히 자연스럽게 이루어진다.

그래서 신인류 공동체 안에 들어와 있으면 인큐베이터 안에서 생명이 자라듯 점점 자라게 된다. 안을 보면서 배우게 된다. 전쟁 중인 나라들은 우리와 아무 상관이 없는데, 얼굴도 못 본 사람들을 위해서 우리가 가진 콩 한 쪽 중에 반을 나누는 것, 이것이 바로 사랑이라는 것을 배우게 된다.

우리가 꿈꾸는 교회를 기대하며

신인류 안에서 사랑이 강력히 역사하기 위해서는 성령이 그 안에 역사하셔야 한다. 인종이나 문화나 정치 이념, 남녀 차별, 계층 갈등, 세상의 것들이 교회 안에 그대로 들어와 있다. 그냥 들어와 있는 정도가 아니라, 우리 안에 있는 영성 형성의 특질을 통해 들어와 있다. 그런데 이런 부분들이 나중에는 복음의 능력을 서서히 잠식해 간다. 이것을 이길 수 있는 강력한 힘은 성령의 능력밖에 없다. 성령이 능력으로 역사하시면 이런 부분이 분열되고 복음이 선명하게 보이기 시작하면서 예수 그리스도의 사랑이 명료해져 나머지 모든 부분을 제어할 수 있는 영적 권세가 생긴다. 초대 교회에 있던 영적 권세는 바로 여기서 나온 것이다. 오늘날 교회가 성령 안에서 능력을 발휘하는 공동체가 되기를 기도한다.

바울은 교회 안에 사랑 가운데서 뿌리가 깊이 박히고 터가 단단해져 있는 모습이 나타나기를 원한다. 새로운 종말 공동체가 지구상에 나타난 것이다. 지중해 한복판, 로마의 칼과 군대가 지배하는 한복판에 전혀 새로운 가치를 추구하는 사람들의 공동체가 시작된 것이다. 그것이 바로 교회다. 바울은 그 교회를 바라보며 이 서신을 쓴 것이다. 교회는 결국 자라 가며 승리할 것이라 본 것이다.

성경을 올바른 눈으로 본다면 이 꿈을 꿀 수밖에 없다. 우리 역시 이 교회를 꿈꿀 수 있기를 바란다. 하나님이 본래의 교회, 하늘에 있는 예루살렘 교회가 이 땅에 내려오게 해 주시기를 바란다.

"주님, 우리 교회가 사랑 가운데 뿌리가 박히고 터가 굳어지게 해 주십시오."

이렇게 기도하면 또 하나의 기도가 나온다.

"저에게는 본래 이 사랑이 있었는데 어느 날부터 없어진 것 같습니다. 저는 교회를 생각하면 펑펑 우는 사람이었는데 어느 날 보니 교회를 향한 눈물이 없어졌습니다."

교회에 다니면서 상처받은 사람의 고백이다. 교회에서는 햇빛과 은혜가 따스하게 비치면서 땅속의 씨앗이 발아해야 하는데, 자라는 씨앗이 지상에 그릇되게 형성된 교회의 삭풍을 맞아서 시든 것이다. 그러나 중요한 부분은 죽지 않았다. 성령이 아직 그 사람 안에 살아 계신다. 다시 일으켜 달라고, 성령이 역사해 달라고, 교회를 향한 눈물을 달라고, 다시 주님이 주신 참 교회에 대한 이상과 소망을 가지고 기도할 수 있게 해 달라고 기도하며 주님께 나아가는 은혜가 임하기를 기도한다.

그리스도의 사랑을 아는 일

물길이 끊어지면 샘이 마르고, 샘이 마르면 또 물길이 끊긴다. 그래서 생명의 물이 끊임없이 흐르기 위해서는 생명이 근원 깊이 잇닿아 있는 것이 매우 중요하다.

"시냇가에 심은 나무가 철을 따라 열매를 맺으며 그 잎사귀가 마르지 아니함 같으니"(시 1:3).

왜 시냇가에 심은 나무는 비가 오나 가뭄이 드나 철을 따라 열매를 맺는
가? 시냇가라는 물 근원에 뿌리가 잇닿아 있기 때문이다. 바울의 기도를 살
펴보면, 그의 기도는 끊임없이 성도들을 존재의 근원으로 이끌어 가고 있다
는 것을 알 수 있다.

바울의 신앙은 굉장히 실천적이다. 이 세상에 있는 신앙인 중에서 선교하
는 사람만큼 실천적인 사람이 어디 있겠는가. 그는 모든 신앙은 결국 실천과
행위로 이어져 나와야 참된 믿음이라고 믿었다. 그런데 그의 기도의 내용으
로 들어가면 전혀 그런 그림자를 찾아볼 수 없다. 실천이 나오는 행위의 근
원, 영혼의 근원에 더 깊이 잇닿아 있도록 자기 성도들을 데리고 간다. 속사
람이 강건하게 해 달라고, 믿음으로 말미암아 그리스도가 무엇보다 그들 마
음의 안방에 왕 노릇 하시게 해 달라고, 사랑 가운데서 뿌리가 박히고 터가
굳어지게 해 달라고 기도하는 등 전부 근원으로 파고 들어가고 있다는 것을
알 수 있다. 이제 바울의 네 번째 기도의 내용을 살펴보자.

"능히 모든 성도와 함께 지식에 넘치는 그리스도의 사랑을 알고 그 너비
와 길이와 높이와 깊이가 어떠함을 깨달아"(엡 3:18-19).

그는 그리스도의 사랑을 단순히 아는 것이 아니라, 그 사랑이 얼마나 넓
고 깊고 높고 숭고한 것인지를 깨달아 알기를 원한다고 기도했다. 에베소 성
도들이 예수님의 사랑을 더 온전히 알기를 원한다는 것이다.

우리는 보통 예수님의 사랑을 이야기하면 다 안다고 생각한다. 예수님이

우리를 위해 십자가에 달려 당신 자신을 내어 줄 정도로 우리를 사랑하셨고, 그 십자가를 보며 그리스도의 측량할 수 없는 사랑을 배웠으므로 이제 배운 대로 그 사랑을 가지고 다른 사람을 사랑하며 살라고 이야기하곤 한다. 그러나 이런 신앙의 패턴이 틀린 것은 아니지만, 바울이 가르쳐 주는 신앙 형성의 중요한 부분들을 자칫 단순화시킬 우려가 있다.

신앙의 함정을 조심하라

왕성하던 교회의 영적 생명력과 능력이 시간이 지나면서 메말라 가게 만드는 데 있어 마귀가 즐겨 쓰는 두 가지 수법이 있다. 첫째는 제도화다. 제도는 나쁜 것이 아니다. 성령이 가실 수 있도록 둑과 물길을 만들어 주는 것이 제도다. 그런데 제도 지상주의가 되면서 제도가 마치 성령의 물길을 좌우하는 것처럼 되어 버리면, 그때부터 교회가 가진 생명력이 죽게 된다.

마귀가 즐겨 쓰는 두 번째 수법은, 성령의 진리를 도덕화해 버리는 것이다. 예수님이 우리를 사랑하신다고 하면 우리 안에는 바로 이런 질문이 떠오른다.

'예수님의 사랑이 어떻게 나와 다른 사람의 인생에 본이 되게 해야 하지?'

그러나 바울은 이것을 한참 뒤의 일로 본다. 그는 여기서 명료하게 말한다.

"지식에 넘치는 그리스도의 사랑을 너희가 알기를 원한다."

이미 알고 있는데 바울은 왜 우리가 그리스도의 사랑을 알기를 원하는 것일까? 바울이 볼 때 이 앎은 다른 종류라는 것이다. 십자가 구속의 사랑을 머리로 아는 데서 끝나는 것이 아니라, 가슴과 손발과 영혼 전체로 알게 되는 것(헬. 기노스코)을 말한다. 하나님의 사랑을 뼈저리게 경험하는 은혜가 임하게 되기를 바란다는 것이다. 굉장히 신비주의적인 단어다.

다시 말해, 바울에게 있어서 성도가 영성 형성을 하는 데 있어 중요한 것은 서둘러 무엇인가를 행동하게 하려는 것이 아니다. "너희 존재의 뿌리가 예수 그리스도의 사랑 안에 깊이 잇닿아 있게 되면 시냇가에 심은 나무가 시절을 따라 열매를 맺듯이 열매가 맺히게 될 것이다. 존재가 제대로 형성되면 행위는 저절로 나오게 될 것이다. 나무가 어떠한가가 중요하지, 무슨 열매를 맺는가가 중요한 것이 아니다. 그래서 너희를 위해 기도할 때 너희가 그리스도의 사랑을 뼈로, 가슴으로, 영혼으로 알되 단순히 아는 것이 아니라, 그분의 사랑의 너비와 길이와 높이와 깊이가 어떠한가를 깨달아 알기를 원하노라"라고 바울은 말한 것이다.

여기서 그리스도인들이 달려가야 하는 길이 하나 나온다. "이미 얻었다 함도 아니요 온전히 이루었다 함도 아니라 오직 내가 그리스도 예수께 잡힌 바 된 그것을 잡으려고"(빌 3:12) 달려가는 것이다. 어제까지 받고 얻은 그리스도에 대한 지식에 감사하지만, 절대 거기에 만족하지 않는다. 교회학교에서 배운 하나님에 대한 지식에 절대 만족하지 않는다. 하나님을 아는 데 있어서는 평생을 알아도 만족할 수 없기에, 그분의 사랑의 깊이와 높이와 너비와 숭고함을 온전히 알아 가면 갈수록 하나님과 점점 합일되어 가기 때문에 그 안에서 흘러넘치는 사랑과 영적 권세로 세상을 자연히 섬길 수 있는 힘을 갖게 된다는 것을 바울은 보고 있는 것이다.

이런 측면에서 우리가 교회를 섬기고 신앙 행위를 하는 데 있어서는 실천이 굉장히 중요하다. 하지만 그렇다고 해서 실천주의의 함정에 빠져서는 안 된다. 그러면 신앙이 점점 얄팍해지고, 결국 샘의 근원이 말라 간다.

주님, 더 알려 주옵소서

우리는 날마다 끊임없이 이렇게 기도해야 한다.

"하나님, 지극히 평범한 일상 속에 있는 우리 주님의 숨겨진 사랑과 은혜의 깊이를 날마다 깨달아 알게 해 주옵소서."

주님이 살피고 돌보시지 않으면 우리는 뼈도 못 추리는 사람이 아닌가. 육체와 정신과 영의 한계를 뛰어넘어 주님의 사랑을 날마다 먹고 자라기 때문에 호흡하고, 사람 구실을 하며, 하나님의 일을 감당할 수 있는 은혜를 받게 되는 것이다. 곰곰이 묵상해 보면, 바울은 하나님의 사랑이 간섭해 이루어지지 않는 삶이 없다는 것을 이야기하는 것이며, 그 사랑을 에베소 성도들이 날마다 깨달아 알기를 원한다고 말한 것이다.

이 사랑이 날마다 깨달아지면 그 사람은 자연히 겸손해지고, 더욱 신실한 것을 추구하게 되고, 어제 배운 것에 절대 만족하지 않게 된다. 그보다 더 놀랍고도 풍성한 것이 오늘 기다리고 있음을 확신하기 때문이다. 정말 하나님의 진리와 은혜는 다함이 없음을 알게 되면서 신앙하고 신학하는 것들이 경이롭고 놀라움으로 가득 찬 은혜의 열정을 갖게 된다.

한 성도의 고백이다. 그는 교회학교 때부터 예수님의 사랑을 배웠다고 했다. 예수님이 우리를 십자가에서 드러난 감당할 수 없는 사랑으로 사랑해 주셔서 자신이 하나님의 자녀가 되었다고 했다. 이제는 자신이 어떻게 예수님을 사랑해야 하는지 그리고 예수님의 그 사랑의 본을 따라 다른 사람을 어떻게 사랑하며 살아야 하는지가 주된 관심이었다. 그런데 성경에서 예수님이 중보자로서 우리를 어떻게 섬겨 주셨는지를 알려 주는 말씀이 가슴을 치고 들어왔다.

"누가 정죄하리요 죽으실 뿐 아니라 다시 살아나신 이는 그리스도 예수시니 그는 하나님 우편에 계신 자요 우리를 위하여 간구하시는 자시니라"(롬 8:34).

'승천한 예수님은 우리를 하늘에서 지켜보고 계시는 것이 아니라, 지금도 우리를 위해 간구하고 계시는구나. 애절한 심정으로 응원하며 격려하고 계시는구나. 성부께 우리의 인생을 위해 기도해 주고 계시는구나. 하나님은 우리를 사랑하되 끝까지 사랑하시는구나'라고 깨달아지면서 예수님이 천상에서 자신을 사랑하시는 모습이 마치 사진을 찍은 것처럼 비춰 들어오며 종일 가슴이 뛰었다고 했다.

신기한 것은, 그동안 직장 생활을 하면서 왠지 무기력해지고 자꾸 은퇴 이후의 일이 걱정되었는데, 그 부분이 일소에 해소되어 버렸다. '예수님이 나를 위해 지금 간구하고 계시면 되었지, 예수님이 나를 지금까지도 사랑하고 계시면 되었지, 내가 무엇을 두려워하고 염려하고 걱정하겠는가!' 하면서 사역에 대한 담대한 믿음이 나온 것이다.

예수 그리스도의 넘치는 사랑, 지식보다도 철철 넘치는 그 사랑의 너비와 길이와 높이와 깊이를 측량할 수 없음을 다 깨달아 알기를 바란다. 그리고 무엇보다 주님이 우리를 어떻게 사랑하시는지 더 알게 해 달라고 기도하기 바란다. 이 기도는 절대로 이기적인 것이 아니다. 하나님의 사람의 특성이다. 하나님의 특성은 알면 알수록 우리를 이타적으로 만들어 준다. 어떤 사람은 하나님의 사랑을 알고 누리기만 한다는데, 하나님의 사랑은 절대 그렇지 않다. 하나님의 사랑은 알면 알수록 그분과 그분의 나라를 위해 살고 싶어 하는 사람으로 만들어 간다. 이 신앙의 놀라운 비밀을 온전히 깨닫게 되기를 바란다.

하나님의 충만함으로 충만한 일

바울은 에베소서와 골로새서에서 우리가 잊고 있는 아주 중요한 단어 하나, 혹은 알고 있지만 그 진의를 깨닫거나 누리지 못하고 있는 어떤 단어를 반복해서 끌어내고 있다. 그것은 바로 '충만'이다. 앞서 에베소서 1장에서 이 단어가 한 번 나왔다.

> "교회는 그의 몸이니 만물 안에서 만물을 충만하게 하시는 이의 충만함이니라"(엡 1:23).

교회는 만물을 충만하게 채우시는 하나님의 충만이요, 하나님으로 가득 차 있는 것이 교회라는 말이다. 충만은 헬라어로 '플레로스'다. 성령 충만을 가리킬 때 이 단어를 사용한다.

초대 교회부터 충만은 하나님의 속성이다. 우리가 잊고 있는 하나님의 속성이다. 보통 하나님의 속성을 말하면, '하나님은 사랑이시다', '하나님은 자비이시다', '하나님은 공의로우시다', '하나님은 전지전능하시다'라고 말하는 것과 동시에 '하나님은 충만이시다'라고 말한다. 우리가 거의 놓치고 있는 하나님의 속성이다. 하나님의 속성이란 하나님 안에 있는 그 무엇을 말한다. 하나님 안에 있는 그 무엇 중에서 굉장히 중요한 것 하나가 충만함이다.

캄캄한 어두움 속에서 혼돈과 무질서 가운데 사물의 원형들이 여기저기 나뒹굴고 있다. 마치 무중력 상태의 우주 공간에서 운석이 의미도 없고 목적도 없이 여기저기 떠 있는 것과 마찬가지다. 그런데 여기에 창조주 하나님이 말씀하시니 그 하나하나가 살아 있게 된다. 의미와 목적을 갖게 된다. 서로 연결된다. 하나님의 창조다. 지금 하나님의 충만이 그곳에 역사하고 있는 것이다.

하나님은 흙으로 사람의 형체를 만드신다. 이는 아직 반죽 덩어리일 뿐이다. 로댕(Auguste Rodin)의 조각 작품처럼 사람의 형체를 가지고 있을 뿐인 사물이다. 그런데 그 사람의 형상을 가진 반죽 덩어리에 하나님이 생명의 호흡을 불어넣으시니 그것이 생령이 된다. 이것이 움직이면서 숨 쉬기 시작하고, 걷고 뛰고 말하고 소리쳐 웃는다. 하나님의 충만함이 그 속에 역사하고 있는 것이다.

인생에 소망이 끊긴 것 같은 아브라함에게, 태가 끊긴 사라에게 하나님은 생명의 능력을 주사 두 노인이 자녀를 갖고 웃게 해 주셨다. 가정 전체가 생명의 기운으로 가득하게 하셨다. 하나님의 충만이 역사하고 있는 것이다. 어떤 곳에 하나님의 사랑의 속성이 역사하면 사랑이 흘러넘치게 된다. 하나님의 충만함이 공동체에 역사하면 하나님의 생명의 힘이 차고 넘치는 것이다.

한마디로 충만은 생명의 역동하는 힘 자체라고 이야기할 수 있다. 자신 안에 있는 생명의 역동하는 힘이 고이고 차고 흘러넘쳐 나중에는 온 세상이 생명의 힘으로 가득 차게 하는 능력, 이것이 바로 하나님의 속성인 충만이다. 만물을 살아 있게 하는 힘, 만물을 지탱하게 하는 힘, 만물이 완성되게 하는 힘, 시들었던 영혼에 예수 그리스도가 들어가 그 인생이 만개하게 하는 힘이 하나님의 충만이다. 하나님의 충만에서 은혜가 흘러나오는 것이다.

바울은 하나님의 충만함이 가장 온전하게 드러난 분이 예수 그리스도라고 고백한다. 구약의 율법적 이미지 속에서 하나님이 율법을 주기는 하셨지만, 이스라엘 백성이 이 율법을 인위적으로 해석하면서 하나님에 대한 이미지를 마구 채색해 놓았다. 그래서 다시 율법의 앵글로 하나님을 보니 하나님의 모습이 제대로 보이지 않았다. 하늘에 계신 하나님을 유대인들은 유대교라는 여호와 신앙으로 믿고 있는데, 사실은 하나님을 제대로 믿고 있지 못하는 모습이 도처에 보인다. 그래서 아들을 보내사 성부 하나님의 본래 모습은 이렇다고 보여 주셨는데, 그분이 바로 예수 그리스도시다. 하나님은 예수님을 통해서 당신의 충만이 어떤 모습인지를 온전히 드러내신 것이다.

병자를 고치시고, 걷지 못하는 자를 일으키시고, 굶어 죽어 가는 자에게 먹을 것을 주시고, 생의 소망을 잃은 자에게 소망을 주시고, 반복해서 죄를 지어 도저히 회생할 가능성이 없다고 생각했던 자에게 심판을 내리는 것이 아니라 은총으로 감동시켜 그 인생을 다시 일으키시는 하나님의 능력, 그 충만이 예수님 안에서 드러났다. 결국 죽은 자를 3일 만에 살려 내시는 하나님, 없는 것을 있는 것으로 만드시는 하나님, 그것이 하나님의 충만이요, 하나님 안에 있는 생명의 역동하는 힘이다.

하나님의 충만이 차고 넘치는 삶

바울은 지금 에베소 성도들을 향해 하나님의 충만을 이야기한다.

> "하나님의 모든 충만하신 것으로 너희에게 충만하게 하시기를 구하노라"(엡 3:19).

바울이 성도들을 위해 얼마나 엄청난 축복의 기도를 하고 있는지 느껴지는가? 그의 기도는 다시 말해 이런 내용이다.

"하나님, 성도들에게 당신의 충만이 흘러넘치게 해 주옵소서. 그들이 당신의 충만으로 생명이 역동하게 해 주옵소서. 세상에서 시들시들한 세상 백성처럼 되지 않게 하시고, 죽음을 늘 옆에 끼고 살아가면서 그 죽음에 삼켜지지 않으려 발버둥 치는 인생이 되지 않게 하시고, 그 죽음을 완전히 제압하면서 예수 그리스도의 부활의 능력으로 충만한 인생을 사는 하나님의 백성이 되게 해 주옵소서."

'하나님의 모든 충만하신 것으로'라는 구절에서 헬라어 전치사 '에이스'가 사용되고 있다. 우리말 번역에 의하면 '하나님의 충만하신 것'이라 했으니 영어 전치사 'with', 즉 '무엇인가를 가지고'라고 해석되는데, '에이스'는 '무엇 안으로', '무엇에 이르기까지'라는 의미를 갖는다. 원문대로 보면 '하나님의 충만함으로 채운다', '하나님의 충만함에 이르기까지 도달한다'라는 의미다. 하나님의 속성 중의 하나라고 생각하면 충분히 이해된다.

단순히 하나님의 것이 아니다. 하나님의 형상을 닮은 우리는 하나님의 속성에까지 이르도록 자라 가야 한다. 예수 그리스도의 장성한 분량이 충만한 데까지 자라야 하는 것처럼, 우리는 하나님의 속성에까지 자라도록 초대받은 인생이다. 그러면 당연히 하나님의 충만으로 채운다는 말은 하나님의 충만함에까지 이르기를 원한다는 의미다.

하나님의 충만함은 얼핏 보면 생명의 힘이기 때문에 생명을 살아나게 하는 에너지이고 파워인데, 이 힘을 어떻게 쓸 것인가는 결정되지 않았다. 선한 일을 할 때 쓸지, 악한 일을 할 때 쓸지가 결정되지 않았다는 것이다. 그런데 하나님의 충만, 곧 '플레로스'는 하나님 안의 거룩한 속성이므로 사람을 살리고, 살피고, 돌보고, 역동하고, 힘이 있게 해 주는 데 사용되기까지 이르게 되기를 원한다고 바울은 기도한 것이다. "하나님의 사랑에 이르도록 자라고, 자비에 이르도록 성장하고, 하나님의 충만함에 이르도록 너희의 생명력이 온전히 꽃피기를 기도한다"라고 해석해서 읽을 수 있다.

부활이 무엇인지를 알면 충만이 무엇인지를 알 수 있다. 한국 교회 안에서 십자가와 부활의 균형은 상당히 무너져 있다. 절기를 지키는 것을 보면 알 수 있다. 부활이 있기 전에는 40일간 십자가와 속죄의 의미를 묵상하면서 교회의 절기를 지낸다. 하지만 부활절이 지난 뒤에는 원상 복귀다.

사실 교회는 부활로 인해 시작되었고, 교회의 능력은 부활로 진행되며 부활에 의해 완성된다. 교회의 영적 권세는 하나님의 충만함에 있는 것이지, 고뇌하고 고통스러워하고 죄지은 것에 대해 반복해서 용서를 구하는, 왠지 그 신앙이 궁색하고 초라하고 회색빛에 이르는 것들에 의해 기독교 신앙이나 교회가 형성되지 않았다. 그런데 한국 교회 안에서의 절기는 균형을 상실한 감이 있다.

충만은 하나님의 중요한 속성인데, 자칫 하나님 안에 있는 거룩함의 속성 중의 하나인 충만을 놓치고, 하나님을 왠지 무섭고 두렵고 엄위하신 이미지로 고착시켜 놓은 부분들이 있다. 다시 한번 말하지만, 부활이 무엇인지를 알면 충만이 무엇인지를 알 수 있다. 하나님의 충만함에 이르기를 바란다. 하나님의 충만이 차고 넘치기를 축복한다.

문제보다 크신 하나님의 충만

바울의 기도는 성도가 어떤 삶을 살 수 있는지에 대한 가능성과 잠재력을 보여 준다.

"우리 가운데서 역사하시는 능력대로 우리가 구하거나 생각하는 모든 것
에 더 넘치도록 능히 하실 이에게 교회 안에서와 그리스도 예수 안에서
영광이 대대로 영원무궁하기를 원하노라 아멘"(엡 3:20-21).

우리가 구하는 하나님, 우리가 기도하는 하나님, 우리의 기도의 대상이
되고 우리의 기도에 응답하시는 하나님은 어떤 분이신가? 충만함이 차고 넘
치는 분이시다. 그래서 당신이 가지고 있는 것을 누군가에게 주고 싶어서 어
쩔 줄 몰라 하는 분이시다. 이것이 충만의 이미지다. 샘 속의 물이 넘치려 하
는 것은 충만이 아니다. 콸콸 넘쳐서 온 대지를 적시는 것이 충만이다.
  '하나님의 모든 충만하신 것으로 너희에게 충만하게 하시기를 구한다'라
는 말에서 어떤 하나님이 느껴지는가? 당신이 가진 은혜와 사랑과 자비와
우리의 영혼을 살리는 힘이 차고 넘쳐 이를 우리에게 주고 싶어 어쩔 줄 몰
라 하시는 행복한 하나님이 바로 바울이 말하는 '우리가 구하거나 생각하는
모든 것에 더 넘치도록 능히 하시는 하나님'이다. 하나님은 인색하신 분이 아
니다. 하나님은 충만하신 분이다. 당연히 하나님 앞에서 살아가는 성도, 이
하나님의 능력에 의해서 채워지는 성도는 인색하고 궁색한 인생이 아니다.
하나님은 은혜가 작게 역사해서 은혜를 받고 있는지조차 구분이 안 되는 인
생으로 우리를 부르신 것이 아니라는 말이다.
  미국에서 한창 유학할 때, 정말 반복해서 고생하고 있다는 생각을 하던
때가 있었다. 그런데 같이 공부하던 전도사님이 마치 자신이 신령한 사람인
것처럼 한 번씩 선문답 식으로 툭툭 질문을 던지곤 했는데, 그 말이 은혜가
되기보다는 안 그래도 힘든데 사람 마음을 더 힘들게 했다. 그러던 어느 날,
그 전도사님이 이렇게 말했다.

"목사님 안에서 역사하시는 하나님은 왜 그리 인색해 보입니까? 원래 은혜는 콸콸 차고 넘치는 것인데, 목사님 안에 흐르는 은혜는 꼭 가뭄 속에 있는 개울물 같습니다."

들으면서 굉장히 기분이 나빴다. 혹시 내 심정에 공감하는 사람이 있을지 모르겠다.

'하나님이 주시는 은혜는 말라붙기 직전의 개울물 같다. 무엇 하나 넉넉하고 충만하게 채우시는 경우가 지금까지 없었던 것 같다. 열 개를 구하면 한두 개만 주고 여덟 개는 유보해 겨우 명맥만 유지하도록 나를 이끌어 가시는 것 같다.'

그런데 나중에 그 시절을 회상하며 성찰해 보니 그것이 아니었다. 하나님의 은혜는 그때 그 자리에도 충만했다. 다만, 하나님이 한 인생을 이끌 때 특정한 시기에 어두운 밤을 지나는 가운데서 다른 은혜는 보이지 않고 오직 하나님만 붙들고 사는 은혜로 초대하시는 경우가 있다. 이를 빨리 알아차리는 사람은 지금까지 다른 곳에 두었던 시선을 완전히 제거해 버리고 그 어두운 밤에 내면에 임하시는 하나님의 은혜의 한 줄기 빛에만 주목한다. 이때는 그 은혜의 빛 하나로 그 어두운 밤을 지나기에 넉넉히 차고 넘친다.

왜 우리에게 은혜가 메마르게 역사한다고 느껴지는가? 문제는 산적해 있고 해결할 인생의 난제는 많은데, 그것을 하나님이 지금 해결해 주지 않으신다고 생각하기 때문이다. 그 부분까지도 하나님께 믿고 맡길 수 있는 은혜가 임하기를 기도한다.

아브라함은 99세가 될 때까지 자식이 없었다. 가나안 땅에 들어가 25년이 흘렀다. 지금 우리에게는 그냥 이삭이라는 자식 하나지만, 당시 가부장제 사회 속에서 후계를 이을 자식이 있느냐 없느냐는 인생의 성패와 불행과 행복 여부를 결정하는 요인이었다. 그런데 아브라함을 보면, 하나님이 자식을 주지 않으신다고 해서 자기 인생의 가장 큰 난제인 그 문제에 시선을 두면서 신앙생활하지 않는다. 문제에 함몰되지 않는다는 뜻이다. 인생을 자신이 넘어야 할 문제 해결과 연관 지어 바라보지 않았다는 이야기다. 아브라함은 주님이 때가 되면 해결해 주실 것으로 믿고 문제보다 더 크신 하나님의 충만함으로 자기 인생을 반복해서 채운 것이다. 때가 되니 어느새 이삭이 품에 안겨 와 있는 것이다.

문제에 함몰되지 않기 바란다. 문제를 뛰어넘어 역사하시는 하나님을 붙들기 바란다. 기도할 때 슬프면 슬프다고 생각하면서 기도해야 한다. 그러나 그 슬픔에 압도되어서는 안 된다. 하나님이 당신의 충만함으로 채우실 것을 믿어야 한다. 모든 것에 더 넘치도록 능히 하실 하나님이 우리의 기도를 듣고 계시는 것을 믿어야 한다. 이런 담대한 마음으로 기도해야 하는 것이다.

하나님의 충만함이 우리 인생을 덮는 은혜가 임하기를 바란다. 하나님의 생명의 충만함이 차고 넘치는 교회가 되기를 축복한다. 하나님의 생명의 힘의 충만함을 우리만 누릴 뿐 아니라, 너무 많아 누군가에게 주지 않으면 견딜 수 없는 곳까지 가야 한다. 하나님은 인색하신 분이 아니다. 마찬가지로 교인도 인색하거나 무엇인가 궁색해 보여서는 안 된다. 아무것도 가진 것이 없더라도 천하를 가진 당당함으로 충만한 인생을 사는 복된 성도가 되기를 바란다.

2부

신인류의 생활 방식:
성도가 성도 되게

01

소명

부르심을 받은 일에 합당하게 행하라

엡 4:1-3

신인류를 향한 하나님의 새로운 기준

바울은 에베소서 1-3장에서 새로운 사회, 즉 교회요, 교회로 불리는 사람들에 관해 말했다. 이제 4-6장에서는 새로운 사회에 사는 사람들, 신인류로 일컬어지는 사람들의 삶이 어떠해야 하는지, 다시 말해 그리스도인의 윤리에 대해 이야기한다. 그리스도인이라면 적어도 이렇게 살아야 한다는 새로운 기준을 제시하는 것이다. 즉, '이루어져야 하는' 그리스도인의 모습이다.

이제 에베소서 후반부를 곱씹어 묵상하면서 지금까지 스스로에 대해 가졌던 셀프 이미지를 벗어던질 수 있게 되기를 바란다. 오직 하나님이 당신이 세운 사도를 통해 우리에게 들려주시는 그리스도인의 상, 즉 "얘들아, 그리스도인은 이런 것이야!"라고 말씀하시는 원초적이면서도 날것의 말씀에 착념할 수 있게 되기를 바란다.

바울은 에베소서 4장 앞부분에서 크게 세 가지를 말한다. 첫 번째는, '그리스도인인 나는 누구인가?', 즉 신인류의 본질과 정체성이 무엇인지를 이야기한다. 우리는 누구이고, 우리는 어떻게 연유했으며, 우리는 어떻게 여기 이 자리에 앉아 있는지를 말한다. 바울은 이를 '부르심'이라는 단어로 풀어낸다. 두 번째로 바울은 이 부르심에 따라 각자에게 주신 은혜에 대해 말하고, 세 번째로 성령 안에서의 하나 됨에 대해 강조한다. 이 장에서는 4장 1절을 중심으로 살펴볼 것이다.

> "그러므로 주 안에서 갇힌 내가 너희를 권하노니 너희가 부르심을 받은
> 일에 합당하게 행하여"(엡 4:1).

바울이 말씀을 강하게 권면할 때는 그 말씀으로부터 듣는 사람이 도망하지 못하도록 하는 전제가 있다. '지금 이 말씀을 너희에게 전하는 내가 누구냐'라고 말한 것이다. 그러면서 '이 말씀을 전하는 나는 주 안에서 갇힌 자'라고 한 것이다.

"나는 주를 위해 스스로 포로 된 자요, 그리스도를 위해 감금된 자다. 세상적인 눈으로는 죄수이고 구금된 자인데, 하나님을 위한 일에 기꺼이 나 자신을 드린 사람으로서 너희에게 말한다. 주 안에서 갇힌 내가 너희를 권한다."

그러니 부르심을 받은 일에 합당하게 행하라고 말한다.

부르심을 받은 자라는 자의식이 우선되어야

바울은 이제 본격적으로 지구상에 한 번도 나타난 적이 없는 새로운 사회, 교회라는 곳에 속한 사람들의 삶에 대해 말하는데, 입구 한복판에는 '너희는 부르심을 받은 자'라고 적혀 있다. 네가 누구인지, 네가 어떻게 시작된 존재인지를 환기하라는 것이다. 그 뒤에 모든 겸손과 온유로 하고 오래 참음으로 사랑 가운데서 서로 용납하라는 등 그리스도인의 덕목을 말하는데, 이 덕목을 효과적이면서도 신실하고 충성되게 따를 수 있는 모든 내적인 힘은 자신이 부르심을 받은 자임을 자각하고 뼛속에 새기는 것으로부터 시작된다. 부르심에 대한 의식, 자신이 어떤 사람인지에 대해 환기하는 것으로부터 모든 그리스도인의 삶이 시작된다는 것이다.

우리는 열매를 보면 그 나무를 알 수 있다. 사과나무이기 때문에 사과가 열리고, 배나무이기 때문에 배가 열린다. 마찬가지로 부르심에 대한 자각을 분명히 갖고 있어야 그 부르심에 입각한 삶이 나오는 것이다. 우리는 흔히 그리스도인이 마땅히 살아야 하는 덕목 자체를 굉장히 중요하게 여긴다. 그리스도인은 정직해야 하고, 신실해야 하고, 온유해야 하고, 겸손해야 하며, 오래 참아야 하고, 무엇보다 사랑해야 한다. 그런데 그렇게 살 수 있는 내적 힘이 주어지지 않는다면 이는 또다시 우리의 양어깨에 메이는 하나의 멍에가 되고 만다. 율법이 되어 버리는 것이다.

다른 사람들이 본받는 사람이 되고 싶다는 것은 좋은 생각이고 좋은 마음가짐이다. 하지만 그것은 자연스럽게 되는 것이지, 본받게 하겠다고 애써서 되는 일이 아니다. 빛은 세상 한복판에 있으면 자연히 어둠 속에서 빛나게 되어 있다. 산 위에 있는 동네가 숨기지 못한다. 중요한 것은 그런 빛을 발산할 수 있도록 자기 존재가 먼저 내면에서부터 형성되어야 하며, 그것이 어떤 모습으로 드러나는 것보다 훨씬 중요하다.

바울은 윤리의 본격적인 부분을 시작하기에 앞서 짧지만 이 부분을 언급한다. "에베소 성도들이여, 너희가 진정 누구인지 아는가? 너희가 어디에서 연유한 자들인지 아는가? 너희는 부르심을 받은 자들이다"라고 말한다. 그곳에 있는 것은 자기가 선택해서가 아니라 부르셔서 있는 것이라고 한 것이다. 하나님이 부르셨다는 것을 믿는가? 그리고 부르심을 받은 자라는 자의식이 다른 어떤 자의식보다 앞서 있는가? 바울은 이를 요청하고 있다. "제 이름은 아무개이고, 저는 이런 일을 하고 있고, 저에게는 가족이 있습니다"라고 답하라는 것이 아니다. "너는 진정 누구인가? 어떻게 여기에 있는 것인가?"라고 물으실 때 "하나님, 저는 주님이 부르셔서 지금 이 자리에 있습니다. 은혜로 제가 여기에 있습니다"라고 답하기를 원하신다.

"저는 주님을 보는 안목도 없고, 영이신 주님을 저의 죄 많은 눈으로 찾을 수 있는 식견도 없었던 사람이고, 제가 가진 지식과 생각과 마음으로는 절대 주님을 고백할 수 없는 사람이었습니다. 그런데 주님이 제 앞에 나타나 예수님을 제 인생의 주님이라고 고백할 수 있게 해 주셨습니다."

이것이 바로 은혜 의식이고, 자신이 부르심을 받아 주님의 사람이 되었다는 고백이다. 바울이 "너희가 부르심을 받은 일에 합당하게 행하여"라고 한 말은 부르심을 먼저 깊이 자각하는 일이 대단히 중요함을 강조한 것이다.

사실 교회의 본질 자체가 부르심에서 시작된다. '부름'은 헬라어로 '클레오'인데, 불러낸 자들, 수많은 사람 중에 부르심을 받아서 다른 곳으로 옮겨진 자들이며, 그가 바로 성도이고 교회다. 또한 '부르심'은 헬라어로 '에클레시오'인데, '에크'는 '밖으로'라는 뜻이고, '클레오'는 '부르다'라는 의미다.

'에클레시아', 즉 교회는 본래 뜻이 '밖으로 불러낸 자들'이다. 교회의 본질과 정체성이 무엇인가? 우리는 바닷가의 수많은 모래알 같은 존재 속에 한 사람으로 널려 있었는데, 하나님이 그중에서 핀셋으로 집어내어 세워 주신 것을 교회라고 한다. 이미 교회라는 단어의 뜻 안에 세상과는 전혀 다른 삶의 기준과 잣대와 가치관과 목적을 가지고 살아가는 삶이 전제되어 있다는 것을 알 수 있다. '에클레시아'라는 단어 안에 교회는 본질적으로 세상과 벗할 수 없다는 것이 전제되어 있다.

예정, 부르심을 받은 자

바울은 로마서 8장에서 이 부분을 훨씬 강조해서 표현했다.

'왜 수많은 사람 중에서 나를 불러내셨는가?'

무작위로 집어내신 것이 아니다. 창조주 하나님이 알고 핀셋으로 집어서 불러내셨다고 그는 이야기한다.

"하나님이 미리 아신 자들을 또한 그 아들의 형상을 본받게 하기 위하여 미리 정하셨으니"(롬 8:29상).

예정되기 이전에 아셨음이 선행된다. 하나님은 당신의 사람으로서 미리 알고, 정하고, 정한 이들을 부르고, 부른 이들을 의롭다 하고, 의롭다 한 이들을 영화롭게 하셨다.

우리는 우리 자신을 신뢰할 수 없다고 생각하는가? 주님이 이후에 본격적으로 '그리스도인이라면 마땅히 이렇게 살아야 한다'고 말씀하시는 덕목을 도저히 감당할 수 없을 것 같은가? 그 기준과 잣대에 턱없이 미치지 못할 뿐 아니라 그런 삶을 추구할 수 없을 것 같은가? 그때는 반드시 기억해야 한다. 우리는 부르심을 받았기에 여기에 있다는 것, 부르심을 받았기에 초대받았다는 사실을 말이다.

주님이 부르실 때는 무작위로 부르는 것이 아니라, 아는 자들을 정하시고, 정한 자들을 부르시고, 부른 자들을 의롭게 하시고, 의로운 자들을 영화롭게 하셨다는 것을 알아야 한다. 주님이 우리를 아셨다는 것은 우리에게 있는 잠재력과 가능성과 독특성과 고유함과 사명을 감당할 수 있는 모든 것이 이미 우리 안에 있음을 알고 부르셨다는 것이다.

왜 야곱을 택하고 에서를 버리셨는지는 하나님이 아신다. 시간이 지나면서 보니 그 이유가 조금씩 드러난다. 인간적인 성격으로 보면 에서가 야곱보다 순진하고 착하다. 동생에게 장자권을 빼앗겼는데 20년이 지난 후에 웃고 털어 버리는 사람이다. 반면에 동생은 자기가 했던 잘못을 잊지 못하고 끙끙댄다. 그만큼 소심한 성격이라는 것이다. 인간적으로는 야곱이 훨씬 더 악하고 교활해 보이고, 에서는 더 순박하고 착해 보인다. 그리고 선한 아버지 이삭은 에서가 더 마음에 들었을 수 있다.

그런데 야곱과 에서가 결정적으로 다른 부분이 있다. 인생에 있어서 영적으로 정말 중요한 결정의 순간에 야곱은 보이는 것이 아니라 영적인 것을 좇아간다. 그리고 장자권을 자기 손에 쥔 일 때문에 모든 인간적인 고통을 기꺼이 감당해 버린다. 야곱은 영적인 욕심이 많은 사람이다. 얍복강에서 허벅지 관절이 어긋날 정도로 하나님과 씨름한 것만 봐도 알 수 있다. 영적으로 중요한 순간이었기 때문이다. 이런 부분들이 야곱을 만들어 냈고, 하나님은 이러한 야곱이라는 사람 안의 기질과 잠재력을 창세전부터 아셨다고 생각한다. 그래서 불러내시는 것이다.

이를 우리에게 적용할 수 있다. 우리는 우리의 잠재력과 가능성을 모른다. 그런데 주님이 우리를 부르셨다면 주님의 부르심에는 한 치의 오차도, 실수도 없다는 사실을 믿기 바란다. 아는 자들을 정하시고, 정한 자들을 부르시는 것이다. '나는 그리스도인으로서 어떻게 살아야 할 것인가?'는 중요하지 않다. 성공하기 위해서는 내가 누구인지, 내가 어떻게 여기에 있는지, 내가 이렇게 말씀을 들을 수 있는 은혜는 어디서부터 시작되었는지를 가슴속에 깊이 반복해서 새기는 것이 가장 중요하다.

"나는 부르심을 받았기에 여기에 있다."

우리가 하나님이 맡기신 사명을 신실하게 수행할 수 있는 관건이 모두 여기 있다. 우리가 부르심을 받았기에 여기에 있다는 답을 집요하게 갖는다면 당연히 부르신 분의 뜻을 이루기 위해 가는 큰 걸음이 형성되고, 거기서부터 내적인 동기가 나오게 되는 것이다. 부르심의 목적이 무엇인지는 천천히 드러난다. 중요한 것은 우리가 부르심을 받아 여기에 있다는 것이다.

예수님이 이 부분에 방점을 찍으셨다.

"너희가 나를 택한 것이 아니요 내가 너희를 택하여 세웠나니"(요 15:16).

"너희의 시작은 너희가 아니라 바로 나, 예수 그리스도다. 너희가 여기에 있는 것은 너희가 결정한 것이 아니라, 내가 택하여 지금 여기에 있는 것이다"라고 주님은 말씀하신 것이다.

부르심의 의식이 삶의 모든 순간을 결정한다. 중요한 순간에 하나님의 백성답게 결정하는지 아니면 인간적인 방법으로 결정하는지, 세상적인 기준으로 결정하는지 아니면 성경적인 방식으로 결정하는지는 모두 자기가 부르심을 받아 여기에 있는지, 은혜로 삶이 엮여 가고 있다고 믿는지, 아니면 껍데기는 부르심이라 생각하지만 속은 온갖 인간적인 것이 전제되어 가는지에 따라 결정된다.

부르심을 받은 일에 합당하게 행하기 바란다. 또한 부르심을 받아 여기에 있다는 사실을 꼭 기억하기 바란다. 하나님은 아브라함이 본래 가나안 사람이라고 말씀하지 않으신다. 그는 하나님이 부르셔서 가나안 땅에 들어가 살았다. 그 땅에서 홀로 살아갈 때 아브라함이 얼마나 외로웠겠는가? 가나안의 친구를 얼마나 갖고 싶었겠는가? 가나안 사람들이 가진 문화를 수용하는 순간 그 땅에 적응하기가 훨씬 쉽다. 그런데 아브라함 안에는 하나의 생각이 떠나지 않았다.

> "너는 너의 고향과 친척과 아버지의 집을 떠나 내가 네게 보여 줄 땅으로
> 가라"(창 12:1).

"너는 하나님의 음성에 부르심을 받아서 지금 그 자리에 있는 것이다. 그러니 너는 하나님의 백성답게 살아야지, 가나안 사람처럼 살아가서는 안 된다."

이 의식이 아브라함으로 하여금 가나안 땅에서 하나님의 백성으로 인생의 꽃을 피우게 만들어 준 것이다. "너희는 부르심을 받은 자다"라는 이 짧은 말씀에 깊이 머물기를 바란다. 그래서 이 부르심에 대한 의식 때문에 어제와는 다른 선택과 결정을 하는 은혜가 임하기를 바란다.

02

용납

사랑 가운데서 서로 용납하고

엡 4:1-4

부르심에 합당한 삶

당신은 자신이 부르심을 받아서 지금 여기에 있다는 것을 믿는가? 하나님이 우리를 감당할 수 없는 은혜로 부르고 구원해 주셔서 지금 이 삶을 살아가고 있다는 자각이 부르심에 대한 의식이다. 부르심의 의식이 있는 사람은 이제 그 부르심에 합당한 삶을 살기 시작한다. 모든 부르심에는 목적이 있기 때문이다. 하나님이 우리를 바닷가의 모래알만큼이나 많은 사람 속에서 알고 정하여 불러내셨다면 그렇게 하신 이유가 있지 않겠는가?

한 사람이 이 부르심을 자각하고 부르심에 감사해 부르신 분을 사랑하기 시작하면, 그 사람은 자신을 불러 주신 분의 목적이 무엇인지를 묻게 된다.

"하나님, 도대체 저같이 부족하고 못나고 허물과 죄로 죽었던 사람을 왜 살리셨습니까? 왜 이 삶을 선물로 다시 주신 것입니까?"

사도 바울 역시 "하나님, 왜 저같이 죄인 중에 괴수 된 자요, 만삭되지 못한 사람을 불러 주셨습니까?"라고 물었다. 부르심이 진정 은혜라는 것과 그 은혜가 무엇인지를 깨닫게 되면 '이 은혜가 인생에서 헛되게 하고 싶지 않다'는 마음이 일어난다. 그리고 그 은혜를 갚는 삶을 살고 싶어 한다. 사명은 여기서 나오는 것이다. 사명은 하늘에서 일방적으로 떨어지는 것이 아니라, 내면에서 성령의 인도하심을 따라 발견되는 것이다. 그러면 하나님이 어떤 이유로 부르셨는지에 대해 알게 되고, 그 부르심에 대해 감격하며 감사하게 된다.

부르심에 대해 감사하다는 것을 담보로 명령을 강제로 주입하는 것이 아니다. 우리는 은혜와 삶 사이를, 감사와 순종 사이를 너무 서둘러 연결하려는 오류를 범하곤 한다. 그런데 성도들의 삶으로 들어가 보면 이것이 잘 작동하지 않는다. "이제 구원받았지? 그 은혜가 무엇인지 알고 감사하지? 그러니 너는 이제 그 은혜에 부합하는 삶을 살아야 해"라고 바로 명령한다. 성도들은 그렇게 살아 보려고 세상에 나가지만 모두 나가떨어진다. 그래서 오히려 예수를 믿고 나서 자신에 대한 정죄 의식이 가득 차 있는 경우가 많다.

계속해서 이 정죄 의식을 가지고 살기가 힘들다 보니 반복해서 회개하는 마음으로 기도하게 된다. 문제는, 처음에는 그것이 내면에서 잘 작동하는 듯한데, 반복해서 같은 죄를 짓는데 진도가 나가지 않는 자신을 발견하면 스스로에 대해 지치게 된다. 복음의 능력을 의심하게 된다. 은혜와 명령 사이를 서둘러 메우려 하다 보니 나타나는 현상이다. 그렇게 해서는 안 된다.

하나님이 불러 주셨다면 부르신 분을 아는 것이 훨씬 중요하다. 우리를 불러 주신 하나님은 우리에게 주신 은혜를 담보로 어떤 삶을 강요하지 않으신다. 부르심 속에 놀라운 은혜가 있듯, 새로운 삶으로 초대하시는 데도 하나님의 어마어마한 선물과 은혜가 있다는 것을 먼저 기억해야 한다. 부르신 그분은 세상에서 누구보다 우리를 사랑하시기 때문이다. 부르심에 합당한 삶을 사는 내적 동기가 여기서 나온다. 따라서 진정 이 부르심에 대해 감사하게 되면 자연적으로 우리 안에서 부르심의 뜻을 묻고 그 부르심의 뜻에 부합하여 살고 싶어진다. 성령이 우리를 그리로 이끌어 가시는 것이다.

이런 측면에서 보면 바울의 모든 명령, 기독교의 모든 명령은 이미 그 안에 명령대로 살 수 있는 내적 힘이 전제되어 있음을 알 수 있다. 할 수 있기 때문에 하나님이 그렇게 말씀하시고 명령하시는 것이다. 이것이 바로 복음의 힘이다.

부르심에 부합하는 다섯 가지 성품

"너희가 부르심을 받은 일에 합당하게 행하여"(엡 4:1하).

여기서 '합당하다'는 영어로 'worthy'를 사용하는데, 이는 '가치 있다'는 뜻이다. 즉 "너희는 그 부르심에 부합하는 가치로 행하라"라는 뜻이다. 부르심에 부합하는 삶은 이어지는 말씀에 나온다.

"모든 겸손과 온유로 하고 오래 참음으로 사랑 가운데서 서로 용납하고"

(엡 4:2).

부르심에 부합하는 삶을 하나씩 뜯어 보면 성품이다. 바울은 행위의 항목을 이야기하지 않고 부르심에 부합하는 삶의 내용으로 성품을 말한다. 깊이 묵상해 볼 대목이다. '부르심에 합당하게 살아라. 진실하게 살아라. 그리스도를 닮아 가라. 이런저런 행실을 해라' 하는 데 초점을 둘 것 같은데, 바울은 행동이 아닌 성품으로 이끌어 간다. 부르심에 부합하는 삶을 크게 다섯 가지 성품으로 말한다. 겸손, 온유, 오래 참음, 상호 용납 그리고 이 모든 것을 주도하는 마음의 정서인 사랑이 그것이다.

주의할 것은, 바울이 말하는 삶의 모습은 새로운 사회, 즉 교회라는 곳에서 서로 주고받는 성품이라는 것이다. 교회 밖에서 이렇게 살 것을 먼저 요청하지 않는다. 교회에서 이 삶을 충분히 연습하고 연마하고 훈련하여 내적으로 강해지면 자연히 교회 밖에서도 그렇게 살 수 있다고 보는 것이다.

이처럼 바울은 교회라는 새로운 사회 안에서의 삶을 이야기한다. 부르심의 삶의 내용을 이야기하는데 행동이 아닌 성품을 말한다. 당시에 이는 굉장히 충격적인 접근이었다. 우리가 가진 존재가 행위에 선행한다는 뜻이다. 우리가 어떤 존재가 되느냐가 우리가 어떤 행동을 하며 사느냐보다 훨씬 중요하다는 말이다.

다섯 가지 가운데 모든 행동과 성품에 깔려 있는 것은 두말할 것 없이 사랑이다. 바울은 이미 에베소서 3장에서 에베소 성도들을 위해 기도했다.

"너희가 사랑 가운데서 뿌리가 박히고 터가 굳어져서"(엡 3:17하).

그들이 사랑 가운데서 뿌리가 박히고 터가 굳어지기를 기도했듯이, 이제 모든 일을 사랑 가운데서 할 수 있기를 바란다는 뜻이다.

신인류는 겸손하다고 한다. 그런데 모든 주석서에서 공통적으로 언급하는 바에 의하면, 당시 사회에서는 겸손을 절대 덕목으로 생각하지 않았다고 한다. 당시 지중해 헬라 세계에서 겸손은 덕목이 아니라 비굴하고 굴욕적이고 모욕적인 단어로 여겨졌다고 한다. 종이 굽실거리는 태도를 취하면서 주인 옆에서 허리를 굽히고 명령을 기다리는 자세가 겸손이었다. 그러니 겸손은 미덕이 아니었다. 인간이 스스로를 인간답지 않은 모습으로 낮추는 것처럼 보였다.

그런데 이러한 겸손을 처음 미덕으로 선포하신 분이 예수 그리스도이시다. 주님은 겸손을 사람이 추구해야 하는 가장 아름다운 덕으로 말씀하셨다. 이 헬라어 단어가 '타페이노프로쉬네'인데, 태도의 겸손이 아닌 마음의 겸손이다.

> "너희 안에 이 마음을 품으라 곧 그리스도 예수의 마음이니 … 자기를 비워
> 종의 형체를 가지사 사람들과 같이 되셨고 사람의 모양으로 나타나사 자기
> 를 낮추시고 죽기까지 복종하셨으니 곧 십자가에 죽으심이라"(빌 2:5-8).

겸손은 누군가를 향하지 않고 항상 자신을 향한다. 만일 어떤 사람이 누군가에게 겸손을 요청한다면 그 사람은 100퍼센트 겸손하지 않은 사람이다. 겸손은 항상 자기를 향한다. 그리고 신인류에게서 겸손은 필수 중의 필수다. 교회와 교회의 삶을 이루는 데 있어 상호 겸손이 없으면 신인류 공동체는 서지 않는다. 이는 매우 중요한 부분이다. 그리고 교회 안의 토양과 문화는 겸손을 배양할 수 있어야 한다. 반면, 교회 안에 흐르고 있는 문화와 시스템이 겸손을 배양하기보다 오히려 가지고 있는 겸손을 해치고 있다면 우리는

이를 깊이 들여다봐야 한다.

현대 교인들은 겸손한가, 아니면 서로 판단하고 정죄하고 비판하는 데 익숙한가? 자신보다 남을 낫게 여기는가, 아니면 자신을 다른 이보다 낫게 여기는가? 바울은 선생 된 자리에 가려 하지 말라고 말했다. 선생 된 자리에 가면 겸손을 유지하는 것이 굉장히 어렵기 때문이다. 설교자는 설교의 십자가를 지고 살아간다. 설교자 스스로가 자신은 이러이러한 설교를 하고 있기에 시간이 지나면서 자신은 당연히 그런 사람이라고 생각하는 경향이 그 안에 생기는 것이다. 바울이 "내가 남에게 전파한 후에 자신이 도리어 버림을 당할까 두려워함이로다"(고전 9:27)라고 우려한 말은 내면에 대한 깊은 성찰을 거친 고백이다.

우리는 겸손을 해칠 수 있는 상황과 환경 속에 자신을 노출하는 일을 조심해야 한다. 그런데 우리는 서로가 선생 된 자리로 가서 판을 주도하고 판단하며 이끌어 가고 싶어 한다. 그렇게 하지 못하면 힘들어한다. 이는 이미 교회라는 신인류 공동체가 정치화되어 있다는 하나의 반증이다.

온유는 약함이 아니다. 진정으로 강한 사람이 온유하다. 진정으로 강한 사람은 힘을 통제할 줄 알아 힘을 쓸 곳에 쓰며, 쓰지 않을 곳에는 힘을 뺀다. 이것이 바로 온유다. 그래서 온유한 사람은 사실 내적으로 굉장히 강하다. 모든 겸손과 온유로 하고 오래 참음으로 행한다. 화나게 만드는 사람을 향해 인내심을 발휘하는 것, 예수님 때문에 참아 내는 것, 이것이 오래 참음이다. 그리고 바울은 사랑 가운데서 서로 용납하라고 했다.

교회 안에서 은혜의 성품이 배양되기를

겸손, 온유, 오래 참음, 사랑, 상호 용납이라는 성품을 영적인 여정에서 계속 맺어 가며 사는 것이 부르심에 합당한 삶인데, 교회 안에서 이 성품을 맺어 가며 사는 것이 쉽지만은 않다. 교회라는 곳이 이런 성품을 열매 맺게 하고 그 열매가 자라 가도록 하나님이 영적인 인큐베이터로 주신 곳인데, 오히려 교회 안에서 성품이 배양되기보다는 서로가 상처를 주고 아프게 하며 성품을 맺어 가고자 하는 의지를 꺾어 버린다. 그 결과 이전에 맺은 성품이 그 안에서 더 이상 맺히지 않는 현상이 현대 교회 안에서 많이 일어나고 있다. 예수님을 믿으면서 자꾸 서로에게 상처를 주기 때문이다. 하늘에 계신 하나님이 당신의 자녀인 우리를 들여다볼 때 어떤 마음이실까? 주님이 이렇게 말씀하시지는 않을까?

"자녀들아, 공동체는 내 이름과 나의 가족으로 모여 서로 사랑하라고 있는 것인데, 너희는 왜 그리 서로 상처를 주고받으면서 천국을 자꾸 지옥 같은 모습으로 만드는 세상을 닮아 가려 하느냐?"

특정한 이슈가 건드려지면 속에서 불이 올라온다. 겸손과 온유로 하고 오래 참음으로 사랑 가운데서 서로 용납해야 한다는 것을 안다. 그것이 부르심이라는 것도 안다. 하지만 받은 상처 때문에 부르심의 소망을 좇아가고자 하는 열망이 싸늘하게 식어 버리는 경우가 현대 교회 안에서 너무나 많이 일어나고 있다. 선한 일을 추구할지라도 우리가 하는 행동이 누군가에게 상처가 될 수 있음을 염두에 두어야 한다. 그 사람이 바로 신인류다.

에베소서를 묵상하는 가운데 교회 안에서 서로 주고받을 수 있는 상처에 대해 좀 더 민감하게 인식하면서 대화하고 행동하는 성숙함이 일어나기를 바란다. 그러나 방비한다고 해도 되지 않는 부분이 있다. 그럴 때는 어떻게 해야 하는가? 주님께 지속적으로 달려가는 일 외에는 다른 방법이 없다. 주님으로부터 지속적으로 만지심을 받아야 한다. 주님 앞에서 주님과 교회를 섬기며 받은 상처와 아픔, 속상함과 울분들을 내어놓고 하나님이 계속 만져 주시기를 구하며 매달릴 때, 주님이 반드시 은혜를 내려 주사 치유하고 회복해 주시는 역사가 일어난다.

> "모든 겸손과 온유로 하고 오래 참음으로 사랑 가운데서 서로 용납하고"(엡 4:2).

한 덕목, 한 덕목 깊이 곱씹으며 이 성품이 우리 안에 내면화되게 해 달라고, 주님이 주신 은혜의 성품으로 열매 맺게 해 달라고 기도하기 바란다.

03

연합

하나 되게 하신 것을 힘써 지키라

엡 4:3-6

교회를 이루는 중요한 원리, 하나 됨

바울은 에베소서 4장 1절에서 그리스도인의 삶으로 들어가는 입구 한복판
에 놓여 있는 중요한 대전제를 말했다.

"너희가 부르심을 받은 일에 합당하게 행하라."

그러면서 모든 겸손과 온유로 하고 오래 참음으로 사랑 가운데서 서로
용납하라고 했다. 그는 이제 교회를 이루는 데 있어 매우 중요한 한 가지를
이야기한다.

"평안의 매는 줄로 성령이 하나 되게 하신 것을 힘써 지키라"(엡 4:3).

즉 "성령이 하나 되게 하신 것을 힘써 지켜라. 성도도 하나고, 교회도 하나다"라고 말한 것이다.

교회의 본질적인 요소 중 하나가 '하나님의 가족 공동체'라는 것이다. 그래서 하나님을 아버지로 하여 모여 있는 하나님의 자녀들이 바로 교회다. 따라서 교회는 하나님의 자녀들의 공동체가 되고, 이 교회는 하나님의 지체가 되어 하나로 연결되어 있다. 특히 교회를 그리스도의 몸이라고 한다. 머리가 되시는 그리스도를 모시고 서로 지체로 연결되어 있기 때문이다. 그렇게 또다시 교회는 하나고, 우리는 결국 하나다. 이런 의미에서 바울은 "평안의 매는 줄로 성령이 하나 되게 하신 것을 힘써 지키라"라고 말한다.

너무도 당연한 말씀인데 지키기 힘들 것 같고, 막연해 보인다. 솔직히 말하면, 우리 안에 하나 됨에 대한 의식보다는 다름에 대한 의식이 더 강하게 역사하고 있기 때문이다. 적어도 보이는 교회, 우리가 경험하고 있는 교회 안에서 서로가 하나이고 형제자매라는 의식보다는 무엇인가 둘을 나누어 놓고 구획화하여 다름을 이야기하는 의식이 훨씬 더 강하게 작용하고 있다. 연대와 연합에 대한 의식보다는 다르다는 의식이 현대 교회 안에서 훨씬 강하기 때문이다.

직장 생활을 하다가 전혀 알지 못하던 사람이 교회에 다닌다는 것과 우리와 같이 그리스도를 주님으로 고백하고 있다는 사실을 알게 되었다면 밭에 감추어진 보화를 발견한 것 같은 기쁨이 있는가? 사실 그런 기쁨이 있어야 한다. 몰랐던 새로운 지체를 만났기 때문이다. 그런데 우리 안에는 새로운 형제자매를 만났다는 의식보다는 그냥 교회에 다니는 사람 하나를 알게 된 것일 뿐, 형제자매를 추가로 알게 되었다는 감격이나 감흥은 많지 않다.

바울이 볼 때 교회도 하나고 성도도 하나인데, 하나 된 그리스도 안에서 연대와 연합을 이루고 있는 형제자매를 새롭게 만났다는 감흥이 없다는 것은 우리 안에 무엇인가 많은 것이 끼어 들어와 있음을 말해 준다. 우리가 그만큼 영적으로 오염되고 타락해 있다는 뜻이다. 죄와 허물로 죽은 우리를 예수 그리스도께서 살려 주셨는데, 우리 안에 죄성이 정리되지 않고 계속 역사하고 있는 그 무엇이 있다는 이야기다.

왜 우리는 작은 문제 하나만 생겨도 그 사람과 우리는 다르다는 다름의 영역을 찾아가는 데 더 민감하고 더 감각이 발달해 있을까? 우리가 성도 간의 하나 됨을 자각하지 못한 채 우리도 모르게 다름을 찾아내고 이를 분류하는 자신에 대해 자각이 없다는 것이 더 큰 문제다.

무슨 일을 판단하고 결정할 때 어떤 자각이 교회 안에 있는 우리에게 가장 먼저 작동하는가? 대개의 경우 '이것은 진리이고 정의로우며 공의로운가?' 하는 자각이 먼저 작동한다. 그런데 바울은 그것이 먼저 작동해서는 안 된다고 말한다. '부르심을 받은 일에 이것이 정말 합당한가? 나는 정말 부르심을 받은 하나님의 백성으로서 합당하게 반응하고 행동하는가?' 하는 것이 먼저 우리 안에서 질문되어야 한다. 그리고 이어서 '이것은 교회의 하나 됨과 지체 간의 화평을 이루는 일인가, 아니면 그 화평에 금이 가게 만드는 일인가?' 질문해야 한다. 바울은 이 부분이 매우 중요하다고 말한다.

바울은 이와 관련해 고린도전서에서 교회의 덕을 세우는 일이라고 이야기했다. 교회의 덕을 세울 수 있는 많은 것이 있지만, 가장 중요한 것은 교회의 하나 됨을 이루는 것이다. 우리가 형제자매 간의 지체 의식을 깨지 않고 형제 의식을 더 공고히 세워 교회를 화평하게 만드는 행위로 일하고 있는가를 판단하는 것은 매우 중요한 부분이다.

하나 됨보다 다름이 앞서는 이유

성도 간의 하나 됨을 깨고 하나님의 가족이라는 의식에 찬물을 끼얹는데 이 부분에 대해 그다지 생각이 없는 데는 다 이유가 있다. 어떤 사람 안에서 다름에 대한 의식이 하나 됨에 대한 의식보다 먼저 작동하는 것인데, 기독교 역사에서는 교회의 네 가지 본질적 표지를 이야기했다. 그것은, 교회는 하나이고, 교회는 그리스도의 신부이며, 교회는 공통의 신앙 고백을 가진 보편적인 공동체고, 교회는 사도성을 가지고 세상에 파송된다는 것이다.

이 하나 됨을 깰 수 있는 요소를 만드는 것이 교회의 거룩함, 순수함, 순결함이다. 이를 지키려다 보니 그 사람이 가진 신앙 고백이나 신조는 교회의 순결함과 순수함을 깨는 요소처럼 보이는 것이다. 그러면 순결함을 지키기 위해 이 부분에 대해 문제를 제기하게 되고, 자연히 둘 사이에 하나 됨보다는 다름이 강조되고, 시간이 지나면서 교회 안에 분파가 만들어지고, 이 일이 확산되면 교파와 분파가 계속 분열되어 나타나는 현상을 이루게 된다.

바울은 고린도 성도들에게 말했다.

> "어떤 이는 말하되 나는 바울에게라 하고 다른 이는 나는 아볼로에게라
> 하니 … 나는 심었고 아볼로는 물을 주었으되 오직 하나님께서 자라나
> 게 하셨나니"(고전 3:4-6).

바울은 심었고 아볼로는 물을 주었으되 자라 가게 하시는 분은 한 분이

기에 바울은 분파를 인정하지 않았다. 그런데 고린도교회 안에 바울파와 아볼로파와 그리스도파가 생긴 표면적 이유는 어떤 것이 옳고 어떤 것이 바른 것인지, 어떤 것이 교회의 순결함과 순전함을 지키는 것인지에 대한 문제의식을 가지고 대화하다 보니 갈라진 것이다. 그러니 "평안의 매는 줄로 성령이 하나 되게 하신 것을 힘써 지키라"라는 말씀이 현실 교회로 오면 정말 지키기 어려운 말씀이고, 특별히 신앙에 열심이 있는 우리, 교회의 순결함과 순전함을 지키려는 우리에게는 만만치 않은 이슈가 된다. 마귀가 교회 안에 무엇인가 다른 것들을 집어넣고 있는 것 같아 그것들을 빼내려다 보니 하나 됨이 깨질 수밖에 없는, 즉 교회의 하나 됨을 유지할 수 없는 상황처럼 보이는 경우가 2천 년 교회 역사 가운데 반복해서 일어나고 있는 것이다.

교회의 하나 됨을 유지하는 비결

바울은 이 부분에서 하나 됨을 유지하는 중요한 기준을 말한다.

> "몸이 하나요 성령도 한 분이시니 이와 같이 너희가 부르심의 한 소망 안에서 부르심을 받았느니라 주도 한 분이시요 믿음도 하나요 세례도 하나요 하나님도 한 분이시니 곧 만유의 아버지시라 만유 위에 계시고 만유를 통일하시고 만유 가운데 계시도다"(엡 4:4-6).

하나 됨을 유지할 수 있는 가장 소중한 척도와 기준은 몸이 하나요, 성령도 한 분이시라는 것이다. 어떤 성도가 가진 영이 우리가 가진 영과 같다는 것이다.

우리가 가진 영은 분명히 예수님이 승천한 후에 보내 주신 보혜사 성령이시다. 우리와 신조도 다르고, 정치적 색깔도 다르고, 문화적 코드도 다르고, 세상의 특정 이슈에 대해 생각하는 관점도 다르지만, 틀림없는 것은 그도 우리와 같은 영을 모시고 살아가고 있다는 것이다. 처음 1년은 확인되지 않지만, 시간이 지나면 확인된다. 그러면 그와 우리는 하나라는 것이다. 그도 우리처럼 그리스도가 위하여 죽으신 형제자매라는 이야기다. 몸이 하나요, 성령도 한 분이시라는 바울의 말은 바로 이런 의미다. 그렇기에 같은 성령을 모시고 있는 우리는 한 몸이며, 이와 같이 우리는 부르심의 한 소망 안에서 부르심을 받았다.

"너와 그 사람은 달려가는 길이 다른 것 같지만 같은 길이다. 하나님 나라를 이 땅에 이루는 일이라는 같은 길에 서 있다. 다르다고 생각하는 것이 다를 뿐, 그것은 다른 것이 아니다."

바울은 성령이 한 분이시라고 했고, 5절에서는 우리가 주님으로 모시는 성자 예수 그리스도도 한 분이시요, 그분에게서 나오는 믿음도 하나요, 세례도 하나라고 말했다. "주는 그리스도시요 살아 계신 하나님의 아들이시니이다"(마 16:16)라는 고백을 그도 분명히 하고 있다면 그와 우리는 하나라는 것이다.

이어서 6절에서는 하나님도 한 분이시라고 말한다. 4절에서는 성령이, 5절에서는 성자 예수 그리스도가 한 분이시라 했고, 6절에서는 성부 하나님, 곧 우리가 창조주요, 구속주로 모시고 있는, 우리가 인생에서 가장 사랑하는 분이 그 성도 역시 하나님으로 모시는 분이 맞는다면 우리는 하나라는 것이다. 바울은 하나 될 수 있는 기준을 분명히 이야기했다. 신앙 고백이 동일하고 같은 신앙 고백으로 세례를 받았다면 그와 우리는 하나라는 것이다. 하나 되는 기준이 우리가 생각하는 것보다는 훨씬 단순하다는 것을 알 수 있다. 하나 되는 기준이 복잡하고 많아질수록 분파가 될 가능성이 크다.

한국 교회 초기의 장로교 교인들은 감리교와 침례교 교인들에게 이단이라 했다. 지금 생각해 보면 참 우스운 일이다. 장로교 교인으로서 자부심을 갖는 것은 좋지만, 침례교나 감리교 안의 어떤 신조가 다르기에 이단이라 이야기했다는 안목 자체가 성경적으로 볼 때 얼마나 편협했는지를 알 수 있다. 그때는 그랬다. 그런데 오늘 우리가 동일한 오류를 다른 누군가에게 저지르고 있는 것은 아닐까?

오해하지 말기 바란다. JMS나 신천지를 우리 형제로 본다는 의미가 아니다. 그들은 표면적으로는 성부, 성자, 성령 하나님을 믿는 것 같지만 그 안에 무엇인가를 슬쩍 끼워 넣었다. 그래서 예수님만이 차지하실 수 있는 신앙 고백을 사람이 차지하고 있다. 이런 경우가 아니라면, "주는 그리스도시요 살아 계신 하나님의 아들이시니이다"라는 고백이 분명하다면 우리는 평안의 매는 줄로 성령이 하나 되게 하신 것을 힘써 지킬 수 있을 줄 믿는다.

포용하고 하나 되려는 자가 신인류

우리와 정치적 신념이 같으냐는 절대로 중요하지 않다. 우리 안에 있는 무엇인가가 우리와 형제자매를 나누며 구획화시키고 있다면 지금 부르심에 어긋나서 교회를 세상적으로 대하고 있는 것이다. 예수님의 공동체 안에는 보수와 진보가 공존하고 있었다. 가룟 유다 같은 진보와 베드로 같은 보수가 공존하고 있었다. 사도 요한 같은 신앙적인 진보와 마태 같은 보수가 공존하고 있었다. 그리고 예수님은 당신을 향한 신앙 고백 속에서 제자 공동체를 끊임없이 하나로 연결해 가셨다.

세계 인구 중 기독교 인구가 24억 명이라고 하는데, 만일 24억 명이 정치적인 색깔도, 피부도, 민족성도, 문화도 다르지만 바울이 이야기하는 평안의 매는 줄로 성령이 하나 되게 하신 것을 힘써 지킬 수만 있다면 이미 이 세계 역사에서 무엇인가 큰일을 냈을 것이라고 생각한다. 생태계 문제, 환경 문제를 오늘날 대부분의 세계 정치 지도자들은 이미 손을 들고 포기했다. 공통의 아젠다를 더 이상 만들지 못한다. 그런데 24억의 그리스도인이 이 부분에 있어서 팔을 걷어붙이고 공통의 결정을 낸다면, 세계 역사는 바뀌게 된다.

교회 안에 끊임없이 분파와 분열을 만드는 것은 사실 순수성과 순결성을 담보로 마귀가 역사하는 것이지, 성령의 역사가 아니다. 교회를 끊임없이 분열시키고, 힘을 빼고, 우리에게 끊임없이 다름을 강조하고 하나 됨을 포기하게 만들어 지체 된 교회가 세계 교회와 함께 연합하여 이 땅에 하나님 나라를 만들어 내는 데 결정적인 균열과 분열을 만들고 있기에 나타나는 안타까운 일이다.

우리 안에서 먼저 평안의 매는 줄로 성령이 하나 되게 하신 것을 힘써 지키자. 우리와 교파나 분파가 다른 사람에 대해 그리스도 안에서 포용하고 하나 되는 자세를 가지려는 것은 매우 소중하다. 기준은 분명히 다를 수 있다. 우리가 가진 신앙 고백의 신조를 소중히 여기는 일은 매우 중요하다. 통합 교단의 경우 '웨스트민스터 신앙 고백', 총회 헌법에 나오는 '21세기 신앙 고백서' 등이 그렇다. 하지만 우리와 신앙의 신조가 다르고 교파나 분파가 다르다 할지라도 신앙 고백이 같고 공통의 사도신경을 분명히 함께 고백하고 있다면, 그는 우리의 형제자매고 지체이며, 우리와 같은 하나님의 가족이라는 사실을 명료하게 인식하고 품어야 한다. 그가 바로 신인류다.

04

은혜

오르심의 신비, 내려오심의 은혜

엡 4:6-11

신인류의 삶: 은사의 은혜가 주어진 삶

바울은 에베소서 4장에서 신인류, 즉 교회를 이루는 자들의 삶에 대해 첫 번째로 "그러므로 주 안에서 갇힌 내가 너희를 권하노니 너희가 부르심을 받은 일에 합당하게 행하여"(엡 4:1)라고 말한다. 그리스도인은 우연히 된 것이 아니라 부르심을 받아 지금 여기에 있는 것이다. 따라서 어떤 사람이 정말 그리스도인이라면, 그는 항상 자기가 부르심을 받은 목적을 염두에 두고 신앙의 삶을 살아갈 것이다. 그는 '그리스도가 무엇을 원하시기에 나를 여기로 부르셨는가?'를 항상 생각하며 살아야지, 자신의 신념이나 가치관에 붙들려 있어서는 안 된다. 부르심을 받아 믿음의 길을 가고 있기 때문이다.

두 번째로는 "평안의 매는 줄로 성령이 하나 되게 하신 것을 힘써 지키라"(엡 4:3)라고 말한다. 교회의 하나 됨이다. 현대 교회가 가장 심각하게 위협받고 있는 것이 바로 이 부분이다. 오늘날의 교회는 분열되어 있다. 세상만큼이나 갈가리 찢어져 있다. 바울은 유대인이나 헬라인이나, 남자나 여자나, 종이나 자유인이나 그리스도 안에서 하나라고 말했다. 교회를 이룬다면 이념이나 사상이나 문화적 차이나 계층의 갈등은 복음 안에서 모두 와해되어 버린다. 그곳이 바로 교회다.

세상은 나뉘어 있지만 교회는 그리스도 안에서 평안의 매는 줄로 하나 되어 있어서, 세상 한복판의 교회는 예수님이 오시기 전까지 영원히 세상의 희망과 소망이 된다. 세상이 바로 이런 것 때문에 교회를 보며 희망을 갖게 되는 것이다. 그런데 오늘날의 교회는 분열되어 있다. 더 속상한 것은, 나뉘어 있고 분열된 교회의 모습이나 교회 된 자신의 모습을 보면서 아파하거나 안타까워하는 마음이 없어진 것이다.

왜 이런 일이 일어나는가? 진정으로 거듭나지 않은 가운데 종교 생활을 하기 때문이다. 진정으로 거듭났다면 복음 이외에는 형제자매를 가로막는 것이 없어야 한다. 한편으로는 거듭난 신인류인데 갈라디아 성도들처럼 방심하다가 복음 안에 다른 것이 슬쩍 끼어들어서 오히려 그것이 주인 노릇을 하거나 왕 노릇 하는 일이 생기는 것이다. 이런 경우는 빨리 회개하고 돌이켜 복음만이 우리 안에서 진정 왕 되실 수 있도록 마음의 중심을 다시 잡아야 한다. 바울이 평안의 매는 줄로 성령이 하나 되게 하신 것을 힘써 지키라고 한 말은 주님이 한 분이시고, 성령도 한 분이시며, 하나님도 한 분이심을 강조한 것이다.

이제 세 번째로 바울은 "우리 각 사람에게 그리스도의 선물의 분량대로 은혜를 주셨나니"(엡 4:7)라고 말한다. 그리스도가 신인류가 되는 각 사람에게 믿음의 분량대로 은혜를 주셨다는 것이다. 여기서의 '은혜'는 그냥 은혜가 아니라 '은사의 은혜'다. 우리의 적성과 재능을 따라 은사의 은혜를 주신 것이다.

> "어떤 사람에게는 성령으로 말미암아 지혜의 말씀을, 어떤 사람에게는 같은 성령을 따라 지식의 말씀을, 다른 사람에게는 같은 성령으로 믿음을, 어떤 사람에게는 한 성령으로 병 고치는 은사를, 어떤 사람에게는 능력 행함을, 어떤 사람에게는 예언함을, 어떤 사람에게는 영들 분별함을, 다른 사람에게는 각종 방언 말함을, 어떤 사람에게는 방언들 통역함을 주시나니"(고전 12:8-10).

모두 은사가 다르고 선물이 다르다. 이를 통해 하나님께 영광 돌리는 삶을 사는 것이다.

> "이 모든 일은 같은 한 성령이 행하사 그의 뜻대로 각 사람에게 나누어 주시는 것이니라"(고전 12:11).

기쁨과 감사 가운데 사용하는 성도의 은사

에베소서 4장 8-10절까지는 해석이 대단히 난해하다.

"그러므로 이르기를 그가 위로 올라가실 때에 사로잡혔던 자들을 사로잡으시고 사람들에게 선물을 주셨다 하였도다"(엡 4:8).

이 구절은 바울이 시편 68편을 인용한 것이다. 여기서 '그'는 그리스도를 가리킨다. 그리스도가 부활 후 승천하셨다는 것을 이야기한다. 그런데 단순한 승천이 아니다. 사로잡혔던 자들을 사로잡으셨다는 것은 인간의 영혼을 사로잡았던 자들, 곧 죄의 권세, 죽음의 힘, 마귀의 권력을 이제는 주님이 승천하여 사로잡으셨다는 것이다. 즉 성도가 그리스도께서 각자에게 주신 은사를 사용하는 배경을 이야기한다.

예수님이 걸어가셨던 첫 사순절, 즉 주님이 십자가에 달리기 전에 지내셨던 사순절과 주님이 부활하신 뒤 교회가 주님의 죽음과 부활을 기억하면서 갖는 사순절은 같지만 결이 다른 부분이 있다. 우리는 그리스도가 부활하사 승리하고 승천하여 모든 악한 권세를 꺾으신 세상 한복판에서 우리의 은사를 사용하고 있다. 예수님이 부활 후 승천하시고 우리를 사로잡았던 자들을 사로잡아 꽁꽁 묶어 내신 가운데서 우리에게 주신 그 은사를 사용하는 것이다.

우리가 선물을 사용하는 무대는 예수님이 부활하신 세상이다. 따라서 불안해하거나 두려워하거나 흔들리는 마음으로 이 은사를 사용할 이유가 전혀 없다. 감사와 찬양의 마음으로 은사를 사용해야 한다. 그리스도가 다 이루신 무대에서 성도가 은혜의 삶으로 초대받고 있기 때문이다.

사순절은 하나님이 우리를 위해 행하신 놀라운 은혜를 묵상하는 절기다. 우리는 그리스도가 승리하기 위해 치르신 고난을 묵상하며 이 고난에 참여한다. 그러니 사순절의 분위기는 절대로 무겁거나 칙칙하지 않다. 어떤 사람들은 영성이 왠지 무겁고 어둡고 칙칙해 보이는 경우가 있다. 그런데 이는 사실 십자가의 영성이 아니다. 주님의 십자가는 늘 부활을 같이 갖고 있기 때문이다.

주님이 지신 십자가와 달리 우리는 이미 주님이 다 승리하신 세상에 초대받았기에 십자가에 참여할 때도 기쁨과 감사함으로 임한다. 그래서 이 십자가는 절대로 예수님이 지신 것만큼 무겁지 않다. 십자가지만 밝고 경쾌하고 따뜻하다. 십자가지만 죽음의 그림자보다는 승리의 기쁨과 찬양이 더 환히 빛나 보인다. 성도가 은사를 사용하는 분위기가 바로 이래야 한다는 것이다.

예수님은 지금 우리와 이 땅에 함께 계신다

이어서 보물 같은 말씀이 나온다.

> "올라가셨다 하였은즉 땅 아래 낮은 곳으로 내리셨던 것이 아니면 무엇이냐"(엡 4:9).

예수님이 올라가셨다는 것은 그분이 땅 아래로 내리셨던 것이 아니라면 무슨 뜻이겠느냐는, 다시 말하면, 예수님이 올라가신 줄 알았는데 올라가신 것이 아니라 땅에 내려와 우리와 함께하고 계신다는 매우 중요한 말씀이다.

그리스도는 지금 우리와 이 땅에 함께 계신다. 하나님 보좌 우편에만 계신 것이 아니라, 성령을 통해 지금 우리 안에 현존하고 계신다. 우리는 승천하신 예수님이 하나님 보좌 우편에 앉아 보혜사 성령을 보내어 역사하신다고 생각하는데, 바울은 그 이상이라고 말한다. 주님은 단순히 보혜사를 보낸 후 하늘에서 우리를 지켜보고 계시는 것이 아니라, 성령을 통해 지금 우리와 함께 계신다는 것이다.

이로써 그리스도는 하나님이 우리에게 주신 선물임을 알 수 있다. 예수님이 우리에게 선물을 주셨을 뿐만 아니라, 예수님 당신이 우리에게 주시는 선물이 되어서 우리 가운데 와 계시는 것이다. 오늘날 주님은 모든 성도와 교회를 지키고 계신다. 주님은 절대로 교회를 버리지 않으신다. 교회이기 때문이다. "내가 너를 떠나지 아니하며 버리지 아니하리니 너는 내 것이라"라는 하나님의 말씀을 더함도 뺌도 없이 그대로 받아야 한다.

주님이 우리 인생의 선물로 와 계시기 때문에 우리가 그분께 잘하는지 잘 못하는지, 헌신하는지 헌신하지 못하는지를 보고 더 사랑하거나 덜 사랑하지 않으신다. 무조건적으로 사랑하신다. 살피고 돌보며 이끌어 주신다. 주님은 "두세 사람이 내 이름으로 모인 곳에는 나도 그들 중에 있느니라"(마 18:20)라고 말씀하셨다.

오르셨던 그분이 땅 아래 낮은 곳에 내려와 우리와 함께하심을 안다면, 신인류로 은사를 사용하다가 낙심하거나 좌절하거나 포기하는 일은 절대로 없다. 우리가 잘한다 해서 주님이 더 가까이 계시거나, 잘못한다고 떠나지 않으신다. 우리가 주님의 마음에 들어서 그분이 함께하며 살피고 돌보시는 것이 아니다. 그분은 우리를 창세전부터 택하여 사랑하기로 결정하셨다. 이 사랑을 진정 안다면 그분의 사랑을 오용하거나 남용하지 않는다. 점점 더 그분을 사랑하는 삶을 추구해 나갈 것이다.

예수님이 우리에게 선물로 와 계심을 믿으면서 우리에게 주신 은사를 기쁨과 감사와 찬양으로 사용해 주님께 마음껏 그 은사의 열매를 올려 드리는 복된 인생이 되기를 기도한다.

05

역할

각양 일꾼을 세우신 뜻

엡 4:11-12

하나님이 그리스도인을 부르신 목적

모든 그리스도인은 두 가지 부르심을 가진다. 첫 번째는 그리스도인으로의 부르심, 곧 하나님의 자녀로의 부르심이다. 이 부르심의 목적이 에베소서 4장 2-3절에 드러난다. 하나님은 우리를 성령 안에서 맺어지는 다섯 가지 특정한 성품의 열매를 가진 사람으로 부르신다. 겸손, 온유, 오래 참음, 사랑 그리고 서로 용납하는 일이다. 그리고 하나님은 이 성품을 가진 그리스도인들이 교회를 이루어 평안의 매는 줄로 하나 되도록 부르신다. 우리를 그리스도인으로 불러 당신의 자녀가 되게 하신 목적이다.

에베소서 4장 11절부터 바울은 두 번째 부르심을 이야기한다. 하나님은 어떤 사람을 그리스도인으로 부를 때 그에게 각양의 은사를 주신다. 고린도 전서 12장에서는 지혜의 말씀, 지식의 말씀, 병 고치는 은사, 믿음, 영 분별하는 일, 방언, 예언 등으로 분류했는데, 에베소서에서는 그들의 직분에 따라서 다섯 가지로 구분했다.

"그가 어떤 사람은 사도로, 어떤 사람은 선지자로 … 삼으셨으니"(엡 4:11).

간단히 말해, 하나님이 어떤 사람을 사도와 선지자, 복음 전하는 자, 목사와 교사로 부르셨다는 것이다. 교회는 사도와 선지자들의 터 위에 세움을 입었다고 에베소서 2장 20절에서 이야기했다. 그러므로 어떤 교회가 사도적 가르침과 사도적 전통에서 벗어나 있다면 그 교회는 건강한 교회, 참 교회가 아니다. 우리가 사도행전을 보면서 계속 사도들의 길과 가르침을 묵상하는 이유가 바로 여기에 있다. 우리가 섬기는 교회, 혹은 교회 된 우리가 바른 터전 위에 세워져 있는가를 살펴보기 위해서다. 선지자와 예언자는 하나님의 말씀을 계시로 직접 듣고 전하는 사람이다. 구약의 이사야, 예레미야, 아모스 같은 이들이 그렇다. 교회는 이 구약의 선지자들과 신약에 나오는 사도들의 터 위에 세워졌다.

그런데 중요한 부분이 있다. 신구약 성경이 성령의 뜻으로 확정된 뒤에는 더 이상 사도와 선지자가 없다. 우리가 에베소서 4장 11절을 문자적으로 읽으면 아모스나 예레미야 같은 선지자가 있다고 생각할 수 있다. 그렇지 않다. 사도는 자신들의 후계자를 남기지 않는다. 열두 명의 사도와 이방인의 사도인 바울 등 총 열세 명으로 사도는 끝났다. 사도적 사명은 남아 지금까지 이어져 오고 있지만, 소위 은사로서의 사도는 초대 교회의 열세 명으로 끝났다.

선지자라는 말을 쉽게 해서는 안 된다. 선지자는 하나님의 어전회의에 가서 그분의 말씀을 직접 들어 전하는 자다. 존 칼빈은 이에 대해 명료하게 이야기했다.

"신구약 성경 66권이 확정되고 난 뒤에 사도와 선지자의 사역은 성경을 통해 오늘날 우리에게 계속되며 특정한 사람들을 통해 계속되지 않는다."

그러므로 누군가가 자신이 사도이고 선지자라고 이야기한다면 그 영을 분별해야 한다. 이단일 가능성이 대단히 크다. 더 이상 사도와 선지자는 없다. 그 사명의 내용은 남아 있지만, 이 두 가지 은사는 이제 성경 안에 모두 녹아 있다. 성도들이 성경을 소중히 여기고 성경 속에서 하나님의 말씀을 끊임없이 들어야 하는 이유가 바로 여기에 있다.

이어지는 말씀을 보면, "어떤 사람은 복음 전하는 자로, 어떤 사람은 목사와 교사로 삼으셨으니"(엡 4:12하)라고 말한다. 목사는 교회에서 성례를 총괄하고, 하나님의 말씀을 가르치며, 치리를 관할하는 자다. 그리고 교사는 교회에서 진리를 가르치는 자다. 교회학교 교사나 구역장, 권찰, 목자가 바로 교사다.

그런데 가만히 보면 장로나 집사나 권사가 없다. 이 다섯 가지는 은사에 따른 직분을 말하기 때문이다. 디모데서에 가면 바울이 장로, 집사, 권사에 대해 이야기하는데, 이는 제도에 따른 직분을 말한 것이다. 장로나 집사나 권사도 사도적 사명을 감당하고, 하나님의 말씀을 믿음이 연약한 사람들에게 건강하게 전해 주며, 진리를 가르치고, 목양의 사명을 감당한다고 볼 수 있다.

성도를 온전하게, 탈골된 뼈를 제자리로

그렇다면 하나님은 왜 이런 직분과 은사를 주셨는가? 바울은 이어서 말한다.

> "이는 성도를 온전하게 하여 봉사의 일을 하게 하며 그리스도의 몸을 세
> 우려 하심이라"(엡 4:12).

하나님이 특정한 은사를 선물로 주신 이유, 우리를 특정한 은사를 가진 사람으로 불러 주신 이유는 성도를 온전하게 하여 봉사의 일을 하고 그리스도의 몸을 세우려 함이다. 특별히 여기서 '성도를 온전하게 한다'는 말씀을 살펴보고자 한다. 뒤에 이어지는 '봉사의 일을 하고', '그리스도의 몸을 세우려 함'이라는 두 가지가 하나님이 은사를 주신 궁극적인 목적이다. 그런데 이 두 가지가 이루어지는 선결 요건이 앞에 있다. 그것은 바로 성도가 온전하게 되는 것이다.

성도를 온전하게 하는 것이 뒤에 나오는 두 가지 목적을 이루는 결정적인 관건이다. 성도를 온전히 하는 것은 목양의 목표요, 교회를 섬기는 궁극적인 목표를 이루는 핵심 관건이다. '성도를 온전하게 한다'는 말은 헬라어로 '카타르티스몬'이라 하는데, 신약성경에서 바울이 이곳에만 유일하게 쓴 단어다. 본래의 뜻은 '원래 있던 자리로 돌려놓다'이다. 고대에는 의학적 용어로 사용되었다고 한다. 탈골된 뼈를 제자리에 맞춰 놓는다는 뜻이다.

성도를 온전하게 한다는 말은 성도들의 탈골된 뼈를 제자리에 끼워 맞춰서 그 뼈가 있어야 하는 자리에 온전히 있게 하는 일, 그것이 카타르티스몬이다. 묵상해 보면 굉장히 기분 나쁜 단어다. 그리스도인의 자기 인식을 이야기하는 것이다. '나는 카타르티스몬 되어야 한다'는 것은 내가 온전하게 되

어야 한다는 것을 뜻한다. "아멘" 하지만 뜻으로 들어가면 "아멘" 하기가 쉽지 않다. 어그러진 뼈를 제자리에 가져다가 맞춘다는 것이 온전하게 된다는 말의 의미이기 때문이다. 뒤집어 이야기하면, 우리 영혼의 뼈가 제자리에 없다는 것, 곧 어긋나 있고, 부러져 있고, 삐어 있다는 뜻이다.

그렇다면 바울은 왜 이 단어를 썼을까? 이는 바울의 인간 이해가 굉장히 심오하면서도 적나라하다는 것을 알려 준다. 바울은 하나님이 우리를 그리스도인으로 부르시기 전에 우리 자신에 대해 사형 선고를 내렸다.

"너희는 죄와 허물로 죽었던 자들이다. 본질상 진노의 자녀들이었다."

그러므로 바울이 볼 때는 우리가 죄 속에 있던 그 세월에 영혼의 뼈가 본래 있어야 하는 건강한 자리로부터 심각하게 탈골되어 어긋나 있다는 것이다.

하나님이 미리 믿음이 성숙한 자들을 불러 일꾼과 목양자로 세우신 것은 이들을 온전하게 하려는 뜻에서였는데, 온전하게 하는 일의 핵심은 오랫동안 죄와 허물에 의해 죽어 있었기에 영혼의 뼈가 심각하게 탈골된 사람들의 뼈를 제자리에 맞추는 굉장히 중요한 일을 하는 것이며, 이 일을 하도록 하나님이 은사자들을 부르셨다는 이야기다. 이 부분을 각자에게 적용하면 이런 의미다.

"네 영혼의 뼈는 어긋나 있고 탈골되어 있다. 그러므로 너는 목양을 받아 탈골된 뼈를 제자리에 가져다 놓아 건강하고 생생하게 살아야 한다. 생명을 얻고 더 풍성하게 얻도록 삶의 목적을 명료하게 해야 한다."

우리가 목사가 되고, 교사가 되며, 성도 전체가 목양자가 되어 누군가를 목양한다는 말은 우리가 섬기는 사람들에 대해 이중적인 안목을 절대 놓쳐서는 안 된다는 것을 뜻한다. 첫째로, 우리가 섬기는 이들은 하나님의 자녀요, 그분의 존귀한 백성이다. 둘째로, 그들의 뼈와 영혼의 상태는 있어야 하는 자리에서 어긋나 있다. 따라서 그 부분을 온전하게 하는 일에 부르심을 받았다는 인식을 가져야 한다. 하나님의 자녀가 되어 이제부터 탈골되고 기형이 되어 어긋난 그 뼈와 마디 그리고 그 뼈에 붙은 살을 제자리에 가져다 놓는 것이 바로 목양의 관건이고 핵심이다. 이것이 바로 성도를 온전하게 하는 일이다.

목양자가 져야 하는 사명

중요한 것은 제자리를 잡아 가는 과정이 만만치 않다는 것이다. 때로는 아프고, 얼마나 고통스러운지 모른다. 뼈를 교정하는 작업이기 때문이다. 초등학교 3학년 때 축구를 하다가 미끄러져 팔로 땅을 짚었다가 뼈가 부러지고 말았다. 집에 갔더니 아버지가 빨리 접골원에 가자고 하셨다. 당시는 정형외과가 아니라 접골원이 흔했다. 접골원에서 거대한 체구를 가진 두 사람이 초등학교 3학년 된 아이를 놓고 한쪽은 손을, 다른 한쪽은 팔꿈치를 양쪽에서 잡아당겼다. 얼마나 고통스러웠는지 모른다. 세상에 태어나서 그런 고통은 처음이었다. 자지러지게 소리를 질렀다.

뼈를 제자리에 맞추는 작업에는 반드시 고통과 아픔이 따른다. 카타르티스몬은 바로 그런 의미를 함축하고 있다. 죄와 허물로 부러지고 탈골된 영혼의 뼈를 제자리에 맞출 때는 불편하고 부담스럽다. 직면하기 싫다. 우리가 가진 틀과 사고를 카타르티스몬해서 원래의 모습으로 가져다 놓기 위해서는 많은 고통이 따를 수도 있다. 당연히 아프고, 직면하기 싫고, 거부하고 싶고, 저항하고 싶다. 그래서 튕겨 내기도 한다. 하지만 이것이 목양자가 져야 하는 십자가다. 목양자는 성도를 섬기며 카타르티스몬의 사명을 놓쳐서는 안 된다.

성도와 교회를 진정으로 사랑하는 방법은 여러 가지로 풀어낼 수 있다. 그런데 목사든 아니면 목사의 심령을 가지고 성도를 섬기는 평신도든 성도를 온전하게 하는 일, 카타르티스몬하는 일은 때로 아픔과 상처와 십자가를 동반한다는 사실을 절대로 잊어서는 안 된다. 성도라는 교인은 본인의 뼈가 어긋나 있는 것을 인정하지 않으려 하기 때문이다. 제자리로 가져다 맞추는 일에 대해 튕겨 내고 거부하는 일이 생긴다. 하지만 사랑하면 할수록 포기하면 안 되고, 지속적으로 품으면서 시도해야 하는 부분이다.

하나님이 우리 영혼을 접골하시는 과정에서 갖게 되는 아픔과 고통을 피하지 말기 바란다. '지금 나를 카타르티스몬, 곧 어그러진 뼈를 제자리에 맞추시는 성령님의 일이 내 안에서 진행되고 있구나' 하며 소망으로 수용해야 한다. 그리고 누군가를 목양하고 섬기는 데 있어 하나님이 우리를 사도적 직분으로, 선지자적 직분으로, 복음을 전하는 자로, 교사로 그리고 목양자로 세우셨을 때는 성도를 온전하게 하는 일에 불러 주셨다는 것, 이 일은 반드시 목양의 십자가를 기꺼이 감당해야 한다는 사실을 잊어서는 안 된다.

"생각하건대 현재의 고난은 장차 우리에게 나타날 영광과 비교할 수 없도다"(롬 8:18).

교회가 더 온전하고 건강하게 되어 그리스도의 몸을 세우는 일에 쓰임 받게 되기를 바란다.

06

성장

그리스도의 장성한 분량이 충만한 데까지

엡 4:13-14

날마다 예수님을 더 알기 원하는 신인류의 삶

인생의 끝에서 자신의 어떤 모습을 만나기 원하는가? 우리의 인생이 끝나서 생의 저편으로 건너가 하나님 앞에 서게 될 때 자신의 어떤 모습을 하나님이 비춰 보여 주시기를 원하는가? 바울은 하나님이 신인류, 그리스도인들에게 각양의 은사를 선물로 주셨다고 말한 후 그 은사를 주신 목적을 밝혔다.

"이는 성도를 온전하게 하여 봉사의 일을 하게 하며 그리스도의 몸을 세우려 하심이라"(엡 4:12).

교회에서의 은사만 있는 것이 아니다. 성도는 세상 속에서 하나님 나라를 이루어 가는 사람이기에 하나님은 세상에서 살아갈 수 있는 은사를 또한 주셨다. 세상에서의 은사를 통해 봉사의 일을 하게 하고 그리스도의 몸을 세우려 하시는 것이다. 그리스도의 몸이 된 우리를 바르게 세우고 다른 누군가를 온전히 세워 주는 것, 그것이 바로 하나님이 은사를 주신 이유다.

본문 13-16절에서 바울은 그리스도의 몸이 세워져 간다는 것이 무슨 뜻인지, 어떤 내용인지를 풀어 준다. 그러면서 '신인류가 된 우리는 인생을 어떻게 세워 가야 하는가? 인생과 신앙을 어떤 골격과 골간으로 세우고 어느 방향으로 가야 하는가?'에 대해서 말한다.

> "우리가 다 하나님의 아들을 믿는 것과 아는 일에 하나가 되어 온전한 사람을 이루어 그리스도의 장성한 분량이 충만한 데까지 이르리니"(엡 4:13).

먼저는 하나님의 아들, 예수 그리스도를 믿는 것과 아는 것에 하나가 되어야 한다. '믿는 것'은 신앙이고, '아는 것'은 지식이다. 신앙과 지식이 서로 분리되지 않고 우리 안에서 하나가 되는 통합이 일어나는 것이다. 그것이 그리스도의 몸이 우리 안에서 세워져 가는 것이다.

신앙은 지식을 배제하지 않는다. 신앙은 이성을 거부하지 않는다. 신앙은 이해를 외면하지 않는다. 신앙을 갖게 되면 세상이 돌아가는 이치와 세상을 움직이게 하는 경륜을 더 온전히 이해하게 된다. 누군가는 자꾸 따지지 말고 믿으라고 이야기한다. 머리로 궁리하지 말고 믿음으로 받아들이라는 것은 맹목이고 맹신이다. 건강한 신앙은 생각과 지식을 허용한다. 신앙은 참되고 바른 지식을 통해서 더 온전하고 강해진다. 믿음이 없는 지식은 허무하다. 그런데 지식이 없는 믿음은 맹목이다. 바울은 이해를 추구하고서 얻은 지식이야말로 참되고 구원에 이르는 지식이므로 기쁨을 가져다준다고 말한다.

우리가 그리스도의 몸을 세운다는 것은 하나님의 아들을 믿는 것 그리고 하나님의 아들에 대한 지식을 바르게 갖는 것이 하나가 되는 것이다. 그래서 예수를 믿는 사람은 성경을 가지고 연구하고 묵상한다. 점점 그리스도에 대한 신뢰를 추구하고 날마다 말씀을 묵상하며 살아간다. 예수님을 더 알기 원하는 것이다. 이것이 신인류, 그리스도인의 삶이다.

지속적인 변화가 성숙을 이룬다

본문 13절에서 바울은 '온전한 사람을 이루어'라고 말한다. 이는 12절의 '온전하게 하여'와 헬라어 표현이 다르다. 12절의 단어는 '카타르티스몬'으로 '어그러진 뼈를 제자리에 맞추다'라는 뜻이라 했다. 13절의 단어는 '텔레이온'으로, 사람에게 이 단어를 쓰면 '완전하게 자라다', '성숙하다', '어린아이 단계를 벗어나 완전히 자라난 성숙한 사람이다'라는 뜻이다. 즉 '온전한 사람을 이룬다'라는 말은 '성숙한 사람이 되었다'는 것이다. 교회와 교회 된 우리를 세우는 방향을 이야기한다. 성장하고 성숙한 사람이 되는 것이 그리스도의 몸으로 세워져 가고 있는 것이다.

한 사람이 예수의 사람이 되어 간다는 말은 그가 예수를 믿기 시작한 후에 지속적으로 성장하고 성숙하고 변화가 일어난다는 것을 뜻한다. 더 나아가 이 사람이 신인류라는 말은 지속적으로 성장하며 성숙함을 추구하고, 변화되며, 또 변화되는 사람이 되어 감을 이야기한다. '예수 믿고 구원받았으니 이제 되었다'는 일은 없다. '이만하면 되었다' 하고 그 자리에 안주하게 하는 신앙은 잘못된 것이다. 잘못된 교리가 들어와서 우리로 하여금 신앙에 안주하게 만드는 것이다.

언제부터인지 한국 교회 안에 '예수 믿고 구원받아서 천국 가면 된다'는 잘못된 교리가 확산되기 시작했다. 그러다 보니 예수 믿고 구원받았다고 하는데 더 못 되는 경우가 교회 안에 얼마나 많은지 모른다. 바울의 서신을 보면 그리스도인이 칭의를 받아 예수님을 알게 된 후 신앙이 그 자리에 주저앉게 되었다거나, 예수 믿고 구원받았으니 소위 복 받고 살다가 천국에 가면 된다는 믿음이 자리 잡을 만한 교리는 없다.

하나님이 우리에게 은사를 주신 이유는 그리스도의 몸을 세우려 하는 것인데, 몸을 세운다는 것은 하나님의 아들을 믿는 것과 아는 일에 하나가 되어 성장하고 성숙해서 온전한 사람이 되는 것이다. 거기에까지 자라 갈 때, 텔레이온할 때 그리스도의 몸이 세워져 가게 된다.

우리가 예수를 믿고 있는데 변화가 일어나지 않고 있다면, 10년 전이나 20년 전에 가진 하나님에 대한 이미지에 고정되어 있는 것 같다면 한 번쯤 생각해 보아야 한다. 하나님을 더 알아 가면서 하나님이 이처럼 놀라운 분이셨다는 이해가 점점 풍성해지는 것이 정상인데, 하나님에 대한 이미지가 처음 예수 믿을 때의 이미지에 고착되어 있다면 성장이 일어나지 않고 있다는 것이다. 그러다 보니 자신의 모습에 대해서도 성찰이 없게 된다. 교회 안에 모여서 혈기 부리고, 교묘하게 거짓말을 하고, 자신의 뜻을 이루려고 사회에서 사람을 다루듯 다루려 한다. 이는 성숙한 모습이 아니다. 자신의 신념이나 아집에 함몰되어 공동체에 상처를 주는 일이다. 그런데 문제는 그런 자신에 대한 성찰이나 부끄러움이 전혀 없다는 것이다. 어딘가에서 성장과 성숙이 멈춘 것이다. 신앙의 푯대를 잃은 것이고, 그리스도의 몸을 세우는 일을 스스로 포기한 것이다.

이 말씀은 나에게도 굉장한 도전과 부끄러움으로 찾아왔다. 전에는 13절 말씀을 읽으면 가슴이 뛰었다. 인생의 달려갈 목표가 명료한 데다 그것이 숭고하고 고상하며 아름답고 숭엄하다는 생각이 들었기 때문이다. 예수 믿고 구원받았으니 천국에 가면 되었다는 생각, 복 받고 살겠다는 한국 교회에 팽배한 일반적인 신앙관과 사도 바울이 제시하는 신앙의 푯대는 너무나 달랐다. 그것이 내게 그리스도인의 긍지와 자부심을 주었다. 그런데 이제는 가슴이 뛰지를 않는다. 목사라는 목회직을 수행하는 것이 주님의 일을 하고 하나님의 뜻을 이루어 가는 것이라며 그동안 나도 모르게 서서히 방향과 흐름을 바꾸어 가고 있었다.

그리스도의 장성한 분량이 충만한 데까지

바울이 말하는 대로, 그리스도의 몸을 우리가 스스로 세워 간다는 것은 하나님의 아들을 믿는 것과 아는 일에 하나가 되어 성장하고 성숙하고 변화되며 온전한 사람이 계속 되어 간다는 것이다. 그것이 그리스도의 장성한 분량이 충만한 데까지 이르는 것이다.

정말 놀라운 말씀이다. 그리스도의 어린아이 분량은 성전에 가서 어머니 마리아와 함께 하나님을 예배하는 분량이다. 그리스도의 청년의 분량은 갈릴리 바닷가를 다니며 하나님을 묵상하는 분량이다. 그리스도의 장성한 분량은 예수님이 만백성을 위해 당신을 십자가에 내어 주는 분량이다. 여기까지 이르러야 한다는 말이다. 즉 우리 또한 예수님을 닮아 그리스도의 장성한 분량이 충만한 데까지 가서 결국 하나님과 그분의 나라를 위해 인생을 온전히 드릴 수 있는 바로 그 단계에까지 자라 가야 한다는 것이다.

그런데 뒤를 잇는 '충만'이라는 단어는 무척 행복한 단어다. 헬라어로 '플레로스'인데 콸콸 차고 넘친다는 뜻이다. 은혜와 능력이 차고 흘러넘치는 것이다. 하나님을 위해 자신의 삶을 드리는 데까지 나아갔는데 이것이 슬프거나 비장하지 않다. 십자가를 지고 가는 삶일 뿐만 아니라, 십자가에 자신을 내어 주는 데까지 갔지만 그 삶이 충만하다. 그 마음에 은혜와 기쁨이 충만하다. 하나님의 일이 인생에서 이루어지는 것을 보니 행복하고 기쁜 단계에까지 간 것이다.

다시 말하면, 자신을 중심으로 이기심을 챙기는 가치관으로부터 완전히 변화되어 하나님과 그분의 나라가 우리 인생에 이루어지면 그것으로 기쁨이 충만한 단계에까지, 완전히 삶의 관점이 달라지는 그곳에까지 이르기를 원한다는 말이다. 이것이 그리스도의 몸을 세우는 것이다.

'이르다'라는 말은 정말 깊은 단어인데 헬라어로 '카탄타오', 즉 '만나리니'라는 뜻이다. '마주하고 목격하게 되리니'라는 말이다. 바울은 그들에게 그리스도의 장성한 분량이 충만한 모습을 인생의 끝에서 마주하고 목격하게 되기를 바란다고 말한 것이다.

"너의 인생이 지금 조금씩 변화하고 성장하고 성숙하여 네 인생의 그 마지막 끝 지점, 이생 저편으로 건너가기 직전의 지점에서 그리스도의 장성한 분량이 충만해져 있는 네 모습을 마주하고 목격하게 되기를 바란다."

바울은 성숙한 믿음을 이룬다는 부분에 있어서 어린아이의 믿음을 반대편에 두고 있다. 안타깝게도 신앙을 가졌고 신앙의 연륜이 쌓여 가고 있지만, 여전히 어린아이 같은 믿음을 갖고 살아가는 성도가 있을 수 있다는 사실을 염두에 둔 것이다.

"이는 우리가 이제부터 어린아이가 되지 아니하여 사람의 속임수와 간

사한 유혹에 빠져 온갖 교훈의 풍조에 밀려 요동하지 않게 하려 함이라"

(엡 4:14).

당신의 인생에 세운 신앙의 푯대를 다시 명료하게 하기 바란다.

"나는 하나님의 아들을 믿는 것과 아는 일에 하나가 되어 온전한 사람을 이루고 그리스도의 장성한 분량이 충만한 데까지 이르기를 바란다. 그것이 내 인생의 목표이고, 내 신앙의 마지막 목적지다."

바울은 이를 빌립보서 2장 12절에서 "두렵고 떨림으로 너희 구원을 이루라"라고 말했다.

"받는 구원이 끝이 아니라 이제부터 너희 안에 시작된 믿음의 순례, 믿음의 여정을 통해 두렵고 떨림으로 너희의 구원을 이루라. 그 구원의 끝에서 하나님과 그분의 나라를 위해 너희 자신을 온전히 드리는 단계까지 갔을 때, 그 마음에 기쁨과 은혜가 충만한 바로 그 모습을 목격하게 되기를 바란다."

우리 역시 바울처럼 우리가 가야 하는 신앙의 방향과 푯대를 분명히 세우며 나아가기를 바란다. 또 하나, 각자가 섬기는 교회를 떠올려 보자.

'우리 교회는 성도들의 변화와 성장과 성숙을 지속적으로 독려하며 추구하는 성령의 인큐베이터 역할을 하고 있는가?'

당연히 그런 교회가 되어야 한다. 성도 한 사람, 한 사람이 어린아이의 믿음에 머물러 있지 않고 성숙한 믿음의 단계로 나아갈 수 있도록 격려하며 채찍질하고, 그런 변화를 지속적으로 거룩하게 촉구할 수 있는 아름다운 신앙의 공동체를 세워 갈 수 있기를 바란다.

07

목표

우리는 어디까지 향하는가

엡 4:13-16

영적 어린아이에서 성장하고 성숙해야

교회는 어떻게 세워져 갈까? 교회는 어떻게 세상 한복판에 있으면서 세상을 누룩과 같이 점점 변화시켜 갈 수 있을까? 이제 바울은 교회가 세워져 가는 원리에 대해 이야기한다. 사도의 관심은 전체 교회가 아니다. 그의 지속적인 관심은 교회를 이루는 한 사람, 한 사람이다. 한 사람의 방향성, 교회라는 우리의 지향성이 어디를 향해야 하는가를 이야기한다.

그렇다면 성도가 가는 교회로서의 방향성은 어디인가?

"그리스도의 장성한 분량이 충만한 데까지 이르리니"(엡 4:13하).

앞에서 살펴보았듯이, 그리스도의 장성한 분량이 충만한 데까지 이르는 것이다. 우리는 그리스도가 장성하여 십자가에서 죽으시고 부활하신 모습까지 성장해 가야 한다. 그리고 바울은 이어서 말한다.

"이는 우리가 이제부터 어린아이가 되지 아니하여"(엡 4:14상).

바울이 에베소교회를 찌르는 말씀이다. 지금 사도는 에베소 성도들에게 그리스도인의 장성한 모습과 어린아이의 모습을 대비시킨다. 그리스도의 장성한 모습은 성도가 성장하고 성장하여 마침내 그리스도의 장성한 분량이 흘러넘치는 데까지 나아간 모습이다. 반면에 어린아이가 있다고 말한다. 나이가 아니라 영적으로 어린아이다. 예수를 믿고 그리스도인이 된 지 30년, 40년이 되었다. 어떤 경우에는 50년, 60년이 지났다. 그런데 여전히 영적으로 어린아이인 경우가 있다. 하지만 이제부터는 어린아이가 되지 않는다는 말이다.

이는 여태까지는 어린아이였다는 말이기에 듣는 이로서는 기분이 나쁠 수 있다. 어린아이에게 어린아이라고 하면 기분 나쁜 말이 아니지만, 성인에게 어린아이 같다고 말하면 기분이 나쁘다. 깔고 있는 복선이 있기 때문이다. 당신은 지금 성장이 멈추어 있다는 뜻이다. 이미 자라서 장성해야 하는데 여전히 어린아이 상태에 머물러 있다는 이야기다. 성장하고 성숙하기를 어느 순간부터 멈추어서 어느 시점에 고정되어 있다는 뜻이다.

바울은 그리스도인이 어린아이 상태에 머물러서는 안 된다고 말한다. 여태까지는 어린아이였지만, 이제부터는 어린아이를 벗어나 계속 성장하고 성장하여 그리스도의 장성한 분량이 충만한 데까지 이르기를 원한다고 한다. 그래서 "오직 사랑 안에서 참된 것을 하여 범사에 그에게까지 자랄지라 그는 머리니 곧 그리스도라"(엡 4:15)라고 말한다. 여기서 '그'는 교회의 머리가 되신 그리스도다.

회개, 지금도 성장하고 있다는 증거

이제 각자 이 말씀을 머금고 살펴보자.

"나는 계속 성장해 가고 있는가? 계속 성장해서 영적 어린아이의 단계를 벗어났는가? 나는 영적인 어린아이인가, 아니면 이 단계를 벗어나 이제 영적으로 청년이 되었는가? 혹은 영적인 어른인가?"

이 부분은 우리에게 매우 중요하다. 바울은 그 기준을 14절에서 슬쩍 이야기했다.

> "이는 우리가 이제부터 어린아이가 되지 아니하여 사람의 속임수와 간
> 사한 유혹에 빠져 온갖 교훈의 풍조에 밀려 요동하지 않게 하려 함이라"
>
> (엡 4:14).

어린아이는 순수하고 순전하다. 반면에 어린아이는 순전함 때문에 사람들에게 속기 쉽다. 이 말을 들으면 그런가 하며 마음이 쏠려 가고, 저 말을 들으면 그런가 하며 또 마음이 기울어진다. 사람의 속임수와 간사한 유혹에 빠져 온갖 교훈의 풍조에 밀려 요동하는 모습이다. 쉽게 말하면, 잘 흔들리

고 잘 요동한다는 말이다. 바람에 요동하는 배처럼 쉽게 흔들린다.

교회 된 우리는 어떠한가? 이 말에 휩쓸리고 저 말에 휩쓸려 간다. 그런 경향이 우리 안에 있는지 살펴보아야 한다. 인터넷에 무엇인가가 뜨면 마음이 이리로 흘러가고, 저리로 또 쏠려 가곤 하지는 않는가? 아니면 성인으로서 마음에 분명한 확신과 가치관과 세계관이 있어 바른 진리에 의해 확고하게 서 있는가? 이것이 바로 성장하는 모습이다. '나는 계속, 지속적으로 성장해 가고 있는가, 아니면 한곳에 고여 있는가?'는 매우 중요한 부분이다.

여기서 혼동해서는 안 된다. '나는 교회 안에서 어떤 일을 하고 있다, 어떤 사역을 하고 있다'는 것이 우리가 계속 성장하거나 성숙해 가고 있다는 징표는 아니다. 물론 교회 안에서 사역을 하고 일을 감당하는 성도들의 경우 책임감을 가지고 섬기는 것이기에 영적 어린아이를 벗어났을 가능성이 대단히 크다. 하지만 일을 감당하고 책임감 있는 사역을 하는 것이 영적인 어른임을 바로 나타내는 것은 아니다. '영적 어린아이인가, 아니면 그리스도의 장성한 분량이 충만한 데까지 이르러 있는가?'는 무슨 일을 하느냐가 아닌 내적인 부분을 이야기한다. 내면의 성숙도를 가리키는 것이다.

이를 알 수 있는 방법이 있다. 말씀을 대할 때 지식으로 대하는가, 아니면 가슴과 영혼으로 대하는가? 지식에 만족감이 왔을 때 더 기쁨을 느끼는가, 아니면 가슴과 영혼에 부딪혔을 때 더 큰 기쁨을 느끼는가? 아는 것과 믿는 것에 하나가 되어 그 말씀에 믿음을 싣는가, 아니면 머리가 정돈되는 데 더 초점이 가 있는가? 또 자기 성찰과 자기 성찰적 기도를 많이 하고 있는가? 말씀을 들을 때 '나는 어떠한가?'를 먼저 살피는가? 말씀에 비추어 자기를 살피고 돌아보고 뉘우치고 낙심했다가 위로를 받고 있다면, 지금 성장하고 있다는 증거다.

계속 성장하는 사람은 잘 뉘우치고 잘 돌이킨다. 쉽게 이야기하면, 회개가 잦다. 잘못된 일을 많이 하기에 회개하는 것이 아니라, 성장해 가면 이전에 생각했던 모습과 패턴이 잘못되었음이 깨달아져 자연히 뉘우치고 돌이키면서 회개하게 된다.

"하나님, 주님의 이 말씀을 듣고 회개합니다. 주일에 선포된 말씀을 듣고 회개합니다."

성장하는 사람에게는 이러한 고백이 많이 있다.

우리가 성장하고 있다는 증거가 무엇인가? 우리가 조금씩 달라지고 있다는 증거가 무엇인가? 지속적인 회개가 일어나는 것이다. 지속적으로 뉘우치고 돌이킨다면, 그는 지금 성장하고 있는 중이다.

성도 중에 회개는 예수 믿을 때 한 번 하는 것으로 생각하는 사람이 있다. 회개는 하나님 앞에서 평생 해야 한다. 크고 작은 일에 꾸준히 회개해야 한다. 그러므로 성장하면 계속 회개가 일어난다. 하나님 앞에서 회개가 일어나고 사람들 앞에서 잘못한 부분들이 떠올라 "그 부분은 제가 잘못 생각했었습니다"라는 말이 자연스럽게 나오는 것이다. 성도 중에 "죄송합니다"라는 말을 하기 힘들어하는 사람이 있다. 자존심 때문일 수 있지만, 그리스도 안에서의 자기 존엄성은 아니다. 성장하면 계속 회개가 일어난다. 바른 진리에 확고히 뿌리를 내리되, 계속 성장하기 때문에 자신의 이전 모습이 계속 뉘우쳐지고 돌이켜지는 것이다. 이것이 주님의 은혜다.

사랑과 진리를 양 기둥으로 균형 있게

그래서 어디까지 성장해야 하는가? 바울은 그리스도의 장성한 분량이 충만한 데까지 이르러야 한다고 말했다. 그리고 이를 좀 더 와닿게 말한다.

> "오직 사랑 안에서 참된 것을 하여 범사에 그에게까지 자랄지라 그는 머
> 리니 곧 그리스도라"(엡 4:15).

'사랑 안에서 참된 것을 한다'는 말은 사랑과 진리를 양 기둥으로 좇아간다는 것이다. 존 스토트는 《에베소서: 하나님의 새로운 사회》에서 이 부분에 대해 신랄하게 이야기한다. 그는 사랑 없이 진리를 좇는 사람이 있고, 진리 없이 사랑을 좇는 사람이 있다면서 이렇게 말한다.

"사랑 없이 진리를 좇는 사람, 그들은 진리를 변호하기로 결심한 사람이다. 하지만 이들은 현저히 부족하다. 이단 냄새가 난다고 생각하면 그들의 코는 실룩거리고 근육은 파르르 떨며 눈에는 전쟁을 준비하는 등불을 켠다. 그들은 오로지 전투만을 즐기는 듯하다."

'내가 가진 영성은 호전적이다'라고 느끼는 것이 사랑 안에서 참된 것을 하는 것은 아니라는 말이다.

반대의 경향도 있다. 형제의 사랑을 유지해 내려고 애를 쓴다. 그런데 교회의 진리를 희생하면서까지, 영적인 질서를 깨면서까지 그렇게 하는 부분이 보인다. 온정주의라 이야기할 수 있다. 이는 아직 영적으로 어린아이 단계에 머물러 있는 것이며, 바울은 사랑 안에서 참된 것을 하여 범사에 그리스도에까지 자라야 한다고 말한다. 다른 사람 볼 것 없이 우리 자신에게 이렇게 하라는 것이다. 그래서 바울은 "그 몸을 자라게 하며 사랑 안에서 스스로 세우느니라"(엡 4:16하)라고 말한다.

이렇게 한 사람, 한 사람이 모여 교회가 되고 교회가 세워져 가는 것이다.

성도 한 사람, 한 사람이 견고하게 성장해 가면 교회는 자연히 몸집이 자라면서 스스로를 세우게 된다. 한 사람, 한 사람이 아름답게 변화하고 성장해 가면 그 사람들이 모여 교회라는 몸을 자라 가게 하며, 사랑 안에서 교회는 견고히 세워져 가는 것이다.

목사도 목사이기 이전에 그리스도인으로서 그리스도 안에서 아름답게 변화하고 계속 성장해 가야 한다. 교회의 모든 지도자도 마찬가지다. 바울은 주님을 위해 수많은 고난을 겪고 박해를 받았지만, 그에게는 늘 인생의 화두가 있었다. 많은 사람을 주께로 돌아오게 하면서 오히려 자신이 하나님께로부터 떨어져 나갈까 봐 두려워했다. 그래서 항상 깨어 자기 자신을 성찰하고 살폈다.

이처럼 한 사람, 한 사람이 아름답게 변화하고 성장하며 그런 사람들이 차고 넘칠 때, 교회는 그 몸을 자라게 하며 사랑 안에서 스스로 세워 간다. 그렇게 할 수 있도록 제도를 만들고 사역에 초점을 맞추어 갈 때 좋은 교회가 되는 것이다.

사랑 안에서 참된 것을 하여 범사에 그에게까지 자라 가기를 바란다. 이와 함께 지금까지 어린아이는 아니었는지 자신을 한번 살펴보기 바란다. 좌로나 우로나 치우치면서 사람의 속임수나 간사한 유혹에 쉽게 빠지지는 않았는지, 이리저리 휩쓸리는 가운데 어느 순간부터인가 뉘우침과 돌이키는 회개가 사라지지는 않았는지, 반대로 사랑과 진리를 균형 있게 가져가면서 주님께 계속 시선을 두고 나아가고 있는지 살펴 그리스도의 장성한 분량이 충만한 데까지 자라는 우리가 되기를 기도한다.

08

행실

너는 그리스도를 그같이 배우지 않았느니라

엡 4:17-20

교회라는 새로운 사회 속 새로운 사람의 삶

하나님은 이 땅에 교회를 주셨다. 교회가 이 땅에 존재하는 것은 한 가지 이유에서다. 하나님은 이 세상에 당신의 나라를 건설해 나가는 전위대로 교회를 주셨다. 교회가 세상 속에서 하나님 나라를 만들어 나가는 데는 크게 두 가지 전략이 있다. 첫째는, 교회가 세상 속으로 파고 들어가 누룩처럼 교회를 닮은 세상을 만들어 내는 것이다. 교회가 지역 사회와 국가로 흘러들고 파고 들어가 세상을 조금씩 변화시켜 가는 것이다. 둘째는, 교회가 길러 낸 사람들이 세상으로 들어가 세상을 조금씩 변화시켜 가는 것이다. 여기에는 전제가 있다. 교회가 길러 낸 사람들이 세상 사람들과는 무엇인가 달라야한다는 것이다. 차별성과 고유함, 독특함이 있어야 한다. 만일 그렇지 않고교회가 길러 낸 사람들과 세상 사람들이 같으면 결국 세상에 나가 어떤 선한 영향력도 미치지 못하고, 당연히 하나님 나라를 세상 속에 만들어 내는일도 감당하지 못한다. 물에 물을 타면 물인 것과 같은 이치다. 달라야 한다.그냥 다른 것이 아니라 한 차원 위에 있어야 한다. 새로운 사회인 교회에 새로운 삶을 사는 사람들이 있어야 그들이 세상에 나가 새로운 세상을 만든다는 것이다.

이제 바울은 에베소서 4장에서 새로운 사람들이 어떻게 새로운 삶을 연습하고 시작해야 하는지를 말한다. 4장 1–16절에서는 하나 됨에 대해 강조했다. 17절부터는 본격적으로 교회라는 새로운 사회 안에 있는 새로운 사람들의 삶에 대해 이야기한다.

"그러므로 내가 이것을 말하며 주 안에서 증언하노니 이제부터 너희는

이방인이 그 마음의 허망한 것으로 행함같이 행하지 말라"(엡 4:17).

'주 안에서 증언한다'는 말은 '주 예수 그리스도의 이름으로 증언한다'는뜻이다. 즉 예수님이 사도인 자신에게 주신 권위로 이야기하는데, 단순히 자신의 말이 아니라 주님의 말씀이라는 의미다.

세상 사람들의 삶의 방식을 좇아가지 말라

바울은 주 안에서 증언하기를, 먼저는 이방인의 삶을 멀리하고 좇아가지 말

라고 한다. 그러면서 이방인들이 어떻게 살아가고 있는지를 밝히 드러낸다.

> "그들의 총명이 어두워지고 그들 가운데 있는 무지함과 그들의 마음이
> 굳어짐으로 말미암아 하나님의 생명에서 떠나 있도다"(엡 4:18).

우리말로 번역된 성경의 문맥으로 보면, "그들의 총명이 어두워지고"라는 말씀과 "그들 가운데 있는 무지함과 그들의 마음이 굳어짐으로 말미암아 하나님의 생명에서 떠나 있도다"라는 말씀이 별개로 보인다. 그러나 헬라어로 보면 좀 다르다. 그들의 총명이 어두워진 결과로 하나님의 생명에서 떠나 있는데, 그 주된 원인이 이방인들의 무지함, 마음의 굳어짐에서 나온 것이라고 되어 있다.

다시 말하면, 이방인들이 하나님의 생명에서 떠나는 데는 순서가 있다는 것이다. 먼저 무지하고 마음이 굳어짐으로 말미암아 시간이 지나면서 총명이 어두워져 하나님의 생명에서 떠나 버렸다는 것이다. 이것이 19절에 오면 도덕적인 문제로 나타난다.

> "그들이 감각 없는 자가 되어 자신을 방탕에 방임하여 모든 더러운 것을
> 욕심으로 행하되"(엡 4:19).

'그들이 감각 없는 자가 된 것'은 오감, 즉 보고 듣고 만지고 느끼고 맛보는 감각이 없다는 이야기가 아니다. 바울이 말하는 감각이 없다는 표현은 도덕적, 윤리적 감각이 없어졌다는 것이다. 즉 어떤 것이 옳은 것이고 그른 것인지 분별할 수 있는 감각이 없어진 것이다. 그래서 잘못된 일을 행하면서

도 양심의 가책이나 부끄러움이 없다. 돈벌이가 된다면 수단과 방법을 가리지 않는다. 그래서 부도덕한 것을 넘어서 인간으로서는 차마 해서는 안 되는 일까지 서슴지 않고 행하는 것이 요즘의 세태다. 자신을 방탕에 방임하는 것이다. 문제는 그들이 자신들이 잘못하고 있다는 생각을 전혀 하지 않는다는 것이다. 들켜서 잘못인 것이지, 자신들의 행위가 잘못이라고 인정하지 않는다. 돈에 대한 탐욕이 모든 감각을 마비시킨 것이다.

그들의 욕심과 잘못된 욕망이 감각을 마비시키고 옳고 그른 것을 분별할 마음을 상실하게 만들어 그들은 무지해져 버렸다. 그런데 이 무지함을 스스로 깨닫지도 않고 돌이키려 하지도 않는다. 마음이 굳어져 있기 때문이다. 그래서 결국 총명이 어두워지고 하나님의 생명에서 떠나게 된다.

바울이 왜 굳이 이런 이방인들의 성향, 요즘으로 치면 세상 사람들의 성향을 드러내겠는가? 그리스도인들이 세상 속에 살면서 살아남아야 한다는 압박감 때문에 세상 사람들의 성향을 좇아가는 일이 있기 때문이다. 그래서 바울은 다시 "이제부터 너희는 이방인이 그 마음의 허망한 것으로 행함같이 행하지 말라"(엡 4:17하)라고 단호하게 말한다. 예수님도 말씀하셨다.

"그러므로 염려하여 이르기를 무엇을 먹을까 무엇을 마실까 무엇을 입을까 하지 말라 이는 다 이방인들이 구하는 것이라 너희 하늘 아버지께서 이 모든 것이 너희에게 있어야 할 줄을 아시느니라 그런즉 너희는 먼저 그의 나라와 그의 의를 구하라 그리하면 이 모든 것을 너희에게 더하시리라"(마 6:31-33).

즉 바울은 "이방인이 살아가는 삶과 하나님의 백성이 사는 삶은 다르다.

세상 사람들이 사는 삶의 방식과 하나님이 택하신 자녀가 살아가는 삶의 방식은 다른 것이다. 이방인의 허망한 것으로 행하지 말라"라고 말한 것이다.

너는 그리스도를 그같이 배우지 아니하였느니라

이제 바울은 우리가 누구인지, 우리가 누구에게 속한 사람인지를 이야기한다.

"오직 너희는 그리스도를 그같이 배우지 아니하였느니라"(엡 4:20).

"너희는 다른 사람이다. 너희는 그리스도께 속한 사람이다. 하나님이 택하고 불러 그리스도께 배우고 익히며 그분을 따라가는 사람이다. 오직 너희는 그리스도를 그같이 배우지 않았다"라는 의미다. 그리스도인의 고유함과 거룩함을 말한다. 아주 강력한 표현이다.

"너는 그리스도를 그같이 배우지 아니하였느니라"라는 말씀이 우리 안에 들어와 우리를 장악해 버려야 한다. 이 말씀이 우리 안에서 계속 성령의 음성으로 맴돌아야 한다. 무슨 일을 할 때마다 머리와 세포 속에서 이 말씀이 계속 울려야 한다. 우리가 약해져 시험에 들려 할 때 "너는 그리스도를 그같이 배우지 아니하였느니라"라는 말씀이 우리 안에 울려야 한다. 죄를 지으려 우리도 모르게 손이 슬쩍 옆으로 갈 때, 이 말씀이 우리 안에서 울려야 한다.

세상을 살면 생존에 대한 염려와 두려움이 있다. 우리 안에 남은 죄성으로 인한 두려움이 우리 안에 있는 하나님을 향한 마음을 무디게 만들 수 있다. 바로 감각 없는 자처럼 되어 버리는 것이다. 이때는 옳고 그른 것을 분별하는 마음이 잠시 식어 버린다. 그때 우리 안에서 이 소리가 들려야 한다.

"너는 그리스도를 그같이 배우지 아니하였느니라."

구별되고 택한 자인데 왜 그렇게 하느냐고 성령이 말씀하시는 음성이다.

크고 작은 일을 할 때, 성령이 기뻐하지 않으시는 작은 언행을 하려 할 때 우리 마음속에서 바로 이 말씀이 들리는 축복이 임하기를 바란다. 우리도 모르게 입에서 주님이 기뻐하지 않으시는 말이 툭 튀어나오려 할 때 "너는 그리스도를 그같이 배우지 아니하였느니라"라는 말씀이 들려야 한다. 우리를 책망하시는 말씀이 아니라 우리가 누구인지, 누구에게 소속되어 있는지를 분명히 드러내는 말씀이다. 이 말씀이 우리 안에서 계속 공명하면서 우리를 성령의 사람으로 조금씩 이끌어 가는 은혜가 임하기를 바란다.

09

사회

새사람, 새 의복, 새 사회

무엇인가 다르고, 달라야 한다

에베소서는 우리가 그리스도인으로서 우리 자신을 보는 앵글 하나를 제시해 준다. 그리스도인은 지구상에 한 번도 존재한 적이 없던 전혀 새로운 사람들, 즉 신인류라는 것이다. 그리스도인들의 행동이나 행동이 나오는 삶의 방식, 삶의 방식이 나오는 마음가짐을 보면 전혀 새로운 것이다. 그래서 우리는 신인류다.

　당연히 신인류가 모여서 만드는 공동체도 지구상에 전혀 존재한 적이 없었던 새로운 공동체다. 이 공동체에 가면 사람들이 다르고 그 안의 분위기가 다르다. 세상은 정글 같아서 서로 물고 뜯고 밟고 올라가려 하고, 그 속에 있는 우리는 늘 초긴장하며 살아갈 수밖에 없는데, 이곳은 사랑이 넘치고 따뜻하다. 여기서는 우리를 무장 해제하고 우리 자신으로 있어도 될 것 같다.

바울은 앞에서 신인류가 어떤 모습으로 사는지를 이야기한 바 있다.

"모든 겸손과 온유로 하고 오래 참음으로 사랑 가운데서 서로 용납하고 평안의 매는 줄로 성령이 하나 되게 하신 것을 힘써 지키라"(엡 4:2-3).

이것이 신인류가 만들어 내는 사회의 모습이다. 그리스도인들이 "우리는 사랑과 진리로 살고 있습니다"라고 주장하지는 않지만, 이곳에 오는 사람들은 새로운 사회에서 강력하게 영향을 받는다.

하지만 이런 이야기가 어떤 이에게는 자극과 도전과 은혜가 되지만, 어떤 사람에게는 그다지 가슴에 와닿지 않고 멀리 떨어진 다른 나라의 이야기처럼 들린다. 만일 후자라면 이유는 두 가지다. 그 사람이 경험하며 몸담고 있는 공동체의 현실과 너무 동떨어져 있기 때문이다. 그래서 바울이 이야기하는 새로운 공동체의 모습이 전혀 낯설게 느껴진다.

나 또한 이런 사회가 존재할 수 있다고 생각하지 않았다. 그래서 성경이 교회는 어떠해야 한다고 말할 때 남의 나라 이야기를 하는 것처럼 들렸다. 내가 경험했던 교회의 모습과 너무 달랐기 때문이다. 미국 테네시주에서 2백 명 남짓 되는 공동체를 경험하고 난 후 주님이 지상에 주려 하시는 교회라는 선물이 바로 이런 것이요, 이런 공동체를 주려고 주님이 성령을 우리에게 주셨고, 성령 위에 교회가 세워졌다는 것을 확신하게 되었다.

새로운 공동체에 대한 바울의 말이 가슴에 와닿지 않는 두 번째 이유가 있다면 안타깝게도 자신이 새로워지고 싶지 않기 때문이다. 지금 바울은 에베소 성도들에게 자신이 이전에 교회를 세울 때 가르쳤던 가르침을 토대로 편지를 쓰고 있다.

"오직 너희는 그리스도를 그같이 배우지 아니하였느니라"(엡 4:20).

"너희가 그리스도께 배운 것이 있지 않느냐? 내가 너희에게 분명히 가르쳐 준 그리스도의 진리가 있지 않느냐? 너희는 그리스도를 분명히 배웠기에 감각 없는 이방인들처럼 방황하며 살 수 없다"라는 뜻이다. 그러면서 그는 "진리가 예수 안에 있는 것같이 너희가 참으로 그에게서 듣고 또한 그 안에서 가르침을 받았을진대"(엡 4:21)라고 말한다. "너희가 진정으로 나를 통해 그리스도에게서 듣고 배우지 않았느냐?"라고 한 것이다.

당신은 어떤가? 진정 그리스도에게서 듣고 또한 그분에게서 가르침을 받았는가? 예수님은 우리 안에 계신 성령을 통해 우리에게 가르쳐 주시고, 들려주시고, 당신의 진리가 무엇인지를 명료하게 알려 주셨다. 그렇다면 이제 어떻게 해야 하는가? 바울은 이에 대해 본격적으로 이야기하려 한다. 그는 22-24절에서 선한 삶이 나오는 마음가짐에 대해 이야기한다.

그러면 어떻게 살아야 하는가

"너희는 유혹의 욕심을 따라 썩어져 가는 구습을 따르는 옛 사람을 벗어 버리고"(엡 4:22).

바울은 이제 이방 사람들이 입고 있는 옷, 세상 사람들이 입고 있는 옷, 예수를 알기 전에 입고 있던 옷, 예수를 믿기는 하지만 생명의 구주로 믿은 것이 아니라 종교 생활을 할 때 입고 있던 옷, 그 옛 사람을 벗어 버리라고 말한다.

'옛 사람'은 영어 성경에 'old self'(NIV), 즉 '옛 자아'라고 나온다. 이전 옷을 입은 채 새 옷을 덧입으면 안 될까? 사도 바울이 볼 때는 절대 그러면 안 된다는 것이다. 옛 사람에게는 문제가 있다. 옛 사람은 '유혹의 욕심을 따라 썩어져 가는 구습을 따르는 사람'이다. 여기서 우리말로 번역된 '유혹의 욕심'이라는 표현은 굉장히 어려운데, 쉬운 말로 '거짓된 욕망', '허황된 욕망'을 뜻한다. '욕망'이나 '열망'은 우리 안의 에너지이고 열정이다. 이것이 우리를 어디로 이끌어 가느냐에 따라 선한 에너지, 선한 정열이 되어 우리를 살리기도 하는 반면 악한 에너지, 악한 정열이 되어 결국 우리를 죽이기도 한다.

옛 자아가 좇아가는 대상이 거짓된 욕망이다. 거짓되다는 말은 자신을 속인다는 뜻이다. 우리 자신을 구원해 준다고 속인다. 우리 인생을 행복하게 해 준다고 속삭인다. 마귀는 예수님께 와서 속삭였던 것처럼 우리에게 다가와 속삭인다. 그런데 속삭이는 그 말이 사실은 다 거짓된 것이다. 그래서 그 목소리를 좇아가면 절대 행복해지지 않는다. 구원해 준다는 그의 말은 거짓된 약속이다.

어떤 것이 참된 열망이라면 그 열망이 주는 결실은 명료하다. 첫째는, 내면에 자유함이 있다. 예수를 믿었는데 자유함이 있는 것이 아니라 오히려 자꾸 속박되는 느낌이 들고, 복음이라고 이야기하지만 오히려 율법의 멍에를 덧씌워 주는 것 같다고 생각된다면, 그 사람은 잘못된 열망을 좇아가고 있는 것이다. 참된 열망이라면 내면에 자유함이 있다.

둘째는, 기쁨이 찾아온다. 이것은 영속되는 기쁨이다. 이기심을 점점 내려놓고 영원한 것을 사모하게 된다. 보이는 것을 좇아가던 사람에게 보이지 않는 영원한 것을 좇아가는 새로운 감각이 발달하기 시작한다. 이기심을 내려놓았기에 하나님을 사랑하는 것은 말할 것도 없고, 타자를 사랑하고 싶은 열정이 일어난다. 참된 열망을 갖게 되었을 때 맺히는 열매다.

거짓된 욕망은 자꾸 거기에 우리를 매이게 만든다. 즐거움은 잠시일 뿐 곧 공허함이 밀려온다. 그래서 이 공허함을 메우려 또다시 즐거움을 찾는다. 결국은 점점 그것에 속박된다. 감각이 조금씩 마비되어 자기에게 몰입하고 타자를 사랑해야 한다는 생각조차 할 겨를이 없다. 성경이 돈과 명예와 권력을 가장 대표적인 거짓된 욕망이라 이야기하는 이유가 바로 여기에 있다. 전형적으로 우리를 속박하며 얽어매고, 우리를 즐겁고 행복하게 해 준다고 이야기하지만 그 즐거움과 행복은 영속되지 않는다. 이런 부분들이 현대인들에게 조금씩 스며들어 있다. 성적인 유혹도 거짓된 욕망이요, 유혹의 욕심이다. 세상의 많은 것이 구원을 약속하지만 영적으로는 전부 천사의 가면을 쓴 악마라고 이야기할 수 있다. 우리 안에 있는 가면 쓴 악마들을 좇아서는 안 된다. 벗어 버려야 한다.

그래서 바울은 "하나님을 따라 의와 진리의 거룩함으로 지으심을 받은 새사람을 입으라"(엡 4:24)라고 말한다. 유혹의 욕심과 썩어져 가는 구습을 따르지 말고 하나님을 따르며, 옛 사람을 벗어 버리고 새사람, 곧 예수 그리스도를 인격적으로 영접할 때 갖게 된 새 자아(new self)를 입으라고 말한다.

마음의 태도를 바꿀 때 시작되는 새로운 삶

하지만 새사람을 입고 옛 자아를 던져 버리고 싶은데 옛 자아가 안 벗어진다. 새사람을 입겠다고 하지만 잘 안 된다. 그렇다면 새사람을 입는 일이 성공할 수 있는 관건은 무엇인가?

"오직 너희의 심령이 새롭게 되어"(엡 4:23).

이제부터 6장까지 본격적으로 나오는 행위에 관심을 갖지 않기 바란다. 기독교 신앙은 행위에 먼저 주목하지 않는다. 행위는 마지막 열매와 결실로 오는 것이다. 행위를 가져오는 내면의 동기가 훨씬 중요하고 결정적이다. 이 행위와 규범이 가능하게 되는 관건이 바로 심령이 새롭게 되는 것이다. 우리 말로 된 성경보다 영어 성경이 더 잘 번역되어 있다.

"to be made new in the attitude of your minds"(NIV).

"너희의 마음의 태도와 방향이 새롭게 달라지는 것이다."

마음의 태도가 달라지지 않으면 행위는 절대 바뀌지 않는다. 반면에 마음의 태도가 오늘, 지금, 여기에서 새롭게 되는 순간 신기하게도 행위는 그때부터 조금씩 조금씩 변하기 시작한다. 새사람이 되고 신인류가 되는 관건은 우리 마음의 태도를 오늘 바꾸는 데 있다.

날마다 설교를 듣고 성경을 읽고 예배를 드리는데 우리는 안타깝게도 바뀌지 않고 있다. 이유는 마음의 태도가 바뀌지 않기 때문이다. 어제 드린 예배를 오늘도 드리고, 오늘 드리는 예배를 내일도 드린다. 또한 어제 들었던 설교를 오늘도 듣고, 오늘 듣는 설교를 내일도 듣는다. 같은 설교자가 똑같이 설교한다. 그러므로 우리 마음의 태도는 매일 그 자리에 같이 앉아 있다. 그런 사람은 변하지 않는다. 마음의 태도가 그대로이기 때문이다. "그리스도로 옷 입겠다. 그리스도의 장성한 분량이 충만한 데까지 자라 가겠다"라고 마음의 태도를 날마다 새롭게 할 때, 그 사람은 영적인 진도가 조금씩 조금씩 나가게 된다.

바울은 "나는 날마다 죽노라"(고전 15:31)라고 고백했다. 왜 날마다 자기를 죽이겠는가? 날마다 다시 태어나고, 날마다 마음의 태도를 새롭게 하기 위해서다. 죽지 않으면 새로운 태도가 나오지 않는다. 따라서 어제 있었던 좋은 기억에 자신을 묻어 두어서는 안 된다. 그것은 어제 일로 끝난 것이다. 오늘은 하나님이 새롭게 주시는 은혜가 있다는 것을 믿고, 새 마음으로 하나님 앞에 앉아 있어야 한다. 그때 말씀이 새롭게 들리기 시작한다. 스쳐 지나가는 말씀 하나가 툭 다가와 마음의 태도를 전혀 새롭게 무장시킨다. 마음의 태도를 새롭게 하는 것이 새사람을 입는 모든 일의 관건이다.

"모든 것이 마음먹기에 달렸다"라는 말은 그런 면에서는 진리라 할 수 있다. 이렇게 보면 바울이 말하는 것이 별것 아니라 단순하다고 생각될 수 있다. 하지만 단순한데 여기에 핵심이 있다. 누구나 진리에 이를 수 있기에, 마음의 태도를 바꾸겠다고 결심하면 누구든지 그날부터 새사람을 입을 수 있다.

그런데 문제가 있다. 마음의 태도는 잘 바뀌지 않는다. 오늘 마음의 태도를 새롭게 했다. 내일도 마음의 태도를 새롭게 해야 하는데, 마음의 태도를 새롭게 하고 싶은 생각이 솔직히 없다. 어느 순간에는 지친다. 새로운 마음을 가지고 사는 것이 피곤하고 힘들게 느껴진다. 이 부분을 다루지 않으면 결국 바울이 말하는 안내 지침서는 우리 안에서 작동하지 않는다.

핵심과 본질은 우리 마음의 태도를 바꿀 수 있도록 우리 안에서 또다시 무엇인가가 움직여 주어야 한다. 그것이 바로 하나님의 은혜다. 하나님이 마음을 바꿔 주셔야 하는 부분도 있고, 하나님이 어떻게 사랑하시는지를 진정으로 알게 되어 이 하나님의 은혜가 우리 안에서 역사하기 시작해야 한다. 그러면 그분을 사랑하고 싶은 마음이 든다. 그분을 사랑하고 좇아가고 싶기에 그분을 사랑하는 마음이 계속해서 우리를 새롭게 하고, 새 마음의 태도를 갖도록 추동한다. 누군가를 사랑하고 흠모하게 되면 그 사람이 하는 말을 지키고 싶고, 또 그의 가르침을 따르고 싶은 마음이 생긴다. 나중에는 걸음걸이까지 닮아 가게 된다. 이와 마찬가지다.

우리가 하나님의 은혜 속에서 변화되어 하나님을 사랑하는 마음이 새롭게 일어나면, 우리는 주님을 사랑하기 때문에 심령의 태도를 끊임없이 새롭게 하여 우리 자신을 날마다 바꾸는 역사가 일어난다. 사도 바울이 날마다 자신을 죽인 이유는 어쩔 수 없이 자신을 죽여야 하기 때문이 아니다. 주님을 더 아름답게 좇아가고 싶어서 자기 안에서 자발적이고 자원하는 마음으로 자기를 죽인 것이다. 새롭게 되었을 때 오는 은혜가 얼마나 큰지를 알기 때문이다. 그래서 결국은 의롭게 되는 것도 은혜로 되는 것이지만, 거룩하게 되는 것도 은혜로 되는 것이다.

우리 마음의 태도가 새롭게 되는 은혜가 임하기를 바란다. 무엇보다 마음의 태도를 새롭게 했을 때 주님이 주시는 은혜와 축복을 먼저 염두에 두고, 주님이 오셔서 우리 심령이 새롭게 되고 말씀 한 조각을 들어도 새롭게 받아들이게 되는 은혜가 있기를 기도한다.

10

한 몸

잃어버린 지체 의식을 회복케 하소서

엡 4:25-27

신인류는 어떻게 살아야 하는가

A 성도는 요즘 교회에 다니며 특별한 경험을 하고 있다. B 성도와 가끔 교제하는데, 이상하게도 그를 만나고 나면 마음이 따뜻해지면서 은혜가 새로워지는 경험을 한다. 사회생활을 하면서 마음이 축 처져 있다가도 그를 만나고 나서 집으로 돌아오는 차를 타면 마치 고단백 영양제를 먹은 것처럼 마음에 활력이 돋고, 하나님의 은혜로 촉촉이 적셔 있는 자신을 발견하게 된다. 특별히 나누는 이야기도 없는데 그렇다. 새로운 경험이다.

그런데 어느 날 C 성도를 만난다. 그는 오랫동안 함께 교회에 다닌 동료 성도다. A 성도는 그를 통해 "교회에 문제가 많다. 누구누구가 이런저런 갈등으로 서로 쳐다보지 않는다"는 이야기를 듣는다. 교회를 걱정하는 마음에 하는 이야기라 듣고 있었는데, 귀가하는 A 성도는 마음이 너무 불편하다. 마음이 답답하기도 하고 낙심이 찾아오기도 한다. B 성도를 만날 때는 하나님이 너무 뚜렷하고 산 소망이 넘쳤는데, C 성도를 만나고 돌아오면 하나님이 사라져 버리신 듯하고 소망이 흐릿해진 것처럼 느껴진다. 둘 다 좋은 사람이고 대화 내용도 성도가 일반적으로 나누는 대화인 것 같은데 뒷맛이 전혀 다르고 자신에게 미치는 영향이 너무 다르다는 것이 확인된다.

이런 경험을 해 본 적이 있는가? 이는 그리스도인이 한 공동체에서 서로 교제하며 다른 사람에게 끼치는 영향이 우리가 생각한 것보다 얼마나 클 수 있는지를 보여 주는 대목이다.

바울은 에베소서 4장에서 그리스도인, 신인류의 삶에 대해 이야기한다. 25절에서는 옛 사람을 벗어 버리고 새사람을 입으라고 말했다. 이제는 옛 자아의 껍질을 벗어 버리고 새로운 자아를 입어야 한다고 강조하고 난 뒤 25절부터는 본격적으로 새사람, 신인류는 교회 안에서나 세상 속에서 어떻게 살아야 하는가를 논한다. 어떤 사람이 적어도 신인류이고 그리스도인이며 새로운 하나님의 백성이라면 어떤 생각과 마음과 태도로 살아야 하는가를 말한다.

신약학자 톰 라이트는 《모든 사람을 위한 옥중서신》에서 이렇게 말했다.

"그리스도인으로 성장하려면 생각이 성장해야 한다. 바른 방향으로 가고 있는지, 잘못된 방향으로 가고 있는지를 보려면 내 마음의 상태와 행동 유형을 잘 알아차리고 있어야 한다. 그래서 따라갈 길은 선택하고 잘못된 길은 거부하는 일을 의식적으로 배워야 한다."

신인류가 살아서 그리스도의 장성한 분량이 충만한 데까지 이르고 인생에 생명이 왕성해지려면 그가 지금 무슨 생각을 하고 있는지가 굉장히 중요하다는 뜻이다.

앞에서 하나님을 모르는 사람들은 무지하고 총명이 어두워져서 그렇게 된 것이라고 바울은 말했다. 그리스도인은 그와 반대다. 그리스도인은 깨어나 하나님을 알게 된 자다. 생각이 깨어나고 영적으로 생각이 밝아져서 자기가 무슨 생각을 품고 살아가는지를 안다. 자신이 가진 생각이 성령이 주신 생각인지, 자아의 생각인지, 아니면 마귀가 넣어 준 생각인지를 분별할 수 있는 눈이 있다. 당연히 무슨 행동을 해야 하는지도 마음에 밝히 안다.

그래서 바울이 하나씩 그 항목을 말하는데, 가장 중요한 것으로 '함께 그리스도를 믿는 교회 공동체에서 만나는 형제자매, 즉 성도를 어떤 눈으로 보고, 어떤 생각으로 대해야 하며, 어떻게 행동해야 하는가?'를 먼저 이야기한다.

거짓을 버리고 참된 것을 말하라

"그런즉 거짓을 버리고 각각 그 이웃과 더불어 참된 것을 말하라 이는 우리가 서로 지체가 됨이라"(엡 4:25).

바울은 같은 교인들 사이에 거짓을 버리고 진실을 말하는 것이 중요하다고 말한다. 그리스도 안에서 만나는 형제자매는 특별한 사람들이다. 하나님이 바울을 통해 말씀하신다.

"그리스도 안에서 만나는 지체는 너희의 형제고 자매다. 그러므로 특별한 마음으로 대하고 특별한 마음으로 만나야 한다. 서로가 서로에게 거짓을 버려야 한다. 거짓을 말하지 않는 것은 말할 것도 없고, 거짓된 마음이나 허위로 꾸민 마음을 버려야 한다."

허위 증거를 하지 말라는 이야기다.

여기서 '버리다'라는 말은 헬라어로 '아포티데미'라 하는데, 이는 '벗어던지다'라는 뜻이다. 결단의 의미가 들어 있는 말이다. 옛 사람을 버리듯 거짓을 벗어던져야 한다는 것이다. 성 프란체스코(St. Francis)는 하나님의 부르심을 받아 평생 예수님을 따라가는 삶을 시작했다. 그는 육신의 아버지에게 받은 것은 천 조각 하나도 걸치지 않았다. 겉옷부터 속옷까지 모두 벗고 맨몸으로 그리스도를 향해 나아갔다. 이것이 바로 '아포티데미', 즉 벗어던지는 것이다. 우리가 형제자매를 대하는 마음이 거짓을 벗어던지는 것이어야 한다는 말이다.

세상에서는 거짓된 생각을 하기도 하고 거짓된 태도를 취하기도 한다. 살아남기 위해 때로는 가면을 쓰기도 한다. 그리고 세상이라는 곳에서는 우리 영혼의 진실이라는 것이 별로 중요하지 않다. 그런데 교회에서 형제자매가 서로를 대할 때는 거짓을 버려야 한다. 거짓된 생각과 마음 그리고 여기서 나오는 거짓된 말을 벗어 버려야 한다. 그동안 쓰고 있던 거짓된 가면도 교회에서는 쓸 필요가 없다. 하나님께 나아갈 때 그 제단의 돌을 쪼지 않고 그대로 드리듯 교회에서는 원래 모습 그대로 나아가도 되며, 교회 안의 형제자매는 그 모습을 기꺼이 받아 줄 준비가 되었다고 바울은 말한다.

또한 여기서 '이웃'은 옆집에 사는 사람이 아니다. 함께 교회에 다니는 성도다. 그 성도와 더불어 참된 것을 말하라고 바울은 말한다. 서로를 진실하게 대해야 한다는 말이다. 속이거나 거짓말하지 않는 것은 말할 것도 없고, 서로가 진실하게 대해 주어야 한다는 것이다.

한 성도가 교회에 등록하면서 이런 질문을 했다.

"영적으로 순전하게 꾸준히 성장하고 싶은데 어떤 부서에서 섬기는 것이 좋을까요?"

교회에는 봉사하며 섬기는 사역도 있고, 교회학교에서 가르치는 사역도 있고, 어느 부서에 속해 행정하고 관리하면서 머리 역할을 하는 사역도 있고, 한 영혼을 붙들고 씨름하는 목양 사역도 있다. 그런데 때때로 교회 사역 안에 정치가 들어오는 경우가 있다.

'어떻게 하면 다른 사람에게 영향력을 끼칠 수 있을까? 어떤 사역을 하면 사람들 눈에 띄어 항존직 선거를 할 때 유리한 고지를 점할 수 있을까?'

사실 불편한 내용이지만 모두 우리 안에 움직이고 있는 생각이다. 이를 일컬어 정치적인 생각이라 한다.

영적으로 성장할 수 있는 가장 좋은 길은 한 영혼을 붙들고 씨름하는 목양하는 곳에서 헌신하는 것이다. 왜일까? 그곳에서는 진실만이 힘을 발휘하기 때문이다. 상대방을 진실하게 대하는 눈빛과 마음의 태도를 보며 그가 진실하게 반응해 줄 때만 변화가 일어날 수 있는 곳이 사람을 영적으로 자라 가게 해 준다. 그래서 바울은 거짓을 버리고 각각 그 이웃과 더불어 참된 것을 말하라고 말한 것이다.

떼려야 뗄 수 없는 유기적으로 연결된 지체

이어지는 말씀이 대단히 중요하다.

"이는 우리가 서로 지체가 됨이라"(엡 4:25하).

거짓을 버리고 각각 이웃과 더불어 참된 것을 말해야 하는 이유는, 우리가 서로 지체가 되기 때문이라는 것이다. 지체요, 형제자매이기 때문에 서로를 귀하게 여겨 주어야 한다. 바울은 이 부분에 있어서 더 깊숙한 복선을 깔고 이야기한다. 교회의 생리라 해야 할까? 사람들이 모였을 때 어떤 영적 메커니즘이 작동하는지를 잘 알고 이 말을 한 것이다.

"진실을 말하고 참된 것을 말하라. 우리는 서로에게 지체이기 때문이다."

교회를 그리스도의 몸이라 하고 우리 각자를 그 몸에 붙어 있는 지체라고 한다. 머리, 눈, 코, 입, 심장, 허파 등 각각이 몸 안에 있는 지체다. 우리 모두 지체가 된다. 그렇다면 서로가 서로에게 지체가 되기 때문에 거짓을 버리고 참된 것을 말하며 서로 진실하게 대해야 한다는 것이 무슨 뜻일까? 지체가 된다는 것과 서로에게 거짓을 버리고 진실하게 대하는 것이 무슨 상관이 있는가? 굉장히 중요한 대목이다. 지체가 된다는 것은 서로가 서로에게 속해 있다는 말이다. 내가 성도들과 지체가 되면 나는 성도들에게 속해 있다. 성도 한 사람, 한 사람 또한 나에게 속해 있다. 여기서 속해 있다는 것은 서로가 긴밀하게 연결되어 있다는 뜻이다. 나의 안녕과 복지가 성도들의 안녕과 복지와 직결되어 있다는 뜻이다.

교회에서 신앙이 성숙한 성도들이 왜 담임목사를 위해 기도할까? 담임목사의 안녕과 영적 복지가 성도들의 안녕과 복지와 직결되어 있기 때문이다. 목회자가 영적으로 불안하거나 흔들리거나 그 마음이 요동하면 설교의 축이 흔들리면서 거기서 나오는 모든 말씀과 목양 또한 흔들린다는 것을 아는 성도들은 목회자를 위해 기도한다. 그들이 당회를 위해 기도하는 이유는, 당회가 평안하지 않으면 당회의 결정이 교회에 그릇된 영향을 준다는 것을 알기 때문이다. 지체가 된다는 것이 바로 이런 것이다. 나의 안녕과 복지가 저 사람의 안녕과 복지와 연결되어 있다는 것이다.

팔이 부러지면 우리 몸에 있는 모든 지체는 그때부터 부러진 팔을 회복하기 위해 자기가 쓸 영양소를 부러진 팔로 보낸다고 한다. 기본적으로 생존을 유지하기 위해 써야 하는 에너지를 제외하고는 자동적으로 부러진 지체를 회복하기 위해 모든 에너지를 사용하는 것이다. 이것이 바로 지체다. 그래서 바울은 고린도전서 12장에서 말한다.

"이제 지체는 많으나 몸은 하나라 눈이 손더러 내가 너를 쓸 데가 없다 하거나 또한 머리가 발더러 내가 너를 쓸 데가 없다 하지 못하리라"(고전 12:20-21).

왜인가? 서로가 서로에게 연결되어 있기 때문이다. 우리가 서로에게 연결되어 있다는 것을 인정하는가? 인정하지 않는다면 서로가 서로에게 어떻게 영향을 주고 있는지를 아직 알아차리지 못한 것이다.

"나는 그런 흐름 속에 있지 않을 것이다. 나는 누군가에 의해 영향을 받고 싶지 않다. 좋은 것은 말할 것도 없고 나쁜 것 때문에 영향받고 싶지 않다. 나는 독존하는 사람으로 하나님 앞에 있고 싶다."

이런 사람은 불교의 수행을 하는 사람이지 성도는 아니다. 적어도 그가 성도이고 하나님의 백성이면 그는 함께 하나님을 믿는 성도들과 반드시 지체로 연결되어 있어야 한다.

이는 교회 됨의 본질을 말하는 부분이다. 그래서 "이는 우리가 서로 지체가 됨이라"라는 말씀은, 우리는 서로에게 속해 분리될 수 없다는 뜻이다. 떼려야 뗄 수 없듯이 분리될 수 없다는 것이다. 이는 물리적 연결은 아니다. 새끼줄 두 개를 꼬아 연결한 것은 물리적 연결이다. 둘이 꼬아 놓은 것을 원래대로 되돌려 놓으면 처음 모습 그대로다. 연결되어 있지만, 서로가 깊이 상관된 것은 아니다. 반면에 지체가 된 연결은 유기적 연결이다. 그래서 둘이지만 사실 떼려야 뗄 수 없는 것, 하나가 좋으면 다른 하나도 좋게 되고, 하나가 아프면 다른 하나도 결국은 영향을 받아 아프게 되는 것, 이것이 바로 "우리가 서로 지체가 됨이라"라는 말씀의 의미다.

이제 성경이 성도가 지체라고 말하는 데는 엄청난 비밀이 숨어 있다는 사실을 알게 되었다. '서로가 떼려야 뗄 수 없는 관계다. 서로가 연결되어 흥망성쇠에 영향을 준다'라는 뜻이다.

영혼의 맑은 물이 흘러나와 촉촉이 적시는 사람

이 장 서두에 A 성도가 B 성도를 만나면 고단백 영양제를 먹은 듯 활력을 얻는데, C 성도를 만나면 몸의 에너지가 다 빠져나가 하나님을 놓친 것 같은 느낌이 들었다고 이야기했다. 이는 지체가 지체에게 영향을 준 것이다. 지체가 다른 지체에게 강력한 영향을 미친 것이다. 지금 B 성도는 영적으로 충만하다. 하나님을 깊이 만나고 있다. 그리고 무엇보다 하나님을 사랑하는 사람이다. 그러면 B 성도는 본인이 의도하건 의도하지 않건 그가 만나는 모든 사람에게 자기 존재로서 영향을 미치게 되어 있다. 행위를 하지 않아도 그가 그곳에 있다는 것 자체로 이미 공동체에 강력한 영향을 주게 된다.

백 명이 모여서 예배를 드리는데 그 안에 하나님 앞에 절대적으로 신실한 한 명의 예배자가 있으면 그가 드리는 예배, 그가 드리는 찬송과 기도와 묵상이 주변에 엄청난 영향을 주게 되어 있다. 존재 자체가 미치는 영향력이다. 그러니 B 성도는 A 성도에게 공동체 안에서 자기 존재만으로도 엄청난 향기를 주고 있고, 다른 이들에게도 주고 있는 것이다. 그와 특별한 이야기를 나누지 않았음에도 B 성도를 만나면 기쁘고 행복하다.

반대로 C 성도를 만나면 뒷맛이 너무 좋지 않았다. C 성도가 교회 이야기를 걱정하며 하긴 했지만, 그 이야기 속에 흐르는 영적인 에너지는 창조적이지도 않고 생명을 일으키는 에너지도 아니었던 것이다.

왜 예수님을 만나면 그분과 특별한 대화를 나누지 않았는데도 그분으로부터 엄청난 감화를 받는 것일까? 예수님이 가지신 압도적인 생명의 능력 때문이다.

"너는 나를 따르라."

이 한마디를 들었는데 마치 철이 자석에 붙는 것처럼 제자들이 듣고 따랐다. 그분의 눈빛, 그분이 짧게 보내신 말속에 들어 있는 뉘앙스와 파장이 하나님 나라가 그 자리에 임했음을 느끼게 만든 것이다. 제자들은 '아, 저분이 바로 내가 기다린 메시아구나!' 하고 주님을 따라가게 된다. 물론 성도들 간의 관계는 이 정도는 아니지만, 100분의 1, 1,000분의 1이라도 이런 관계 속에서 만나고 있는 것이다.

안타깝게도 C 성도 안에는 영적 생명력이 없었다. 중요한 것은, C 성도는 그 사실을 모른다는 것이다. 다만 C 성도를 만난 A 성도가 느끼는 뒷맛이 이를 증명할 뿐이다.

거짓을 버리고 이웃과 참된 것을 말해야 한다. 왜냐하면 우리가 서로 지체가 되기 때문이다. 우리가 지금 어떤 생각으로 살고 있느냐는 우리 한 사람으로 그치지 않는다. 우리가 가진 악한 생각, 죄악된 마음은 반드시 형제자매에게 들어가 그를 오염시킬 수도 있고, 심지어 그를 병들게 만들 수도 있다. 엄청나게 무서운 일이다. 우리가 가진 거짓과 거짓말, 독한 마음이 언어를 통해 형제자매의 존재에 흘러 들어가 그의 영성을 흔들고 그의 순전한 영혼에 누룩 하나를 던져 넣어 그로 병들게 만들 수도 있는 것이다.

그래서 바울은 거짓을 버리고 이웃과 더불어 참된 말을 하라고, 우리는 서로에게 속해 있고 깊이 연결되어 있으니 지금 어떤 생각을 하고 어떤 말을 하느냐가 형제자매의 영적 흥망성쇠에 결정적 영향을 줄 수 있음을 알아야 한다고 말한 것이다. 심지어 나 하나 때문에 형제자매가 실족해 버릴 수도 있다. 주님은 누가복음 17장에서 말씀하셨다.

> "그가 이 작은 자 중의 하나를 실족하게 할진대 차라리 연자맷돌이 그
> 목에 매여 바다에 던져지는 것이 나으리라"(눅 17:2).

우리가 누군가를 실족하게 하는 것은 예수님의 가슴에 못을 박는 일이라는 말이다.

우리가 가진 죄악된 생각, 잘못된 마음이 다른 지체에게 영향을 줄 수 있으며, 그를 오염시키고 실족하게 해서 심지어는 영적 질병에 빠지게 할 수도 있으니 얼마나 무서운 일인가? 서로가 지체가 되기 때문이다. 그래서 거짓을 버리고 참된 것을 말해야 한다. 우리 안에서 나오는 영혼의 맑은 물이 형제자매의 혼탁한 영혼을 오히려 정화시키며, 새벽에 깊은 산속에 들어가 마시는 샘물이 되어야 한다.

우리 안에서 영혼의 맑은 물이 흘러나오게 해 달라고 기도하자. 지금까지

어떠했는지는 중요하지 않다. 지금 이 순간이 전환점이라 믿는다. 이렇게 기도하자.

"하나님, 제가 가진 거짓이 저 하나로 그치지 않고 제가 만나는 모든 이에게 영향을 줄 수 있음을 알게 되었습니다. 거짓을 버리고 이웃과 더불어 형제자매에게 참된 것을 말하는 사람이 되게 해 주옵소서. 우리가 서로 지체로 연결되어 있기 때문에 저의 죄악된 생각이 형제자매를 영적인 질병에 빠지게 할 수 있다는 것을 알게 되었습니다. 주님, 항상 맑고 순전하고 진실한 생각이 제 안에 머물게 하시고, 형제자매에게 그 말을 할 수 있게 해 주옵소서."

이런 맥락에서 본문을 보면 이해가 된다.

"분을 내어도 죄를 짓지 말며 해가 지도록 분을 품지 말고"(엡 4:26).

인간이기 때문에 화를 낼 수 있다. 속에서 분노가 나올 수 있다. 하지만 해가 지도록 분을 품고 있어서는 안 되고, 하나님 안에서 풀어내야 한다. 왜 해가 지도록 분을 품어서는 안 되는가? 두 가지 이유가 있다. 먼저, 유대인의 시간에서는 저녁이 하루의 시작이다. 저녁이 시작되어 아침이 되는 것이다. 따라서 '해가 지도록 분을 품지 말고'라는 말은 하루가 시작되기까지 분을 품지 말라는 뜻이다. 또한, 해가 지도록 분을 품는다는 것은 잠자리에 들 때 분을 들고 잠을 청한다는 말이다. 다음 날 아침에 일어나면 그 분은 더 커져 있다.

바울은 고린도전서에서 "서로 분방하지 말라 다만 기도할 틈을 얻기 위하여 합의상 얼마 동안은 하되 다시 합하라"(고전 7:5상)라고 말한다. 부부 싸움을 하고 각방을 써 본 적이 있는가? 각방을 쓰면 방에 들어갈 때는 서로를 향한 서운함이 작은 싹 같은데, 아침에 일어나 보면 거목이 되어 있다. 밤새 서로에 대한 생각이 얼마나 자랐는지 모른다. 당연히 그 생각은 좋은 것이 아니고, 분이 자라나서 죄의 응어리가 진 것이다. 들어갈 때는 서로의 거리가 1미터였는데 아침에 일어나 보니 1킬로미터가 되어 있다.

누가 이렇게 한 것인가? 간밤에 마귀가 와서 마음에 생각을 넣어 준 것이다. 그래서 바울은 이렇게 말한다.

"마귀에게 틈을 주지 말라"(엡 4:27).

자신이 가진 악한 생각, 분의 부정적인 에너지가 똬리를 틀어 잠자는 동안에 자라나 밑으로 뿌리를 내리고 위로 가지를 뻗도록 마귀에게 틈을 주지 말라는 이야기다. 그렇게 분을 가지면 당연히 형제자매에게도 영향을 주게 된다.

우리는 하나님의 자녀요, 하나님의 거룩함을 입은 새 백성이다. 왜 우리가 바울이 말하는 모습으로 살아야 하는 것일까? 하나님의 백성이기 때문이다. 나는 목회하며 때로 낙심한다. 현대 교회가 세상 것들에 의해 너무나 오염되어 있다. 그런데 성도들은 자신이 하는 일들을 전혀 알아차리거나 자각하지 못한 채 죄악된 물을 마구 퍼 날라 공동체 안에 흘려보내고 있다. 에베소서 말씀을 묵상하면서 성령이 깨닫게 해 주시는 것이 있다면 결심하고 새로이 시작하게 되기를 바란다. "우리가 서로 지체가 됨이라"라는 말씀 속에 굳게 서기를 바란다.

11

긍휼

하나님의 친절, 그리스도의 긍휼

엡 4:28-32

세상에서 하나님의 성품 구현하기

바울이 복음을 선포하고 지중해 연안을 선교하던 당시는 영적으로 매우 척박한 환경이었다. 로마가 이미 세계를 제패하여 세계 구석구석에 식민지를 건설하고 경제적으로 막강한 부를 본국으로 가져와 윤택한 제국을 형성했던 때였다. 물질적으로는 풍요하지만 영적, 정신적으로는 대단히 취약했기에 자연히 사람들은 온갖 부도덕과 타락한 모습을 보였다. 초기 로마사를 보면 사람이 이렇게 살 수도 있구나 싶을 정도로 타락하고 음란한 행동을 많이 했다. 사람들 안에 윤리의식이나 도덕의식은 완전히 무너져 내렸다.

그런 가운데 기독교 신앙이 척박한 토양에 뿌려진 생명의 씨앗처럼 세상에 던져졌다. 그러면 척박한 토양을 이기고 견디면서 복음이 밑으로 뿌리를 내리고 위로 가지를 뻗어 열매를 맺거나, 아니면 워낙 토양이 척박하기 때문에 주변의 문화와 환경에 의해 씨앗 자체가 완전히 말라 버리거나 둘 중 하나가 되는 것이다. 그런데 결국 복음은 그 토양 속에 뿌리를 내릴 뿐만 아니라 토양 자체를 완전히 바꿔 버렸다.

그리스도인들은 문화와 타협하지 않는 아주 고집스러운 기준과 잣대를 가지고 있었다. 탁월한 도덕적 기준과 윤리적 비전을 가지고 교회라는 것을 세상 한복판에 심어 나갔다. 이것이 바로 하나님의 성품을 우리가 구현하겠다는 비전이다. 구약에 나오는 단순한 율법과 계명과는 결이 달랐다. 내용에 있어서는 상당히 많은 부분을 유대인의 계명으로부터 가져왔지만, 이를 구현하는 정신은 결이 달랐다. 하나님의 성품을 닮고 하나님의 성품을 따라 이 세상 한복판에서 그리스도의 삶을 살아간다는 것이었다.

> "하나님을 따라 의와 진리의 거룩함으로 지으심을 받은 새사람을 입으라"(엡 4:24).

그리스도인이 닮아야 하고 구현해야 하는 성품이나 삶의 기준은 하나님을 따르는 일이다. 하나님이 어떤 분이신지를 알기 때문에, 하나님이 우리를 어떻게 사랑해 주시는지를 알기 때문에 하나님을 따라 그런 삶을 추구해 나가는 것이다. 여기서 하나님은 성부 하나님만이 아니라 이 땅에 오신 성자 예수 그리스도를 말한다. 성부 하나님은 누구도 본 사람이 없다. 그러므로 하나님을 따라간다는 것이 애매하고 추상적일 수 있다. 그러나 이 땅에 오신 예수 그리스도가 어떻게 사셨는지는 명료하게 드러나 있다. 그 성자이신 그리스도를 따라 하나님의 성품을 자기 안에 구현하고 사람들에게 표현해 내는 것이다.

이 땅에 오신 하나님은 우리를 헐뜯고 비난하고 뒤에서 마구 흠을 잡는 분이 아니시다. 타인을 앞에서 깔아뭉개고 우리에게 모욕을 주는 분이 아니시다. 그분은 우리를 친절히 대하시고, 불쌍히 여겨 주시고, 목자 없는 양같이 유리하는 백성을 보고 창자가 끊어지는 듯한 고통을 겪으며 우리를 사랑하고 용서해 주시는 하나님이다. 그래서 우리는 그 하나님의 성품을 교회 안에서 연습하고 훈련하고 교육하고 살아 내기 시작한 것이다.

때로 우리가 혼동하는 부분이 있다. 무엇인가 원하는 대로 하는 것, 마음속에 떠오른 대로 하는 것을 인간적이고 자연스러우며 나다운 것이라고 생각하는 것이다. 하지만 그것은 진정한 '나'가 아니다. 자신 안에 툭툭 떠오르는 생각을 따라서 행동하고 말하는 것이 자신을 자연스럽게 발산하는 것이기에 좋아 보일 수 있지만, 그것은 진정한 자기 모습이 아니다. 그것은 우리 안에 있는 죄의 속성, 죄의 힘에 의해 오랫동안 젖어 있던 내가 튀어나오는 것이지, 하나님이 심어 주신 본래의 참다운 모습은 아니다.

참다운 자기 모습은 본래 하나님의 형상으로 만들어진 내 모습이다. 바울이 말하는 모든 덕목을 차곡차곡 연습하고 훈련해 나가면 그동안 죄에 유린되고 병들고 찌들은 모습이 하나님의 형상으로 만들어진 내 모습으로 조금씩 회복되기 시작한다. 이것이 진정한 '나'다. 이제 하나씩 살펴보자.

그리스도인의 윤리 덕목

"도둑질하는 자는 다시 도둑질하지 말고 돌이켜 가난한 자에게 구제할

수 있도록 자기 손으로 수고하여 선한 일을 하라"(엡 4:28).

바울은 '도둑질하는 자는 다시 도둑질하지 말라'고 말한다. 이는 지금껏 가지고 있던 도둑질하던 습성을 긍휼히 여기고 동정하지 말라는 뜻이다. '이런 습성들은 서서히 정리되겠지?'라고 생각하지 말라는 것이다. 도둑질하는 자는 다시는 도둑질하지 말고 도둑질을 끊어 내라는 것이다. 옛것과 단호하게 단절하라는 것이다. 그러면서 자기 손으로 수고하여 선한 일을 해야 한다고 말한다.

도둑질하는 사람이 합리화할 수 있는 구실은 굉장히 많다. "나는 극심한 빈부 격차 속에서 태어나 스스로 벌어 먹고살기 힘들다"라면서 환경 탓을 하고 자기가 출발한 인생의 열악한 모습을 변명 삼아 도둑질하는 것을 정당화할 수 있다. 그런데 기독교 신앙은 그렇게 보지 않는다. 지금까지는 도둑질을 했어도 예수 그리스도를 생명의 구주로 믿는다면 다시는 도둑질하지 말라. 옛것, 잘못된 것은 단호히 거절하고 끊어 내고 그리고 자기 손으로 수고하여 선한 일을 하라고 말한다.

그런데 여기서 '자기 손으로 수고하여 선한 일을 하라'는 동기가 아름답다. '돌이켜 가난한 자에게 구제할 수 있도록', 누군가에게 자신이 노력한 삶의 일부를 콩 한 쪽이라도 나눠 줄 수 있도록 이제부터는 자기 손으로 수고하여 선한 일을 하라는 것이다.

"무릇 더러운 말은 너희 입 밖에도 내지 말고 오직 덕을 세우는 데 소용
되는 대로 선한 말을 하여 듣는 자들에게 은혜를 끼치게 하라"(엡 4:29).

바울은 또한 우리의 혀를 재갈 물려 입술로 범죄하지 않도록 하라고 말
한다. 공동체로 같이 모여 있으면 가장 많이 짓는 죄 중의 하나가 말로 짓는
죄다. 서로 소통을 할 뿐만 아니라 속에 있는 것을 꺼내어 이야기하게 되기
때문이다. 남을 헐뜯는 말, 정죄하는 말, 확인되지 않은 소문을 아무렇지 않
게 전달해서 유포하는 말, 모함하는 말 등은 모두 더러운 말이므로 입 밖에
도 내지 말아야 한다. 흔히 성도들은 은혜를 받은 뒤에 죄짓는 말을 하는 경
향이 있다. 은혜를 받으면 마음이 무장 해제되어 편해지기 때문이다. 바로
그 순간 원수가 틈타기 쉽다. 따라서 예배드리고 나서 은혜 받은 후에는 말
을 특별히 삼가야 한다. 받은 은혜가 모두 날아가 버리는 일이 생긴다.

그러나 더 중요한 이유가 있다. 우리가 더러운 말은 입 밖에도 내지 말아
야 하는 이유가 무엇인가?

"하나님의 성령을 근심하게 하지 말라 그 안에서 너희가 구원의 날까지
인 치심을 받았느니라"(엡 4:30).

우리가 더러운 말을 하거나 정죄하는 말을 하거나 헐뜯는 말을 하거나
모함하는 말을 하는 순간 우리 안에 계신 성령이 근심하신다는 것을 반드
시 기억하기 바란다. 그리고 그 일은 우리 자신의 일만으로 끝나지 않는다.
우리가 유포한 말은 형제자매에게 반드시 영향을 주게 되어 있다.

은혜로운 말을 하면 그 말을 듣는 사람 역시 은혜로 넉넉히 적셔진다. 불

안하거나 두려운 말을 하면 그 사람 속에 두려움이 이식된다. 더러운 말, 즉 정죄하거나 헐뜯거나 모함하는 말, 누군가를 의식적으로 깔아뭉개는 말을 하게 되면 우리가 가진 정서가 언어를 통해 그 사람에게 그대로 전달된다. 이처럼 말은 굉장히 무서운 것이다. 바울은 여기서 끝내는 것이 아니라, 그 말은 우리 안에 계신 성령을 탄식하게 하니 성령을 근심하게 하지 말라고, 그 안에서 우리가 구원의 날까지 인 치심을 받았다고 말한다.

이는 하나님의 사람들이 어떤 사람인지 확인하는 말씀이다. 그리스도인이 누구인가? 성령의 인, 즉 도장을 받은 사람이다. "너는 내 사람이다" 하고 도장을 받은 사람이다. 성령의 도장을 받은 사람으로서 말을 함부로 해서는 안 된다는 것이다. 성령의 인 치심을 받은 너희가 어떻게 성령을 근심하게 하는 말을 아무 생각도 없이 할 수 있겠느냐는 것이다.

> "너희는 모든 악독과 노함과 분 냄과 떠드는 것과 비방하는 것을 모든 악
> 의와 함께 버리고"(엡 4:31).

그리스도인의 윤리 덕목을 읽어 갈 때는 단지 이런 것이 있구나 하고 읽어서는 안 된다. 하나씩 직면하여 '내 안에 악독이 있는가? 노하는 모습이 있는가?' 하며 자신에게 적용해야 한다. 바울은 화를 내거나 분을 낼 수는 있지만 죄를 지어서는 안 된다고 말했다. 이는 분노를 너무 오래 품고 있어 그 분노가 우리 안에서 죄가 역사하는 통로로 삼아져서는 안 된다는 것이다. 그는 우리 안에 노함과 분 냄, 떠드는 것, 비방하는 것이 있는가 살펴서 이 모든 것을 악의와 함께 버리라고 말한다. 조금씩 완화시켜 가는 것이 아니다. 조금씩 순화시키는 것이 아니라, 완전히 단절해야 한다.

신앙생활에서 과정과 절차를 통해 조금씩 변화시켜 가야 하는 것이 있는가 하면, 한 번에 끊어 내야 하는 것이 있다. 하나님을 사랑하는 것은 조금씩, 점점 더 사랑해 가게 되는 것이다. 마치 우리 안에 심긴 씨앗과 같아서 하나님을 사랑하는 마음이 조금씩 커진다. 이에 따라서 염려하고 두려워하고 불안해하는 마음이 조금씩 점령되고 조절되어 가기 시작한다. 이는 변화다. 하지만 악독과 노함과 분 내는 것과 떠드는 것과 더러운 말을 입 밖에 내는 것은 단절해야 한다. 새사람이 된 날로 완전히 끊어 내겠다고 결심해야 한다. 결심해야 서서히 정복된다. 당분간 가지고 있으며 조금씩 해결해 나가겠다고 생각한다면 이런 부분은 죄의 습성이라 절대 정리되지 않는다. 바울은 인간의 이런 생리를 잘 알고 있기에 이 부분에 대해서는 버리고 단절하고 끊어 내며 철저하게 자기 안에서부터 제거해야 한다고 말한 것이다.

또 한 가지, 바로 이 부분이 성령을 근심하게 하는 것이다. 악독을 품는 일은 우리 안에 계신 성령을 근심하게 한다. 노하고 분 내는 순간 성령을 근심하게 한다. 떠들고 비방하는 것은 성령을 슬프게 하는 일이다.

성도가 살면서 성령을 거스르는 일이 있고, 성령을 훼방하는 일이 있고, 성령을 소멸하는 일이 있다. 왜 성령을 근심하게 하거나 슬프게 하는 일을 하면 안 되는가? 이 일이 반복되면 성도 안에 들어와 있는 능력이 서서히 식어 가기 때문이다. 우리는 죄를 짓고 나서 주님 앞에 잘못했다고 회개한다. 주님은 용서해 주신다. 그런데 문제가 있다. 반복해서 죄를 짓고 회개하면 죄가 관리는 된다. 심판장이신 하나님께 벌은 받지 않는다. 문제는 우리 안의 성령이 반복해서 근심하시다가 나중에는 성령의 능력이 소멸 직전까지 가게 된다는 것이다.

성령이 떠나지는 않으신다. 성령이 떠나시면 그 사람은 하나님에게 버려진 사람이다. 하나님은 한번 인 친 사람은 절대로 포기하지 않으신다. 하지만 성령의 능력이 그 안에서 서서히 식어 가기 시작한다. 죄짓는 일이 그래서 무서운 것이다. 하나님 앞에서 반복해서 죄를 지으면 하나님이 그에게 주신 성령의 능력이 서서히 식어 가고 위축되어, 성령이라는 인격은 계시지만 능력은 전혀 드러나지 않는 사람이 되어 버린다. 안타까운 일이다. 복음은 능력인데 그리스도인 안에 능력이 나타나지 않으면 하나님의 사람으로서 살 수 있는 힘이 사라져 버리는 것이다. 이제 버리자. 이제는 끊어 내자. 옛 사람은 벗어 버려야 하는 것이다.

바울은 이제 결론 삼아 말한다.

> "서로 친절하게 하며 불쌍히 여기며 서로 용서하기를 하나님이 그리스도 안에서 너희를 용서하심과 같이 하라"(엡 4:32).

"하나님이 너를 친절하게 대하셨듯이 서로를 친절하게 대하고 불쌍히 여겨라. '그럴 만한 이유가 있겠지' 하고 이해해 주어라. 서로 용서해라. 서로 용서하기를 하나님이 그리스도 안에서 너희를 용서하심과 같이 해라. 아름답게 해라."

이 말씀을 우리에게 적용해서 우리 모두 그리스도의 성품에 참여하여 우리 안에 계신 성령을 기쁘시게 하기를 바란다.

12

신분

사랑받는 자답게 생각하고, 왕의 자녀답게 살기

끊임없이 던져야 할 질문

기독교 윤리, 그리스도인은 어떻게 살아야 하는가, 삶의 내용은 어떠해야 하는가를 이해하기 위해서는 이 삶을 살려 하는 내가 누구인지를 먼저 이해해야 한다. 모든 기독교의 윤리나 거룩한 삶은 자기가 누구인지를 이해하는 데서부터 그 내용이 나오기 때문이다. 한 단계 더 들어가면, 우리를 택해서 부르신 하나님이 누구인지를 먼저 아는 것이 굉장히 중요하다.

바울이 서신을 쓸 때는 앞에 교리가 나오고 뒤에 윤리가 나온다. 앞에 신앙이 나오고 뒤에 신앙에 따른 행동이 이어진다. 둘이 분리되지 않기 때문에 그렇다. 예를 들어, 어떤 성도가 교회에서 오해를 받아 지금까지 당해 보지 못한 비난이나 모욕감을 느끼게 되었다고 생각해 보라. 사회에서는 이런 경우 주저하지 않고 자신을 모욕하거나 오해해서 어려움을 준 사람에게 보복한다든지, 힘을 행사해서 되갚을 방도를 찾는다. 자신을 어떻게 보호할 것인가에 모든 관심이 가 있기 때문이다.

우리 안에서는 늘 크고 작은 불안과 두려움이 움직인다. 우리 안에 있는 이 두려움으로부터 우리 자신을 보호하고 살아남게 하기 위해서는 어떻게 해야 하는가에 의해 생각의 메커니즘이 작동한다. 그런데 그리스도인은 이런 일이 생기면 전혀 다른 생각이 움직이게 된다는 것이다. 그래서 바울은 앞서 생각이 중요하다고 강조했다. 어떤 생각이 움직여야 마땅하겠는가? "나는 누구인가?"를 묻고 그에 합당하게 반응해야 한다. 그래서 바울은 "너는 누구인데 그와 같이 행동하는 것이냐?"라고 말한다.

"그러므로 사랑을 받는 자녀같이 너희는 하나님을 본받는 자가 되고"

(엡 5:1).

하나님을 본받는 자가 되라는 명령이고 계명이다.

그런데 바울은 왜 하나님을 본받는 자가 되라고 명령하는가? 사랑을 받는 자녀이기 때문이다. 2절에서도 마찬가지다.

"그리스도께서 너희를 사랑하신 것같이 너희도 사랑 가운데서 행하라"

(엡 5:2상).

역시 명령이다. 그리스도가 사랑하시는 사람이기 때문에, 다시 말하면 하나님께 사랑받고 있는 자이기 때문이다.

명령을 받을 때는 항상 하나님이 명령하시는 근거가 무엇인지를 먼저 생각해야 한다. 그리스도가 우리를 이미 사랑하고 계시기 때문에, 우리는 이미 사랑받고 있는 자이기 때문에 우리도 서로 사랑해야 한다는 것이다. 즉 우리가 누구인지를 먼저 말하고, 이에 기반해서 우리가 어떻게 행동해야 하는가를 말한다.

"네가 사랑받고 있기 때문에 너도 사랑해라."

이 말은 "하나님께 사랑받았으니 너도 다른 이들을 사랑해야 해"라는 의미로 위에서 받은 대로 주라는 뜻도 있는데, 더 깊이 들어가 보면 그 이상이다. 앞서 우리가 누구인가를 이해하는 것이 중요하다고 언급했다.

"나는 하나님께 사랑받았고, 지금도 하나님께 사랑받고 있는 자다."

이 말은 우리의 능력을 이야기해 준다. 우리가 가진 잠재력을 바울이 환기해 주는 것이다. 다시 말하면, 우리가 얼마나 사랑받고 있는지, 우리가 얼마나 부요하고 풍요로운 자인지, 우리가 다른 이방인은 받고 있지 못한 얼마나 놀라운 하나님의 은혜 안에 살고 있는지를 떠올려 준다. 그리고 그런 은혜와 풍요로움을 받았으니 당연히 사랑할 수 있고, 사랑해 줄 수 있는 능력이 있으니 사랑해야 한다는 논리다.

그러므로 "네 형제를 사랑하라"라는 말을 들었을 때 바로 말씀 속으로 들어가서는 안 되고, 항상 이처럼 명하시는 분이 누구인지, 그분이 우리를 지금 어떤 사람으로 보고 계신지, 그러므로 우리는 어떤 놀라운 은혜로 살아가고 있는지를 먼저 염두에 둔 채 그 계명과 명령 안으로 들어가야 한다. 그럴 때 주님은 우리에게 할 수 없는 일은 절대로 명령하지 않으신다는 것을 확신할 수 있게 된다. 주님이 이미 이 일을 할 수 있는 힘을 공급해 주셔서 우리는 이 일을 할 수 있고, 이 일을 당연히 해야 한다는 방향으로 마음이 움직이는 것이다.

기독교 윤리는 매우 자발적이고 적극적인 것이다. 이미 할 수 있는 힘을 공급받았으니 당연히 해야 하는 것이 아니냐는 것이다. 이러한 뜻에서 보면, 우리가 누구인지를 알게 되면 우리가 어떻게 해야 할지 답이 명료하게 나온다.

사랑받는 자답게, 그리스도인답게

교회에서 오해를 받아 비난을 받고 있다면 먼저 이것을 생각해 보라. 우리는 누구인가? 그리스도인이다. 그리스도를 따라가는 사람이고, 그리스도께 사랑받았으며, 그리스도께 지금도 사랑받고 있는 자다. 우리는 본래 누구인가? 우리는 허물과 죄로 죽었던 자요, 본질상 진노의 자녀였다. 하나님이 전적인 은혜를 베푸셔서 지금 이 자리에 있는 것이다. 즉 주님이 뜻이 있어서 다 태워진 장작더미에서 구해 내신 것이다. 이것이 사실이라면 우리는 이 오해와 비난으로 인해 절대 잘못될 리 없다.

중요한 것은 사실이 아니면 되는 것이다. 사실이면 회개하고 용서를 구하면 된다. 사실이 아니면 그것으로 우리는 하나님 앞에 떳떳하다. 그러면 그것으로 충분하다. 하나님이 여전히 우리를 사랑하고 계시기 때문이다. 그러면 우리는 이 시험에 격동하여 그리스도인답게 행동하지 않는다거나 우리를 탈선시키려고 하는 마귀의 역사가 그 안에 있기 때문이라는 사실을 염두에 둘 수 있게 된다.

전에는 보이지 않았는데 "내가 누구인가?"를 묻기 시작하면 보인다. 그러면 어떻게 하겠는가? 온유와 겸손으로 받아 내고 반응하지 않는 것이다. 일일이 찾아다니며 항변하고 오해의 근원을 찾아서 혼찌검을 내려 하지 않아도 된다. 요셉의 원통함을 하나님이 풀어 주셨다. 우리는 우리에게 주어진 길을 가면 된다. 아들 압살롬에게 당한 아버지 다윗의 억울함을 하나님이 시간을 두고 풀어 주셨다. 우리 인생의 대세는 절대로 흔들지 못한다. 우리는 고요히 주님의 길을 가면 된다. 때로 공동체를 바르게 세우기 위해 단호해야 하는 경우가 있다. 이는 대단히 드문 경우로, 분별 과정을 신실하게 거쳐야 한다.

"나는 누구인가? 나는 그리스도인이다. 허물과 죄로 죽은 자인데, 주님이 구해 주셨다."

자기가 누구인지가 명료해진다.

"주님, 저는 용서받은 죄인입니다. 그럼에도 하나님이 사랑해 주셔서 사랑받고 있습니다."

그렇다면 두려워하거나 걱정할 필요가 없다. 이것이 우리 안에 있는 부정적인 에너지를 몰아낸다. 하나님은 우리가 그리스도인답게 행동하기를 원하신다.

처음에 내가 누구이고 하나님이 나를 어떻게 대해 주고 계시는가를 염두에 두지 않으면 '그리스도인답게 행해야지' 하는 생각은 움직이고 만다. 문제는 우리에게 그렇게 할 내적인 힘이 아직 갖춰져 있지 않다는 것이다. 그래서 행하면서도 두렵고 불안하다. 잘못되면 어떻게 하나 싶어서 온갖 혼란한 마음이 움직인다. 바울은 이런 인간의 내면세계를 아는 것이다. 그러니 사랑받는 자녀처럼 하나님을 본받으라고, 그리스도가 너희를 사랑하신 것같이 너희도 서로 사랑하라고, 그가 누구이며, 하나님이 그를 어떻게 선대하고 계시는지를 환기시키며 말씀을 선포한다. 당연히 그 사람 속에 있는 모든 그릇된 마음은 제압된다.

왕의 자녀라는 신분에 걸맞게 살라

그러고 나서 바울은 3절에서 더 본격적으로 들어간다.

> "음행과 온갖 더러운 것과 탐욕은 너희 중에서 그 이름조차도 부르지 말
> 라 이는 성도에게 마땅한 바니라"(엡 5:3).

음행과 온갖 더러운 것과 탐욕이 마음속에 찾아올 수 있다. 종교 개혁자 마르틴 루터는 이렇게 말했다.

"새가 우리 머리 위로 지나가는 것을 막을 도리는 없다. 그러나 새가 우리 머리 위에 둥지를 트는 것은 막을 수 있다."

음행과 온갖 더러운 것과 탐욕이 마음에 찾아올 수 있다. 원수가 우리 마음에 슬쩍 가라지를 뿌리고 갈 수 있다. 하지만 이런 생각이 우리 안에서 계속해서 밑으로 뿌리를 내리고 위로 가지를 뻗어 자라게 하느냐, 새가 우리의 머리 위로 지나가다가 머리 위에 둥지를 틀게 하느냐는 순전히 우리에게 달려 있다. 이런 생각이 들 때 스스로에게 물어야 한다.

"나는 누구인가? 나는 누구이기에 이런 생각을 계속 떠올리고 있는가?"

앞서 1절에서 살펴보았듯이, 하나님의 사랑받는 자녀요, 그리스도인인 우리가 어떻게 음행과 탐욕스러운 생각을 키우고 더러운 것들이 우리 안에 자라게 둘 수 있는가? 하나님의 자녀라면 있을 수 없는 일이다.

"누추함과 어리석은 말이나 희롱의 말이 마땅치 아니하니 오히려 감사하

는 말을 하라"(엡 5:4).

이어서 바울은 또다시 말로 짓는 죄에 대해 말한다. 교회라는 공동체를
깨고 오염시키는 실질적인 문제가 바로 말이기 때문이다.

"그리스도가 너희를 사랑하신 것같이 나는 하나님의 자녀요, 감당할 수
없는 은혜를 받아 살고 있는 사람인데 어떻게 어리석은 말이나 희롱의 말이
나 세상 사람들이 쓰는 육두문자를 서로 간에 쓸 수 있겠는가?"

사도 바울은 이렇게 말씀을 풀어 나간다. 그리고 5절에서는 심각한 결론
을 이야기한다.

"너희도 정녕 이것을 알거니와 음행하는 자나 더러운 자나 탐하는 자 곧

우상 숭배자는"(엡 5:5상).

음행하는 자, 부적절한 남녀 관계를 가진 자, 책임지지 않는 성관계를 갖
고 있는 자, 더러운 자, 그 입에서 추하고 더러우며 온갖 악한 말이 나오고
악하게 행동하는 자, 탐욕스러운 자는 우상 숭배자라는 것이다. 우상의 형
상에 절하는 자만 우상 숭배자가 아니라, 음행하는 자와 더러운 자와 탐욕
스러운 자도 우상 숭배자라고 말한다.

지금 바울이 누구에게 이 말을 하고 있는가? 믿지 않는 세상 사람들에게
하는 말이 아니다. 교회 안에 있는 믿는 자, 에베소 성도들에게 하는 말이다.
교회 안에 교묘하게 음행하고, 더러운 말을 하고, 예수님의 말씀으로 표현하
자면 마음으로 음행을 저지르는 자들이 있는데 그들은 모두 우상 숭배자라

고 말한 것이다. 그들은 행동으로 하나님을 믿는다고 하지만 사실은 그 속에 죄악을 숭배하는 마음이 들어 있다고 바울은 말한 것이다. 성도들을 엄하게 직면시키는 것이다. 왜냐하면 하나님 외에도 다른 것을 같이 섬기기 때문에 그 마음이 계속 자라 가고 있다고 본 것이다.

그 뒤에 더 심각한 말씀이 나온다.

> "우상 숭배자는 다 그리스도와 하나님의 나라에서 기업을 얻지 못하리니"(엡 5:5하).

그들은 장차 하나님 나라에서 유업이나 영생을 얻지 못할 수도 있다는 말이다. 믿음으로 구원받고 영생을 얻는다고 했는데, 우상을 숭배하는 그들은 구원을 얻지 못할 수 있다는 말이다. 정말 용서받은 죄인이라는 의식이 있고 허물과 죄로 죽었는데 하나님이 전적으로 살리셔서 그분의 자녀로 살고 있다고 믿는다면, 사도 바울이 볼 때 그는 음행과 온갖 탐욕을 계속 품고 살 수 없다. 정말 그가 하나님의 은혜로 이 자리에 있다고 믿는다면, 그는 반복해서 더러운 것과 탐욕스러운 마음을 계속 자라게 하면서 살아갈 수 없다.

존 칼빈은 누군가가 이렇게 살고 있다는 행동이 그가 아직 구원받지 못했다는 반증이라고 말했다. 그가 아직 진정한 그리스도의 사랑을 알지 못한다는 반증이라는 것이다. 그렇기에 바울은 그가 하나님 나라에서 기업이 없다고 말한다. 열매로 그 나무를 본다는 것이 여기서 드러난다. 우리가 진정 하나님의 자녀요, 그리스도인이라면, 하나님이 이 말씀을 우리 자신에게 하시는 것 같다면 회개해야 한다. 그리고 회개하면 된다. 지금이라도 음행과 온갖 더러운 것과 탐욕을 청산하고 하나님께로 돌이키면 된다.

우리는 누구인가? 우리는 그리스도인이다. 허물과 죄로 죽었는데, 하나님이 전적인 은혜로 살려 주셨다. 은혜로 여기까지 왔고, 앞으로도 은혜로 갈 자들이다. 그런데 우리가 어떻게 음행과 더러운 것과 탐욕을 계속 품고 살 수 있겠는가.

"너희가 그리스도인의 신분에 걸맞게 살기 바란다."

성령이 사도를 통해 하시는 이 당부에 귀를 기울이기 바란다.

"너희는 왕 같은 제사장이고 거룩한 나라이며 하나님의 소유 된 백성이다. 그런데 어떻게 너희가 이방인처럼 생각하고 처신하겠느냐? 왕의 자녀답게 처신하라."

주님이 우리에게 주신 말씀에 합당하게 반응하기를 바란다.

13

기쁨

무엇이 주님을 기쁘시게 하는가

엡 5:8-14

어둠에서 빛으로 존재의 변화

바울은 불신자가 신자가 되고 예수를 믿지 않던 사람이 예수를 믿게 되는 것을 어둠이 빛으로 바뀌는 것과 같다고 말한다. 불신자가 그리스도인이 되는 것은 이전보다 더 좋은 사람이 된다든지, 삶이 개선된다든지, 또는 성장하거나 발전하는 것과는 다르다고 한다. 존재 자체가 완전히 바뀌는 것이다. 형질이 바뀌는 것이다. 마치 가나의 혼인 잔치에 있던 물이 예수님의 간섭하심으로 포도주로 바뀐 것과 같다.

"내가 예수를 믿게 되었다. 내가 하나님의 사람이 되었다"라는 말은 사람 자체로도 믿지 않는 사람과 완전히 다른 부류의 사람이 되었다는 것을 의미한다. 한 사람의 존재 여행으로 볼 때도 이전과 이후가 너무 달라지는 것이다. 그래서 에베소서 5장 8절에서 바울은 그리스도인의 탄생을 어둠에서 빛으로 바뀌는 것으로 표현한다.

"너희가 전에는 어둠이더니 이제는 주 안에서 빛이라."

전에는 어둠이었는데 이제는 빛이다. 어둠 속에 있던 이가 아니라 존재 자체가 어둠이었다. 이제는 빛 속에 있는 것이 아니라 빛이다. 성경은 이미 한 사람의 존재가 그 자체로 주변에 영향을 준다고 본다. 어떤 사람이 무엇을 하고 있기에 영향력을 가진 것이 아니라, 그 사람이 지금 그곳에 있다는 것 자체가 이미 영향을 끼치고 있다고 여긴다. 성경적으로 보면, 사람의 존재는 야생 한복판에서 살아 움직이는 거대한 들짐승이기보다는 미동도 하지 않고 천년, 만년 서 있는 나무 한 그루와 같은 것이다. 존재의 영향력이지 행동의 영향력이 아니다. 행동의 힘이 아닌 존재의 힘이다.

전에는 그 존재 안에 하나님이 계시지 않았기에 이미 그 사람 자체가 어둠이었다. 그 사람 옆에 있으면 우리에게도 어둠이 슬며시 엄습해 들어왔다. 그랬던 사람이 하나님을 알게 되면 하나님이 그 사람 안에 들어오신다. 그러면 그 사람 자체가 발광체이면서 동시에 반사체가 된다. 빛이신 하나님이 비추는 빛이 그에게 와서 그것을 세상에 비추기 때문에 반사체고, 빛이신 하나님이 성령을 보내셔서 하나님의 영인 성령이 그 사람 안에서 비추게 되니 그는 반사체이면서 동시에 발광체가 되는 것이다.

날마다 회삿돈을 횡령하고 부정직하게 직장생활을 하는 사람들이 모여 있다고 가정해 보자. 그런데 그중 한 사람이 그들과는 전혀 다른 방식으로 살아가면서 매사를 섬긴다. 당연히 그리스도인이다. 그 자신이 이미 빛이다. 못된 말로 수군거리던 사람들이 그가 사무실로 들어가면 바퀴벌레가 숨듯 사라져 버린다. 어둠 속에 빛이 갔기 때문에 그 일이 일어나는 것이다.

하나님의 자녀답게, 빛으로 살라

"너희가 전에는 어둠이더니 이제는 주 안에서 빛이라"(엡 5:8상).

존재 자체가 이미 빛이니 빛의 자녀들처럼 행하라는 것이다. 행할 수 있는 사람들이니 행하라는 것이다. 기독교 윤리는 항상 이렇다.

"존재가 그러하니 그렇게 살아라. 하나님의 자녀니 하나님의 자녀답게 살아라. 왕의 족속이니 왕 같은 제사장으로 살아라."

또 하나, 어둠이 점점 빛이 되는 것이 아니다. 이는 1에서 10 사이에서 2, 3, 4, 5를 거쳐 10이 되는 것과 같은 과정이 아니다. 믿지 않는 사람이 믿는 사람이 되는 것은 과정이 아니라 반전이다. 한 계단, 한 계단 밟고 오르는 것이 아니라 도약이고 비상이다. 전혀 다른 사람이 되는 것이다. 그래서 성경에서는 새사람이 되는 것이라 하고, 요한복음에서는 다른 말을 할 수 없으니 '위로부터 거듭난 사람'이라 이야기하는 것이다.

조금씩 되는 것이 아니라 새롭게 태어나 신인류가 되는 것이고, 이 신인류는 태어난 뒤 과정 속에서 점점 성장하고 성숙한다. 만일 아직 태어나지 않았는데 이 과정을 밟겠다고 걸음을 떼어서는 안 된다. 흉내만 낼 수 있을 뿐이다. 반드시 좌절하는 순간이 온다. 그럼에도 계속 걸음을 걷게 하기 위해 도덕이나 계명이나 율법을 들고 채찍질을 하지만 모양새만 갖출 뿐 속은 그렇지 않다. 그래서 거듭난다는 것은 매우 중요하다.

실질적으로 어느 날 자신이 그리스도인이라 했을 때 그는 전혀 다른 형질로 바뀌어 있는 것이 정상이다. 태어날 때 그 사람 안에 이 유전자가 다 들어 있는 것이다. 그래서 이것이 발현되어 적절한 환경에서 교회의 돌봄과 살핌과 양육과 훈련을 통해 성장하고 성숙해 가는 것이다.

존 칼빈의 정의를 따르면 교회는 어머니다. 왜 교회가 어머니인가? 아이가 태어나서 자라고 성장하고 성숙할 때까지 어머니가 살피고 돌보듯, 교회는 그리스도인 한 사람의 탄생과 성장과 성숙을 총체적으로 책임진다. 교회가 교인들을 양육하고 훈련하는 것은 교회의 본질적인 섬김에 해당하는 것이다. 교회가 영적 인큐베이터라 하는 것은 바로 이런 교회의 정의 속에 나오는 것이다.

이렇게 보면 세례는 굉장히 중요하다. 세례는 그냥 줄 수도 없고, 받겠다고 해서 주어서도 안 된다. 바울의 영적인 원리로 보면 어둠이 빛으로 옮겨지는 것이므로 그 사람의 신앙 고백이 확실한지 거듭거듭 확인해야 한다. 그 사람이 신인류로 태어났는지 거듭거듭 확인해야 한다. 그래서 본인 안에 내적 동기는 있으나 아직 이 부분에서 신인류로 거듭나지 않았다면 세례 교육을 통해 완전히 거듭난 사람이 될 수 있도록 이끌어 주어야 한다.

현대 교회는 자율성을 존중해서 세례 받겠다고 하면 요식 행위로 대략 6-7주 동안 교육받게 한 후에 세례를 준다. 그러다 보니 초대 교회 때 성도들과 달리 예수 믿기 전과 예수 믿은 후가 분명하지 않은 부분이 대단히 많다. 마귀가 이런 부분을 교묘하게 가지고 논다. "너는 이미 그리스도인이고,

세례를 받았으니 하나님의 사람이다"라고 한다. 속사람이 거듭나지 않았으니 이 부분은 허사가 되는 것이다. 다시 말하지만, 세례를 받는 것은 예수 믿기 전 어둠에서 예수 믿은 후 빛으로 분명히 변했음을 성도들 앞에서, 공동체 앞에서 확인하는 것이다.

빛이 맺는 열매: 착함, 의로움, 진실함

그렇다면 이 빛은 어떤 열매로 나타나는가?

"빛의 열매는 모든 착함과 의로움과 진실함에 있느니라"(엡 5:9).

그 사람이 빛이면 그는 착하고 선하다. 의롭고 공의롭다. 바른 것을 추구하는 것, 나그네와 고아와 과부와 가난한 자의 하나님이신 우리 하나님을 따라서 약한 자, 소외된 자, 그늘 된 곳에 있는 자, 나그네, 외국인을 살피고 돌보는 것이 공의로운 것이다. '착함과 의로움과 진실함에 있다'는 말은 거짓되지 않고 겉과 속이 통합되어 있는 것을 의미한다. 진실하기 때문에 뒤에서 무슨 일을 꾸미지 않는다. 뒤에서 말하지 않고 투명하다. 이것이 진실이다.

착하다, 진실하다, 의롭다 하면 어떤 느낌이 드는가? 동물로 보면 어떤 동물이 가장 가까운가? 양이다. 하나님의 어린양이 떠오른다. 그런데 한 가지 질문을 하겠다. 오늘날 교인들이 착한가? 예전에는 학교에 가면 믿지 않는 아이들이 믿는 아이들에게 착하다고 이야기했다. 아직 그 아이들 속에 있는 예수님은 잘 알지 못하지만, 학교에서 비친 그들의 모습은 자기들보다 착하다는 것이었다. 자신들보다 바르고 정직하다고 느꼈다. 그런데 요즘 교회에 다니는 친구들이 학교에 가면 이런 이야기를 들을까? 현대 교회에서 성도들이 가진 셀프 이미지와 성경에서 우리에게 가르쳐 주는 이미지가 왜곡되고 변질되었기 때문이다.

우리는 모두 하나님의 어린양이다. 성도들은 양이 되어야 한다. 그런데 어떤 경우에는 성도들이 사자같이 느껴지기도 한다. 그리고 재미있게도 성도들은 양이라는 말을 듣기 싫어한다. 양은 약하고 힘이 없어 보이기 때문이다. 그러다 보니 자녀들에게도 착함과 선함과 진실함과 의로움을 가르치기보다는 지혜를 가르치려 하고, 그것도 세상 사는 지혜를 가르치려 한다. 그래서 성경이 추구하는 그리스도인의 심성의 본질적 가치를 자꾸 잃어 가는 것이다. 스스로에게 물어보라.

"나는 착한가? 나는 의로운가? 나는 진실한가?"

하나님의 순결한 어린양이 되기 바란다.

빛의 열매는 모든 착함과 의로움과 진실함이다. 그래서 바울은 "주를 기쁘시게 할 것이 무엇인가 시험하여 보라"(엡 5:10)라고 말한다. '시험하다'라는 말은 헬라어로 '도키마조'인데, '분별하여 찾아내다'라는 뜻이다. "너희를 세상에서 미혹하고 유혹하는 것이 너무 많으니 그중에서 무엇이 하나님을 기쁘시게 하는 것인지 도키마조, 즉 분별하고 잘 찾아내어 그것에 집중하라"고 말한 것이다. 그리고 이어서 말한다.

"너희는 열매 없는 어둠의 일에 참여하지 말고 도리어 책망하라"(엡 5:11).

쓸데없이 세월을 낭비하지 말라는 것이다. 그러면서 열매 없는 어두운 일에는 참여하지 말고, 도리어 그런 인물을 보면 책망해 주고 스스로를 책망하라고 말한다. 그는 가르침을 주는 자가 가르침을 받는 자를 사랑하는 중요한 방법 중의 하나가 책망이라고 본다. 꾸짖음이다. 그들은 악을 행하고 어둠 속에 있으면서도 자신들이 지금 악을 행하는지도 모르고 어둠 속에 있는지도 모른다. 바울은 지금껏 신인류로 살아가는 데 생각이 깨어나는 것이 중요하다고 반복해서 말하지 않았는가? 그런데 그들은 생각이 무엇인가에 골똘히 사로잡혀 있다. 자신이 잘못되어 간다는 생각도 들지 않는다. 책망해야 한다. 말씀으로도 책망을 받아야 한다.

"모든 성경은 하나님의 감동으로 된 것으로 교훈과 책망과 바르게 함과 의로 교육하기에 유익하니"(딤후 3:16).

성경을 통해 은혜로운 말씀만 받지 않고 책망하는 말씀을 받는 사람은 정말 좋은 성도다. 설교도 은혜로운 말씀만 들으려 해서는 안 된다. 목회자도 성도를 사랑하는 마음으로 책망할 수 있어야 하고, 성도들도 하나님을 사랑하기 때문에 책망받을 수 있어야 한다. 그래서 어둠의 일에 참여하지 말고 도리어 책망하라고 바울은 말한 것이다.

"그러나 책망을 받는 모든 것은 빛으로 말미암아 드러나나니 드러나는 것마다 빛이니라"(엡 5:13).

무슨 이미지가 떠오르는가? 동굴에 있는 사람을 끌어내는 것이다. 어둠 속에 있는 사람을 빛으로 끌어내는 것이다. 동굴에 있는 사람이 햇빛으로 나오면 작열하는 태양을 감당할 수 없어서 눈을 찌푸린다. 몸부림을 친다.

깨어나기 싫어한다. 흔들어 깨우면 왜 깨우냐고 화를 내고 짜증을 부린다. 책망받을 때 일어나는 현상이다.

현대 교회 성도들은 책망을 받지 않으려 한다. 혼내고 찌른다고 생각해 기분 나빠한다. 잘 생각해 보면 우리의 영이 기분 나쁜 것이 아니라 우리 안에서 떠나지 않는 죄의 힘이 기분 나빠하는 것이다. 흔들어 깨우는 것이 싫어서 그러는 것이다. 책망을 잘 받아야 한다. 하나님이 말씀을 통해 흔들어 깨우실 때 그 책망을 받는 성도가 좋은 성도고 어린양이다.

우리 모두는 양이 되어야 한다. 그러면 "나는 양이 되기 싫습니다" 하는 사람이 있다. 아니다. 양이 되어야 한다. 우회적이지만 책망하는 말씀이다. 사자로서 세상을 호령하거나 누구에게 밟히지 않고 살기 위해, 혹은 항상 무엇인가 표독스럽게 먹을 것을 찾아 나서는 긴장하고 촉각이 곤두선 모습이 아니라, 하나님의 어린양으로 순하고 진실하고 의롭게 사는 모습을 통해서도 얼마든지 세상을 이길 수 있다고 믿으며 가야 한다.

"그러므로 이르시기를 잠자는 자여 깨어서 죽은 자들 가운데서 일어나라 그리스도께서 너에게 비추이시리라 하셨느니라"(엡 5:14).

날마다 착함과 의로움과 진실함으로 살아가는 그리스도인이 되기를 바란다.

14

시간

주의하라, 아끼라, 이해하라

엡 5:15-20

진실인 줄 알았던 거짓

우리는 살면서 마음속에 한 가지 소원을 가지고 있다. 한 번 사는 인생, 아름답고 가치 있게 살다가 좋은 결실을 남기고 떠나고 싶다는 마음이다. 어떤 사람은 이 소망을 이루고 세상을 뜨기도 하고, 어떤 사람은 이 소망과는 전혀 거리가 먼 인생을 살며 세월을 허비하다가 삶을 마무리하기도 한다. 또 어떤 사람은 열심히 최선을 다해 생을 살아 내고 나름대로는 의미 있는 인생을 살았다고 이야기하는데, 사실은 그렇지 않은 경우도 있다.

어떤 경우가 열심히는 살았는데 그 열심이 열매를 맺지 못하는 경우일까? 자기 속에 갇혀서 인생을 사는 사람, 자신은 열심히 의미 있게 산 것 같은데 오히려 이로 인해 그의 주변이 어지러워졌거나 세상이 혼란해졌거나, 혹은 그런 시류에 편승하며 사는 사람들의 경우다. 신학의 세계에 적용해 보면, 하나님의 일을 한다고 열심히 했는데 결과적으로는 그것이 하나님의 일이 아니라 오히려 하나님 나라를 흐트러뜨리고 어지럽게 만드는 경우가 있다. 그래서 오히려 뒷사람들이 이를 수습하기 위해 또 다른 에너지와 시간을 쏟아 부어야 하는 경우다. 일을 하기는 했는데 오히려 집 안을 다 어지럽혀 버리는 것이다.

예수님 시대의 바리새인들이나 경건한 유대인들이 그러했다. 그들은 진심으로 자신들의 행동이 옳다고 생각했다. 자신들이 하나님을 바르게 믿고 있다고 생각했다. 그런데 그 신념 때문에 예수님을 십자가에 못 박았다. 그들은 자신들의 경건이 겉과 속이 다른 경건, 거짓 경건이라 생각하지 않았다. 실제로 바리새인들은 통합성이 있는 사람들이었다. 경건의 방향이 문제가 되었던 것이다. 경건한 것보다 중요한 것은 자신이 가진 경건, 하나님을 향한 열심, 주님을 향한 강철 같은 믿음이 어떤 방향성을 가졌느냐다. 방향성이 잘못되어 하나님이 가시는 방향, 성령이 이끌어 가시는 방향과 우리가 가진 신앙의 방향이 어긋나면 하나님 나라가 우리 때문에 어지럽혀지는 결과가 발생한다. 범죄로 치면 확신범이다.

회심 전 바울의 모습, 회심 이후 바울의 선교를 곳곳에서 방해한 유대인 박해자들, 그들의 하나님을 향한 진심을 의심할 수는 없다. 그들은 진정 믿고 확신하는 데 거했다. 그런데 그들의 하나님을 향한 열심이 오히려 하나님 나라를 어지럽혔고, 결국 그들은 하나님 나라의 방해자가 되었다. 얼마나 안타까운 일인가. 하나님을 위해 살았는데 하나님 나라의 방해자가 된다니 말이다. 우리는 하나님을 위해 산다고 생각했는데 구속사는 오히려 그 부분에 대해 방해가 되었다고 평가한다면 얼마나 속상한 일인가. 시간을 잘못 쓴 것이다. 왜 이런 일이 일어나는지, 또 우리가 어떻게 살아야 바른 열심으로 일생에서 단 1센티미터라도 전진할 수 있는지 바울은 본문을 통해 가르쳐 준다.

시간을 속량하여 거룩하게 하라

이제 말씀이 '어떻게 살 것인가?'라는 행함의 영역으로 들어온다. 인생 무대에서 본격적으로 살아야 하는 사람, 말씀을 잘 따라왔다면 그의 안에 내적인 중심이 분명히 서 있는 사람, 죄와 허물로 죽었던 자인데 하나님의 은혜로 전적으로 살아나게 된 사람 그리고 하루하루 하나님의 사랑과 은혜를 먹으며 인생을 살아온 사람은 이제 어떻게 살아야 할까?

> "그런즉 너희가 어떻게 행할지를 자세히 주의하여 지혜 없는 자같이 하
>
> 지 말고 오직 지혜 있는 자같이 하여"(엡 5:15).

바울은 맹목적인 헌신과 열심을 경계한다. 신앙은 그저 열심히 믿는 것 이상이라는 뜻이다. 어떻게 행할지를 자세히 주의해야 하는 이유가 무엇인가? 우리의 한 걸음, 한 걸음은 반드시 누군가에게 파장을 미치기 때문이다. 우리 존재가 그 자리에 있는 것 자체가 이미 영향력이다. 아무것도 하지 않았는데 일이 일어나는 경우는 없다. 존재로 그곳에 있었기에 그 일이 일어난 것이다. 자신의 작은 몸짓도 공동체 안에서 여운과 파장을 미치기 때문에 우리는 무엇을 할 것인지에 대해 자세히 주의해야 한다. 그래서 바울은 말한다.

"세월을 아끼라 때가 악하니라"(엡 5:16).

'세월을 아끼라'라는 말은 열심히 살라는 말만이 아니다. 이는 또한 시간을 분초로 쪼개 쓴다는 말이 아니다. 자기도 모르게 강박적 생활 방식을 가진 사람이 있다. 성공 지향적, 목표 지향적인 사람들은 시간을 분초 단위로 나누어 쓰며 하루 24시간을 철저히 조직해 낸다. 경건 시간도 30분 기도, 30분 말씀 외에는 절대로 쓰지 않는다. 성령이 그날 1시간 기도하게 하시는데도 정해진 시간에 기도를 마무리한다. 성령의 역사도 시간 안에서 통제해 내려 하는 것이다. 이는 강박적인 생활 방식일 뿐, 세월을 아끼는 것이 아니다.

여기서 '아끼다'라는 말은 헬라어로 '엑사고라조'라고 하는데, 이는 '구속하다', '되사다', '속박해 내다'라는 뜻을 갖는다. 값을 치르고 되사오는 것이다. 시간이 영적으로는 무엇인가에 묶여 있다는 것이다. 영적으로 무엇인가에 포획되고 속박되어 있다는 것이다. 이것을 엑사고라조, 곧 값을 치르고 해방해 낸다는 것이다. 여기서 '세월을 아낀다'는 것은 시간을 악한 속박에서 속량해 내는 것이다. 헛된 것, 의미 없는 것에 세월을 쓰는 것에서 시간을 풀어 해방하는 일이다. 그래서 죄악에 넘겨진 시간을 거룩하고 아름답고 가치 있는 시간으로 넘겨 주는 것이다. 이것이 세월을 아끼는 것이다. 이는 강박적 생활 방식으로 시간을 분초로 나누어 쓰는 일과는 다르다.

시간이 무엇을 위해 사용되고 어느 방향으로 가느냐에 따라서 시간을 치밀하게 사용하지만 허비하는 사람일 수도 있고, 느슨하게 사용하는 것 같은데 알차게 쓰는 사람일 수도 있다. 시간을 하나님 나라와 의를 위해 아름답게 사용하고 있다면, 그는 시간을 속량하여 해방하고 있는 것이다.

"세월을 아끼라 때가 악하니라"라는 이 말씀은 우리 하루하루의 시간, 인생 전체의 시간을 거룩한 세월로 만들어서 사용하라는 뜻이다. 이 말은 바울의 시간관을 뜻한다. 세월을 구원하고 해방해 낸다는 말은 세월, 혹은 시간, 물리적인 시간인 카이로스를 하나님의 작품을 만드는 도구로 생각한다는 것이다.

우리는 하나님의 일을 시간과 공간 안에서 이루어 낸다. 그런 면에서 우리는 시간과 공간의 제약을 뛰어넘을 수 없다. 하나님의 사람은 시간과 공간 안에서 하나님의 일을 해낸다. 이는 한편으로 우리에게 영원을 살아가는 걸림돌이 될 수도 있지만, 시간과 공간이 하나님의 작품을 만드는 도구로 인식될 수도 있다. 마치 예술가가 붓으로 그림을 그려 내는 것과 마찬가지다. 붓이 작품을 만드는 도구이듯, 우리가 사는 시간과 공간을 우리 인생에서 하나님의 작품을 만드는 도구라고 인식하는 것이다.

그런데 이 도구가 바로왕의 손에 붙들려 있으면 악한 데 사용된다. 그런데 의로운 자의 손에 붙들려 있으면 성막을 만드는 데 쓰임 받는다. 시간을 해방한다는 것은 바로 그런 뜻이다. 시간을 선하게 쓰도록, 악하고 헛된 데 쓰는 시간을 풀어헤쳐 거룩하게 하라는 것이다.

하나님의 뜻대로 인생이 전개되도록

바울은 시간이 어떻게 사용될 때 거룩하게 될 수 있는지에 대해 이야기한다.

> "그러므로 어리석은 자가 되지 말고 오직 주의 뜻이 무엇인가 이해하
> 라"(엡 5:17).

우리가 가진 열심, 우리가 가진 헌신이 열매를 맺는 열심이 되는 데 가장 중요한 것은 주의 뜻이 무엇인지 이해하는 것이다. 길게는 우리 인생을 향한 하나님의 뜻이 무엇인지 이해하는 일이다. 모든 하나님의 백성에게 주시는 영원한 하나님의 뜻이 있다. 그분의 나라와 그분의 의를 구하는 일이다.

우리 시대에 주신 하나님의 뜻이 있다. 그분의 나라와 그분의 의가 이루어지기 위해 우리 시대에 무엇이 필요한가를 분별하는 일은 매우 중요하다. 아브라함에게는 아브라함에게 주신 하나님의 뜻이 있다. 이삭에게는 이삭에게 주신 하나님의 뜻이, 야곱에게는 야곱에게 주신 하나님의 뜻이, 요셉에게는 요셉에게 주신 하나님의 뜻이 있다.

아브라함에게 주신 하나님의 뜻은 믿음을 심어 내는 것이다. 믿음을 심어 내는 일이 하나님의 뜻이므로 아브라함이 믿음의 열매를 꽃피우려 해서는 안 된다. 믿음의 열매는 요셉 때에 가서야 이루어 내게 된다. 우리 시대의 하나님의 뜻이 믿음을 심어 내는 일이라면, 소처럼 열심히 밭갈이를 하고 힘들더라도, 쟁기가 부러질지라도 꾸역꾸역 그 일을 해내고 인생을 마무리하는 것, 그것이 자신의 시대를 향한 하나님의 뜻이다.

하지만 많은 사람은 이렇게 하고 싶어 하지 않는다. 예수님이 되고 싶지 세례 요한이 되고 싶지는 않기 때문이다. 그래서 밭갈이를 해서 마무리해야 하는데 밭갈이 끝에 씨를 심어 열매까지 거두려 한다. 이럴 때 하나님 나라가 어지럽혀지는 일이 일어나는 것이다. 이런 일이 일어나는 이유는, 하나님의 뜻이 무엇인지 분별하지 않고 열심을 냈기 때문이다.

어리석은 자가 되지 말고 오직 주의 뜻이 무엇인지 이해하라는 말씀은 매우 중요하다. 다른 무엇보다 하나님의 뜻대로 되는 것이 중요하다. 뜻이 하늘에서 이루어진 것같이 땅에서도 이루어져야 한다. 하나님의 뜻대로 되는 것이 중요하지, 우리가 원하는 대로 되는 것이 중요한 것이 아니다. 우리가 원하는 대로 하나님의 뜻이 이루어지는 것이 중요한 것이 아니라, 우리가 원하는 것이 있지만 그 원함보다 하나님의 뜻이 우리 인생 속에서 바르게 이루어지는 일이 훨씬 중요하다. 주님이 헌신하라 하셨으니 열심히 헌신하고 교회를 위해 땀 흘려 봉사하지만, 이보다 훨씬 중요한 것은 하나님이 이 일을 통해 무엇을 이루시려는지 이해하는 것이다.

우리가 가진 성향, 정열을 불태우게 만드는 그럴듯해 보이는 것들을 주의해야 한다. 그런 것들이 거룩이나 열심을 내었을 때 열매를 거둘 수 있는 것처럼 포장된 경우가 매우 많다. 분별하지 못하면 따라가게 된다. 시간을 굉장히 쏟아붓게 된다. 하나님의 뜻대로 가는 것은 바로 이 부분에서 불필요한 시간을 정리할 수 있도록 도와준다.

무엇보다 중요한 것은, 하나님의 뜻대로 되면 모든 것이 좋다는 것이다. 당사자에게는 잠시 힘들고 고달픈 인생이 전개되는 듯하지만, 하나님의 뜻대로 되면 자신에게도, 다른 누군가에게도, 하나님의 뜻대로 되는 데 영향을 준 사람들에게도, 공동체에도 모든 것이 좋은 일이 된다.

하나님의 뜻대로 인생이 전개되는 복을 받기 바란다. 그러려면 지금 인생의 국면에서 하나님의 뜻이 무엇인지 분별해야 한다. 다윗은 사울을 죽일 기회가 있었으나 놓아 보냈다. 다윗은 하나님의 뜻이 무엇인지 알고 있었다. 언뜻 생각해 보면, 광야에서 생존 게임 중인 사람에게 하나님의 뜻이 무엇이겠는가? 광야에서 살아남는 일이다. 건강하게 살아 나오는 것이 하나님의 뜻이다. 만일 하나님의 뜻을 그렇게 이해했다면, 다윗은 자기를 죽이려고 쫓아다니는 사울왕을 죽일 기회가 왔을 때 생각하지 않고 칼을 빼 그를 찔렀을 것이다. 그런데 다윗이 볼 때 자신을 위한 하나님의 뜻은 그것이 아니었다.

"나의 부족한 헌신을 통해 어떻게 수습해야 사울로 인해 어지럽혀진 하나님 나라를 이 유대 땅에 오게 할 수 있는가? 땅바닥에 떨어져 버린 하나님의 계명과 율법을 어떻게 다시 세울 것인가?"

다윗이 볼 때는 이것이 자신의 인생을 향한 하나님의 뜻이었다. 그런데 사울을 죽일 기회가 왔다. 단순히 죽인다, 살린다가 아니라 고달픈 인생을 끝낼 기회가 왔는데, 자기는 살겠지만 하나님 나라는 더 어지러워진다고 본 것이다. 율법과 계명에 의해서 인생을 살아가는 사람은 푯대가 보이지 않으니 사울처럼 그저 현실에 임기응변으로 적응하고 살아남기 위해 자기 자신에게 유리한 것을 때마다 선택하는 삶을 계속해서 살아간다. 하지만 다윗은 그리 가지 않는다. 지금은 힘들고 어렵더라도 주의 뜻이 무엇인지 이해했으니 그 뜻을 따라 계속 간다. 이런 삶 끝에 풍성한 열매가 거두어진다.

세월을 아끼고, 주님의 뜻이 무엇인지 이해하기 바란다. 우리가 사용하는 하루라는 시간 중에 하나님의 뜻대로 쓰는 시간이 얼마나 되는지 잘 헤아려 그 시간에 집중하게 되기를 바란다. 이 장의 본문은 표면적으로는 지극히 일상적인 말씀 같지만, 굉장히 보배로운 말씀이다. 정말 한 번 살다가 주님 앞에 가는 인생, 가치 있고 보람된 열매를 주님께 올려 드리는 인생을 살고 싶은 사람이라면 마음에 새겨들어야 할 것이다.

15

관계

지체는 피차 복종한다

엡 5:21-33

먼저 주님이 주신 은혜와 사랑을 환기하라

바울의 서신은 항상 두 개의 구조로 되어 있다. 앞부분에는 교리가 나오고, 뒷부분에는 교리에 따른 삶이 나온다. 그가 말하는 교리는 우리가 생각하는 교리가 아니라, 하나님이 우리를 위해서 어떤 은총을 베풀어 놓으셨는지, 우리가 주님을 알기 전에 주님이 우리를 어떻게 사랑하셨는지, 그분이 우리 인생에 펼쳐 놓으신 크고 놀라운 은혜가 어떤 것인지에 대해서다. 바울은 이 기반 위에서 우리가 어떤 존재로 부름 받았는지를 이야기하고, 이후에 삶에 대해 이야기한다. 이처럼 놀라운 사랑을 받은 우리는 어떻게 살아야 하고 어떻게 살 수 있는지를 말하는 것이다.

그러므로 반복해서 언급하지만, 그리스도인의 삶, 그리스도인의 윤리는 우리가 마땅히 살아야 하는 것뿐만 아니라 우리가 어떻게 살 수 있는 존재인지를 말해 준다. 어떻게 살 수 있는지, 가능성이 있기에 그 삶으로 초대하는 것이다. 간혹 신약성경에 기록된 윤리를 보면 우리가 살아 낼 수 없을 것 같은 부분이 나온다. 그러면 그 말씀을 붙든 채 어떻게 살아 낼 것인가를 씨름하지 말고, 다시 앞으로 돌아가 주님께 받은 은혜가 무엇인지를 생각하고 주님이 주신 사랑이 무엇인지를 환기해야 한다. 그러면 그 은혜와 사랑이 그러한 삶을 감행하고 시도하고 모험해 보고 싶은 열망을 불러일으킨다. 성경에 나타나는 독특한 구조요, 대단히 중요한 부분이다.

거듭나지 않은 성도는 바울의 윤리로 들어가면 숨이 막힌다. 그리스도 안에서 새로운 피조물이 되지 않았는데 삶의 덕목으로 들어가면 그것은 또다시 율법의 멍에가 된다. 그러므로 진정 바울이 이야기하는 삶을 살아 내고 싶다면, 다른 모든 일을 하기 전에 스스로가 그리스도 안에서 새로운 피조물로 거듭나는 작업부터 해야 한다.

서로가 서로에게 복종하라

이제 바울은 그리스도인이 어떻게 살아야 하는지를 하나씩 이야기한다. 이런 측면에서 하나씩 뜯어 보면, 바울이 이야기하는 윤리는 철저히 복음을 기반하고 서 있음을 알 수 있다. 예수님의 부활로 인해 새로운 세상이 펼쳐지고 새로운 사회가 시작되었다. 그러므로 그 안에 사는 사람은 당연히 새로운 사람, 신인류로 살 수 있고, 그 삶을 살아 내야 한다. 그리고 이 구조 속에서 에베소서를 하나하나 뜯어 보면, 사실은 지금까지 그리스도인으로서 살아온 삶이 얼마나 오염되고 타락해 있었는지가 눈에 들어온다. 기존 사회가 만든 잘못된 가치에 오염되고 때로는 왜곡되어 우리 삶이 나타나고 있다는 사실을 알게 된다. 그리스도인이 맺는 인간관계도 마찬가지다.

바울은 이제 본격적으로 인간관계에 대해 말한다.

"그리스도를 경외함으로 피차 복종하라"(엡 5:21).

인생을 살면서 힘든 것 중의 하나가 인간관계 아닌가? 인간관계 때문에 행복하기도 하고 불행하기도 하다. 이런 우리를 위해 바울은 에베소서 5장 21절부터 6장 9절까지의 말씀을 통해 인간관계 중에서도 그중 핵심적인 관계로서 가정에서 맺는 남편과 아내의 관계, 부모와 자식의 관계, 당시는 노예제 사회였으므로 경제생활의 기본인 주인과 노예의 관계, 곧 고용 관계에 대해 이야기한다.

이 인간관계를 맺는 핵심 정신이 21절이다. 이는 피차 존중하라는 것이 아니다. 피차 잘해 주고 서로에게 친절하라는 말이 아니라, 서로가 복종하라고 한다. 영어 성경에는 'submit'(NIV)이라고 되어 있다. '복종'은 현대인들이 가장 싫어하는 굴욕적인 단어다.

이 단어는 의미 이전에 우리에게 특정한 이미지를 전해 준다. 굉장히 굴욕적이고 굴종적이며, 열등감에 휩싸이게 만들고 모욕감을 준다. 복종이라는 단어가 상하 계급 관계를 나타내기 때문이다. 고대 노예제 사회 당시 주인과 종의 관계에서 나타난 현상이다. 그것을 바울이 2천 년의 간극을 뛰어넘어 현대인들에게 실천하라고 하는 것이다. 남편과 아내, 자녀와 부모, 주인과 종 사이에 서로 복종하라는 이 말은 굉장히 구시대적인 발상이다. 그리고 안타깝게도 기독교 신앙이 지금껏 이 말씀을 이데올로기로 삼아서 사람을 억압해 왔으며, 건강한 변화를 추구하기보다는 이런 억압을 정당화하는 이데올로기에 앞장선 역사적 아픔들이 있었다. 기독교는 부끄러운 마음으로 인정해야 한다.

그런데 성경을 찬찬히 읽어 보면 성경의 정신을 오독한 것을 알 수 있다. 피차 복종하는데 어떻게 함으로 피차 복종해야 하는가? '그리스도를 경외함으로', 즉 그리스도 안에서 사람이 관계를 맺어야 한다는 것이다. 서로를 대할 때는 상대방을 맨 마음, 맨눈으로 보면 안 되고 두 사람 사이에 항상 그리스도가 계셔야 한다. 그리스도를 경외하는 눈으로 형제자매를 바라보며 대해야 한다. 그리스도를 경외하는 마음과 정신과 신앙으로 형제자매를 경외하며 피차 복종해야 하는 것이다.

파란 안경을 쓰면 파란 세상이 보이는 것처럼, 그리스도라는 안경을 쓰고 바라보면 두 사람이 서로를 그리스도를 통해 보고, 그리스도를 통해 만난다. 그분의 생명을 내어주신 사랑 때문에 그분을 사랑하고 경외한다. 그리고 그 경외심으로 형제자매에 대해 피차 복종한다. 사실 이렇게 보면 기독교가 인종 차별에 앞장선다든지, 인간의 존엄성을 훼손하거나 생명권을 파괴하는 일에 팔을 걷어붙이고 나서는 신앙이나 가치관이나 이데올로기를 뒤에서 보호해 주는 듯한 인상을 주는 근거는 전혀 없다. 오히려 반대다.

이어지는 아내와 남편의 관계를 보라. 사도 바울 시대에 아내는 남편에게 복종하고, 남편은 아내 위에 철저히 군림했다. 남편과 아내의 관계는 상하 계급 관계 이상이었다. 당시의 문헌을 보면, 남자는 여자를 자신보다 하등한 동물로 여겼기에 에로스적 관계, 성적인 관계를 제외한 아가페적인 수준 높은 사랑, 곧 정신적인 사랑이나 지적인 사랑은 남자들끼리 한다고 생각했다. 당연히 이러한 관계 속에서 아내는 남편에게 철저히 복종했다.

자녀와 부모의 관계도 마찬가지였다. 오늘날에도 부모가 자녀를 낳아 유기하는 경우가 있지만, 당시에는 훨씬 심했다. 자녀를 그야말로 자신의 도구를 대하듯 했고, 아이들을 너무나 멸시했다. 그런 시대 상황 가운데 예수님이 "어린아이들이 내게 오는 것을 용납하고 금하지 말라 하나님의 나라가 이런 자의 것이니라 내가 진실로 너희에게 이르노니 누구든지 하나님의 나라를 어린아이와 같이 받아들이지 않는 자는 결단코 거기 들어가지 못하리라"(눅 18:16-17) 하며 아이들이 가진 가치를 처음으로 인정해 주셨다. 당연히 이런 사회의식 속에서 아이들은 부모에게 철저히 복종했다.

주인과 종의 관계는 또 어떠한가? 종은 주인에게 철저히 복종했다. 마음의 동기가 기쁨과 자원함으로 그리스도께 하듯 하지 않았다는 것 빼고는 이미 그 당시 사회에서 한쪽이 다른 한쪽에 대해 복종하는 것이 관례였다. 그런데 그런 분위기에서 바울이 그리스도를 경외함으로 피차 복종하라고 말한 것이다.

당연히 이 메시지는 복종을 받는 이들에게 강력한 충격과 자극을 주었다. 아내의 복종을 받는 남편, 아이들의 복종을 받는 부모, 종의 복종을 받는 주인에게 이 말씀은 엄청난 도전이 되었고, 혁명적인 발상의 전환을 요구하는 메시지로 들려왔다. 당연히 남편이나 부모나 주인은 이 말씀을 받을 것인가를 두고 심각하게 고민할 수밖에 없었다.

결국 진정 그리스도를 경외하는 사람이요, 그리스도의 사랑을 온몸으로 받았다고 인정하는 사람은 그리스도를 경외함으로 지금까지 하등 동물 대하듯 했던 아내를 진정한 영혼의 파트너로, 영혼의 친구로 받아들이고 복종하며 사랑하기 시작한다. 부모들은 자녀를 전혀 새로운 눈으로 보기 시작한다. 직장에서 주인이 종을 대할 때도 마찬가지다. 고용 관계 속에서 기계나 동물을 대하듯 하지 않고 자신과 똑같은 인격과 존엄성을 가진 형제로 대하게 된다.

여기서 실질적으로 상호 복종과 상호 신뢰와 상호 사랑의 원리가 완성된다. 바울이 말하는 정신의 배경으로 들어가면 기독교 신앙이야말로 당시 사회 속에서 인간의 존엄성과 생명권을 가장 철저히 존중해 주는 가치를 가졌다는 것을 알 수 있다. 바울은 일방적인 복종을 요청하는 것이 아니다. 서로가 서로에 대해 복종하라는 것이다.

서로 복종의 이유, 한 몸의 지체이기 때문에

바울이 이 말을 할 때 그의 머릿속에 떠오르는 이미지가 분명했던 것 같다.

"우리는 그 몸의 지체임이라"(엡 5:30).

바울이 피차 복종하라고 한 것은 한 몸의 지체임을 염두에 두고 한 말이라는 뜻이다. 몸의 지체는 서로를 살피고 돌본다. 하나가 아프면 다른 부위가 자기가 가진 최소의 에너지를 남겨 두고 아픈 부위로 에너지를 보낸다. 아픈 부위가 건강해질 때까지 그렇게 한다. 피차 복종의 원리다. 왜 그렇게 하는 것일까? 그렇게 지체와 지체가 합해져 건강해질 때 몸이라는 유기체가 생명력을 유지할 수 있기 때문이다. 바울이 볼 때 그리스도의 몸 된 교회나 몸 된 지체가 서로를 세워 가는 원리가 바로 이런 부분이다.

"이와 같이 남편들도 자기 아내 사랑하기를 자기 자신과 같이 할지니 자기 아내를 사랑하는 자는 자기를 사랑하는 것이라"(엡 5:28).

왜 아내를 사랑하는 자가 자기를 사랑하는 것인가? 아내는 그의 몸의 지체이기 때문이다. 자신의 지체를 사랑하는 것이 자신을 사랑하는 것이므로 아내를 사랑하는 자는 자신을 사랑하는 것이다. 반면에 아내를 존중하거나 존경하지 않는 것은 자신을 존경하거나 존중하지 않는 것이다. 뒤집어서 이야기하면, 아내가 남편을 사랑하고 존중하는 것은 자신을 사랑하고 존중하는 것이다.

모든 원리가 이러하다. 이 부분은 우리가 사는 사회와는 굉장히 독특하게 다른 정신이므로 지켜 가기가 쉽지 않다. 그렇기에 그리스도 안에서 주님이 우리를 어떻게 사랑하셨는지를 염두에 두는 것은 이 말씀을 지켜 나가는 데 있어서 매우 중요한 출발과 정신이 된다. 우리는 그 몸의 지체라는 사실을 기억하기 바란다. 그리스도를 경외함같이 서로 존중하고, 사랑하고, 복종하고, 친절히 대하며 서로 신뢰하는 인간관계가 되게 해 주시기를 기도하자.

16

주권

모든 것을 주께 하듯 하라

엡 6:1-9

신인류, 예수 믿는 사람의 직업 윤리

바울은 그리스도인의 삶을 말하는 데 있어 중요한 부분이 관계를 풀어 나가는 것이라고 생각한다. 인간이 사는 데는 크게 세 가지 중요한 기둥이 되는 관계가 있는데, 첫 번째는 남편과 아내의 관계, 두 번째는 부모와 자식의 관계, 세 번째는 직장 생활에서의 고용 관계를 포함한 모든 인간관계다.

사람을 만날 때는 상대방과 우리 사이에 항상 그리스도가 중개자가 되어 관계를 맺어 가신다는 사실을 염두에 두어야 한다. 그래서 상대방을 사랑할 때도 그리스도 때문에 사랑하고, 상대방에게 복종할 때도 그리스도 때문에 복종하며, 그리스도 때문에 품고 그리스도 때문에 용서해야 한다. 그리스도를 경외함으로 피차 복종하고, 순종하고, 용서하고, 사랑하라는 것이다.

직장에서나 세상살이에서도 마찬가지다. 본문 6장 6절에서 바울은 "눈가림만 하여 사람을 기쁘게 하는 자처럼 하지 말고"라고 말한다. 직장에는 상사와 부하 직원이 있다. 상사에게 겉으로만 잘하는 척하거나 월급을 받기 위해 앞에서만 일하는 척해서는 안 되고 주께 하듯 하라는 말이다. 정말 쉽지 않은 말씀이다. 교회에서 사역할 때만 주께 하듯 하는 것이 아니라, 그리스도인이 직장 생활을 하거나 모든 일을 할 때도 주께 하듯 하라는 것이다. 그리고 이어서 그리스도의 종들처럼 하라고 말한다. 직장에서 상사와 함께 일을 할 때 그리스도의 종과 같은 마음으로 하나님의 뜻을 행해야 한다는 것이다.

이것이 바로 예수 믿는 사람의 직업 윤리다. 그리스도인은 직장에서 일 할 때 하나님이 자신을 파송하셔서 그곳에서 일하는 사람이라고 생각해야 한다. 그래서 그리스도의 종들처럼 마음으로 하나님의 뜻을 행해야 한다. 또한 월급을 받기 위해 일하는 것이 아니라, 주님이 주신 직업 안에서의 소명을 이루어 간다고 생각하고 일해야 한다. 그리고 그 부분에 대해서 주님이 합당한 삯을 주시는 것이라고 생각해야 한다.

코람데오, 하나님 앞에서

이어지는 말씀을 보라.

> "기쁜 마음으로 섬기기를 주께 하듯 하고 사람들에게 하듯 하지 말라"
>
> (엡 6:7).

"하나님 앞에서 일하라."

'코람데오'(Coram Deo), 즉 개신교의 핵심 정신이다. 하나님 앞에서 일해야 지, 사람에게 하듯 하면 안 된다는 것이다.

바울은 에베소서에서 명시적으로 이야기하고 있지 않지만, 직장 혹은 인 간관계 안에 권위 관계를 전제하고 말한다. 주인과 종은 바울 당시 경제 관 계였다. 오늘날로 치면 직장 상사와 부하 직원의 관계. 현대 사회에서 모든 인간관계는 인격적으로는 동등하다. 하지만 직장이나 사역 현장에서의 관계 는 역할로 치면 권위 관계다. 사도는 이 권위를 하나님이 주신 것이라고 전 제하는 것이다. 그래서 그는 로마서에서 이렇게 말한다.

> "각 사람은 위에 있는 권세들에게 복종하라 권세는 하나님으로부터 나
> 지 않음이 없나니 모든 권세는 다 하나님께서 정하신 바라 그러므로 권
> 세를 거스르는 자는 하나님의 명을 거스름이니 거스르는 자들은 심판을
> 자취하리라"(롬 13:1-2).

"인격적으로는 동등하지만 사역이나 일의 영역으로 들어가게 되면 그 안 에는 그 일을 효과적으로 완수하기 위해 권위가 반드시 따르게 된다. 그 권 위를 합당하게 인정하고 복종하는 것은 하나님의 명을 따르는 것과 마찬가 지다. 만일 그 권위, 권세를 건드리면 그는 하나님의 명을 거스르는 것이니 거스르는 자는 심판을 자취할 것이다"라고 말한 것이다.

당신은 일하거나 사역을 할 때 그곳에 있는 권세, 하나님이 그 일을 맡기 실 때 그 권위를 따르도록 하셨다는 사실을 인정하고 받아들이는가? 목사 가 교회에서 목회직을 수행할 때 하나님은 권위를 목사 개인에게 주신 것이

아니라, 하나님의 일을 효과적으로 제한된 시간에 온전히 이루기 위해 주신 것이라고 인정하고 받아들이는가? 장로나 당회원으로서 교회를 섬길 때 하나님이 부여하신 권위를 인정하고 받아들이는가?

사실 우리는 모두 권위를 따르려고 한다. 권위를 따르지 않겠다고 생각하는 사람이 얼마나 있겠는가. 하나님이 주신 권위도 따르겠다고 생각한다. 물론 권위에 대해 불편한 마음이 드는 순간이 있다. 하나님의 뜻이 아닌 것 같고, 바르고 정당하지 않은 것 같고, 주님의 뜻대로 하고 있지 않은 것 같다고 생각될 때 그 권위에 대해 의구심을 갖게 된다. 하지만 하나님이 세우신 권위라면 그 권위자가 가는 걸음이 당장은 불편해 보이고 마음에 거리끼는 부분이 있더라도 인내함으로 따라가는 행보를 통해 주님이 하시는 일을 당분간 바라볼 수 있다는 것이다.

다 보신 하나님이 갚아 주신다

하나님 앞에서 일하기 바란다. 하나님이 다 지켜보신다.

> "이는 각 사람이 무슨 선을 행하든지 종이나 자유인이나 주께로부터 그
> 대로 받을 줄을 앎이라"(엡 6:8).

선을 행하면 그대로 보응을 받을 것이나, 악을 행하면 주께로부터 그대로 받게 된다. 하나님이 세세하게 지켜보고 살피며 보응하시기 때문이다. 권위자로 세워진 사람이 손아랫사람을 대할 때도 마찬가지다.

"상전들아 너희도 그들에게 이와 같이 하고 위협을 그치라 이는 그들과 너희의 상전이 하늘에 계시고 그에게는 사람을 외모로 취하는 일이 없는 줄 너희가 앎이라"(엡 6:9).

쉽게 말해, "주께로부터 그대로 받을 줄 알면서 행하고 위협을 그치라. 칼자루를 쥐고 있다고 그들을 위협하고 두려움을 넣어서 순종하게 해서는 안 된다. 위협을 그치라"라는 말이다. 우리의 상전은 하늘에 계신다. 그러므로 사람이 아닌 하나님 앞에서 직원을 대하고 행동하라는 뜻이다.

다윗은 왕궁에서 정성을 다해 사울을 섬겼다. 그런데 그의 진심이 짓밟혔다. 결국은 사울왕에게 누명을 쓰고 왕궁에서 쫓겨나 광야로 인생이 몰리게 되었다. 다윗의 마음에 얼마나 울분이 가득 찼을까? 그대로 되돌려 주고 싶다는 마음이 없었을까? 세상 정의로 치면 그는 진심을 철저히 짓밟고 선을 악으로 갚은 자이기에 되돌려 주는 것이 맞는다고 생각된다. 이것이 세상의 원리다. 그러나 인생은 그가 생각하는 것처럼 만만하게 흘러가지 않았다. 광야에서 얼마나 고통을 당했는지 모른다.

그러던 중 하나님은 다윗에게 이 광야의 곤고한 세월을 끊어 낼 절호의 기회를 주셨다. 다윗이 은둔하는 굴에 사울이 무장 해제하고 군사도 없이 걸어 들어온 것이다. 다윗과 군사가 그곳에 있는 줄 몰랐던 것이다. 다윗의 장수가 어두운 곳에서 사울을 알아보고 다윗에게 말했다.

"보소서 여호와께서 당신에게 이르시기를 내가 원수를 네 손에 넘기리니 네 생각에 좋은 대로 그에게 행하라 하시더니 이것이 그날이니이다"

(삼상 24:4).

아마도 다윗이 부하 장수에게 하나님이 사울을 그냥 두지 않고 반드시 넘기실 것이고, 이 고생이 끝날 날이 있을 것이니 믿음과 용기를 잃어서는 안 된다고 격려하고 위로한 적이 있었던 모양이다. 부하 장수들이 그것을 기억하고 있었는데 때마침 그날이 오늘이라고 본 것이다. 그런데 다윗은 단호하게 병사들의 말을 거절한다.

> "내가 손을 들어 여호와의 기름 부음을 받은 내 주를 치는 것은 여호와께서 금하시는 것이니 그는 여호와의 기름 부음을 받은 자가 됨이니라"(삼상 24:6).

다윗은 사울의 옷자락만 살짝 베고는 그의 목숨은 다루지 않았다. 그것은 하나님이 만드신 경계, 선을 넘어가는 것이라고 보았던 것이다.

묘한 것은 캄캄한 굴속에서 이 일이 이루어졌다는 것이다. 상황을 아는 사람은 다윗 자신과 이 일을 부추기는 장수들밖에 없었다. 정말 은밀한 골방에서 이루어지는 일과 아주 유사하다. 그런데 은밀한 골방과 같은 캄캄한 굴속에서, 광야 한복판 아무도 없는 가운데 이 일이 이루어졌음에도 다윗은 이 일에 하나님이 자신을 지켜보고 계신다는 것을 의식하고 있다.

우리는 하나님을 의식하고 살아야 한다. 하나님을 경외한다는 것은 하나님을 의식하고 산다는 것이다. 특별히 은밀한 가운데 움직이는 생각, 권위자가 없는 가운데 자신이 권위자가 된 것처럼 요령을 부릴 수 있을 때 움직이는 생각의 방향이 진짜 그가 하나님 앞에 살아가고 있는 자인지 아니면 사람 앞에 살아가고 있는 자인지, 하나님의 영광을 위해 살아가고 있는지, 아니면 자기의 야심과 욕심을 채우기 위해 이 걸음을 걸어가는지를 판명한다.

"사울은 잘못된 악한 왕이다. 그런데도 하나님이 세우셨으니 하나님이 그를 다루실 것이다. 그가 나를 괴롭게 해도 내가 그를 치는 것은 선을 넘는 것이다."

그래서 다윗은 자기를 지켜 그 손에 피를 묻히지 않았다. 그는 정말 하나님 앞에 살아가는 자였다.

우리도 평소에는 하나님 앞에 산다고 말한다. 사실 모두가 하나님 앞에 산다고 말하지, 자신의 욕망과 탐욕을 채우기 위해 산다고 말하는 사람이 있는가? 그런데 정작 이권이 달려 있거나 자신의 안위나 생존이 걸린 문제에 부딪히면 철저하게 자기중심으로 생각하게 된다. 그리고 그럴싸한 명분을 내세운다. 그런데 하나님은 그 마음도 감찰하신다. 우리의 마음 중심에 무슨 일이 일어나는지를 꿰뚫어 보신다. 그래서 바울은 "무슨 선을 행하든지 종이나 자유인이나 주께로부터 그대로 받을 줄을 앎이라"(엡 6:8)라고 말했다. 힘들고 어렵고 때로는 곤고할 때도 하나님 앞에서 관계를 만들어 가기 바란다. 마음의 중심에 무슨 일이 일어나고 있는지를 하나님이 꿰뚫어 보시기 때문이다.

다윗은 그때 사울에게 선을 행했다. 하나님이 다 지켜보고 계셨다. 결국 하나님은 그에게 가장 선한 것으로 갚아 주셨다. 나는 하나님이 다윗이 굴 속에서 처신하는 모습을 보고 그때 확정하셨다고 생각한다.

"바로 저 친구다. 저 친구가 내가 찾고 있던 자다."

하나님이 다윗을 시험하신 것이다. 사울도 처음에는 겸손하고 선한 왕으로 시작했는데, 정작 자기 손에 권력과 칼이 쥐어지니 힘들 때는 하나님을 찾지만 그렇지 않을 때는 하나님을 버리지 않았는가. 생존과 명예의 문제에 걸리니 하나님을 슬며시 내려놓았다. 이에 하나님이 다윗은 어떻게 하는지 지켜보고 달아 보신 것이다. 다윗이 이 시험에 통과하는 것을 보신 하나님은 "주께로부터 그대로 받을 줄을 앎이라"라는 말씀대로 다윗에게 선하게 갚아 주셨다.

힘들고 어려워도 관계를 풀어 가는 일에 정도로 가기 바란다. 도덕적인 바른길이 아니라 하나님 앞에 처신해야 한다. 우리는 무슨 일을 하든지 주께로부터 그대로 받을 줄 알고 행해야 한다. 이 마음을 가졌을 때 하나님이 그 아름다운 중심을 보고 우리가 풀어 나가는 인생길을 선하게 풀어 주시는 것이다. 하나님 앞에서 행하는 그리스도인이 되길 바란다.

17

선포

우리를 무너뜨리려는 은밀한 간계를 대적하라

유혹 이면에 감춰진 마귀의 간계

어떤 사람이든 그리스도인으로서 신앙의 걸음을 나서면 그때부터 마음에 다짐해야 하는 것이 있다. 이 걸음에는 반드시 극복해야 하는 고난과 넘어가야 하는 역경이 있다는 것이다. 그리스도인으로 살기를 원하면 반드시 따라오는 일이 고난과 역경이다. 애초에 길을 나설 때부터 이를 예상하고 각오해야 한다. 그래서 주님이 "너희 중의 누가 망대를 세우고자 할진대 자기의 가진 것이 준공하기까지에 족할는지 먼저 앉아 그 비용을 계산하지 아니하겠느냐"(눅 14:28)라고 말씀하신 것이다.

하나님이 그리스도인인 우리에게 주신 열매는 크고 놀랍고 위대한 것이다. 아름답고 고상하고 숭고하고 위대한 것이므로, 이를 손에 넣기 위해서는 그만큼 치러야 하는 대가가 있다. 심마니는 죽은 사람을 벌떡 일으켜 세우는 산삼을 캐기 위해서 산속 깊숙이 들어간다. 당연히 가시에 찔릴 각오도 해야 하고, 수많은 험산 준령을 넘으며 무릎이 깨일 각오도 해야 한다. 그리스도인들은 이보다 더하다. '나는 영원한 것을 얻기를 원한다, 하나님 나라가 내 인생 속에서 확장되기를 원한다'라고 다짐하는 사람은 당연히 고난과 역경을 넘어야 한다. 넘어야 하는 역경 중에 하나가 바로 유혹이다.

바울은 지금까지 그리스도인의 덕목에 대해 이야기했다.

"어떻게 해야 죄와 허물로 죽었던 내가 회심하여 다시 살아나 하나님의 자녀로서 빛의 열매를 맺을 수 있는가?"

교리에서는 이 전체 과정을 '성화'라고 이야기한다. 그런데 이 과정에서 절대로 잊으면 안 되는 것이 하나 있다. 우리가 그리스도인으로서 깊어지고 넓어지고 점점 쓰임 받아 가기 시작하면 그때부터 우리를 주목하는 또 다른 눈이 있다는 것이다. 하나님의 눈만 전심으로 당신에게 향하는 자를 위해 능력을 베푸시는 것이 아니다. 우리가 하나님께 쓰임 받기 시작하면 그때부터 우리를 예리하게 꿰뚫어 보는 눈이 있다. 바로 마귀의 눈이다.

어떤 사람이 점점 아름답게 변화되어 하나님 나라를 위해 쓰임 받는 하나님의 요긴한 검이 될 수 있겠다고 생각될 때 이 마귀의 실체가 찾아와 어김없이 길목에서 붙들려 한다. 이것이 그 사람을 혼미하게 하기도 하고, 마음을 요동하게 만들기도 하고, 은밀하게 유혹해서 그로 하여금 다른 마음을 품게 만든다. 성경은 이를 가리켜 "마귀의 간계"(엡 6:11)라 말한다. '간계'란 간사한 계략이다. '간사하다'는 말은 교묘하게 위장되어 있다는 것이다. 우리를 위하는 것처럼 그럴싸하게 포장되어 있다. 어떤 경우는 아주 그럴듯한 대의나 명분 같은 것들로 포장되어 있다. 그렇게 우리를 찾아와 유혹한다.

마귀가 볼 때 시원찮아 보이는 사람에게는 마귀의 간계가 없다. 이미 마귀의 손에 붙들려 마음대로 요리를 당하고 있기 때문이다. 혹시 마귀의 실체를 아직 간파하지 못했다면, 자신이 마귀에게 마음대로 요리를 당하고 있기 때문에 마귀가 그 앞에 나타날 필요도 없는 사람은 아닌지 생각해 봐야 한다. 이런 사람 앞에서는 마귀가 할 일이 없다. 그런데 그랬던 사람이 영적으로 깨어나 성장하고 하나님의 일에 쓰임 받는 사람으로 도약하려 하면 그때부터 마귀의 간계가 본격적으로 시작된다.

요셉은 보디발의 집에서 자신의 상황을 극복하고 영문을 알 수 없는 고난을 수용하며 하나님의 사람으로 성장해 갔다. 결국은 보디발의 집에 뿌리를 내렸고, 말은 노예지만 실질적으로는 그 집의 업무 전체를 관장하는 감독처럼 살아가기 시작했다. 하나님의 사람으로 빚어진 것이다. 이제는 정말 살 만한 인생이 시작된 것이다. 그때 그에게 찾아온 것이 마귀의 간계 곧, 보디발의 아내의 유혹이다. 전에도 보디발의 집에 아내가 같이 살고 있었고, 요셉 옆에 그녀가 있었다. 그러나 그때는 유혹이 되지 않았다. 요셉에게 매력이 없었기 때문이다. 그런데 요셉이 빛을 내기 시작하니 유혹이 아니었던 것이 유혹으로 쑥 다가오기 시작한다. 마귀의 간계가 시작된 것이다.

우리는 유혹이라 하면 성적인 것들만 생각하는데 그렇지 않다. 하나님 나라가 단 1미터라도 확장되는 일을 가로막으려 하는 것이라면 모두 유혹이다. 한 예로, 인생에 어느 날 힘이 주어졌다. 소위 권력이라는 것을 갖게 되었다. 권력이란 우리가 마음대로 요리할 수 있는 능력을 말한다. 당연히 휘두르고 싶고, 힘대로, 마음대로 하고 싶다. 이 힘을 놓치지 않고 계속 쓰고 싶다. 어떤 경우에는 이 힘을 내려놓을 때 하나님 나라가 더 아름답게 이어지는데 이를 놓지 않고 계속 쓰려 한다. 이것이 유혹이다. 또한 물질에 대한 욕심이 우리를 자꾸 몰고 가는 것, 물질을 손에 넣었을 때는 주님이 좋은 곳에 쓰라고 주신 것인데 자꾸 축적하고 싶고 손에 틀어쥐고 싶어 하는 것, 없으면 불안해 하는 것, 이것이 유혹이다.

바울은 이것이 단순한 유혹이 아니라, 그 뒤에 움직이는 힘이 있다고 말한다. 그래서 마귀의 간계라고 한 것이다. 우리를 흔들어 발을 헛디디게 만들고, 우리를 무너뜨려 하나님 나라가 인생 속에 확장되어 그분의 영광이 이루어지는 것을 막으려는 간계니 그 유혹에 선선히 자신을 내어 주면 안 된다고 한 것이다.

이 유혹이 계속되어 우리 안에 똬리를 틀면 어떤 일이 일어날까? 어떤 것이 좋은 생각인지를 영적으로 분별하는 여러 방법이 있는데, 그중 하나가 이 생각이 끝까지 가서 이루어졌을 때 우리 인생에 어떤 일이 펼쳐질지를 상상해 보는 것이다. 이 유혹에 우리를 선선히 내어 주어 유혹이 실질적으로 현실화되었을 때 어떤 일이 일어날까? 주님이 주신 은혜를 서서히 상실해 간다. 은혜에서 나온 능력도 소멸한다. 요셉이 보디발의 아내의 유혹을 못 이긴 척 들어주었다면, 다른 노예처럼 그녀의 요구를 슬쩍 수용해 버렸다면 그는 하나님의 능력을 상실하게 되었을 것이다. 이는 결국 그를 여기까지 이끌어 주신 하나님을 배반한 것이 된다. 우리에게는 예수님을 배반한 것이 된다. 예수님은 이런 우리를 보고 한없이 아파하며 슬퍼하신다. 얼마나 안타까운 일인가.

유혹에서 벗어나는 세 가지 방법

그렇다면 다양한 인생의 유혹에서 어떻게 벗어날 수 있을까? 첫째, 이 생각이 우리의 인생을 헤집으려는 마귀의 간계임을 빨리 알아차려야 한다. 마귀는 "너, 성적인 유혹이 들었어" 하며 다가오지 않는다. 로맨스 같은 분위기로 다가온다. 치밀하게 흘러가는 인생 속에서 무엇인가 숨구멍 같은 아름다운 순간으로 다가온다. 그래서 간계다. 빨리 알아차려야 한다. 이는 로맨스도 아니고, 인생의 여유도 아니고, 마귀의 간계에 올무로 걸려 들어가기 직전이라는 것을 알아차려야 한다.

둘째, 이 생각이 마귀의 간계라는 것을 알아차리게 되었을 때는 선포해야 한다. 자신의 생각 속에 스스로 선포해야 한다. 물질에 자꾸 휘둘려 그에 끌려가는 자신을 보면 "이 생각은 사탄의 유혹이고 마귀의 간계다. 사탄아, 물러가라" 하며 선포해야 한다. '사탄아, 물러가라' 하고 속으로 말해서는 안 되고 선포해야 한다. 선포한 이 말을 자신이 들어야 한다. 그럴 때 생각이 가진 힘에서 놓임을 받는다. 당연히 이때 사탄은 사람이 아니다. 우리에게 생각의 씨앗을 뿌려 놓고 우리의 생각을 움직이려 하는 사탄의 실체에 대해 이야기하는 것이다. 선포하면 놀랍게도 그 힘이 빠져나가는 것을 느끼게 된다.

물론 한 번 선포한다고 끝나지 않는다. 마귀는 우리에게 몇 번이나 찾아온다. 마르틴 루터가 이야기했듯이, 공중으로 지나가는 새는 막을 수 없다. 마귀는 우리가 선한 생각을 가지려 할 때마다 끊임없이 간계로 발목을 붙들려고 찾아온다. 이때 우리에게 둥지나 똬리를 틀지 못하게 하는 것이 관건이다. 찾아올 때마다 "사탄아, 물러가라" 하고 선포해야 한다. 하나님의 뜻이 우리 인생에서 이루어지려 하는데 육체의 정욕과 안목의 정욕과 이생의 자랑이 속에서 똬리를 틀려 한다면 그때마다 "사탄아, 물러가라! 마귀야, 물러가라" 하고 선포해야 한다. 마귀에게 틈을 주지 말아야 한다.

셋째, 하나님이 군사 된 우리에게 입혀 주시는 전신의 갑옷을 입어야 한다.

"마귀의 간계를 능히 대적하기 위하여 하나님의 전신 갑주를 입으라"

(엡 6:11).

바울은 그 갑옷이 무언지를 설명해 준다. 하나님의 전신 갑주를 입기 바란다. 우리의 싸움은 절대 만만하지 않다. 이는 로맨틱한 싸움이 아니라 삶과 죽음이 걸린 싸움이다. 육체의 생명은 보존할지 모르지만, 주님이 쓰시려할 때 찾아오는 영혼의 간계에 우리 자신을 넘겨주면 그때부터 우리 인생은 허무해진다. 가장 중요한 부분이다. 우리가 예수님을 배반하게 된다는 것이다. 그런 인생을 살아서는 안 된다.

바울은 단순히 성적 유혹뿐만 아니라 우리 인생 속에서 하나님 나라가 확장되는 것을 해하려는 마음의 모든 악한 생각, 탐욕스러운 생각들을 이야기한다. '이만하면 되었다' 하며 편해지고 안이해지고 나태해지려는 생각은 한여름 정오에 찾아오는 마귀의 간계다. 영적 싸움에 승리하여 하나님께 인생의 영광의 면류관을 올려 드리는 축복을 누리게 되기를 바란다.

18

말씀

하나님이 선물로 주신 갑옷

엡 6:13-17

바울이 신인류의 삶, 그리스도인의 삶을 영적 전쟁으로 본 것은 매우 의미심장하다. 신앙의 삶은 동네를 산책하듯 한가로운 것이 아니라는 의미다. 신앙의 삶은 등산을 하고 여행을 하듯 마냥 편안한 걸음으로 갈 수 있는 것이 아니라, 깨어 있지 않으면 언제든 적에 의해 삼켜질 수 있는 삶이라는 것이다. 하나님께 택하심을 받았다는 것은 한없는 은총이고 감격이며, 환희와 경배를 하나님께 올려 드릴 만한 일이다. 하지만 동시에 하나님이 우리를 자녀로 부르실 때는 사명도 같이 주어진다는 사실을 기억해야 한다. 영적 전쟁에서 이기는 사명을 주시는 것이다.

바울은 영적 전쟁에서 원수의 공격을 막고 승리하기 위해서는 하나님의 전신 갑주를 취해야 한다고 말했다.

"그러므로 하나님의 전신 갑주를 취하라 이는 악한 날에 너희가 능히 대적하고 모든 일을 행한 후에 서기 위함이라"(엡 6:13).

전신 갑주는 전신에 입는 갑옷을 이야기한다. 영적 전투 뒤에 쓰러지지 않고 굳게 서기 위해 하나님의 전신 갑주를 입어야 한다는 것이다. 이제 이 전신 갑주를 하나씩 차례로 살펴보자.

진리의 허리띠와 의의 호심경

"그런즉 서서 진리로 너희 허리띠를 띠고 의의 호심경을 붙이고"(엡 6:14).

고대 로마 군사들에게 허리띠는 몸의 중심을 잡아 주는 도구로 여겨졌다. 허리띠가 허리에 단단히 묶여 있어야 적들이 공격해도 바로 일어나 민첩하고 재빠르게 대항할 수 있다. 허리띠가 없으면 바지를 채울 수 없어 몸을 움직일 수 없다. 허리띠를 띤다는 것은 민첩하고 재빠르게 늘 깨어 있다는 말이다.

하나님은 이스라엘 백성이 출애굽할 때 첫 유월절 식사를 하는데 허리띠를 풀지 말고 허리를 동인 채 식사를 하라고 명하셨다(출 12:11). 애굽이 공격하면 바로 기동할 수 있도록 하기 위해서였다. 그러니 진리로 허리띠를 띠라는 말은 거짓된 진리나 교묘하게 위장된 속임수로 원수가 공격할 때 바른 진리, 바른 교리로 늘 깨어 준비하고 있어야 한다는 뜻이다. 말씀을 열심히 연구하고, 건전한 경건 서적을 읽고, 다양한 독서로 훈련을 하는 것은 모두 진리로 늘 깨어 있기 위해, 진리로 허리띠를 띠기 위해 필요한 일이다.

그리고 의의 호심경을 붙인다. 호심경은 가슴막인데 이를 잘 묵상하려면 16절의 믿음의 방패를 먼저 묵상하는 것이 좋다. 원수가 하나님의 사람을 공격할 때 쓰는 주된 공격 무기는 세 가지다. 정죄와 참소, 유혹 그리고 시험인데, 이들을 막는 1차 무기가 믿음이다. 믿음으로 원수의 정죄와 참소와 시험과 유혹을 이긴다.

"네가 그러고도 하나님의 자녀냐? 그런 식으로 살고 행동하는데 하나님의 자녀가 맞냐?"

이것이 정죄와 참소다. 겉으로 볼 때는 거룩한 것처럼 포장되어 있지만, 원수가 주는 정죄인지 성령의 꾸짖으심인지를 알 수 있는 방법은 간단하다. 원수가 주는 정죄면 우리를 낙심하고 절망하게 만들어 하나님으로부터 멀어지게 한다. 반면에 성령의 꾸짖으심이면 자다가 화들짝 깨어나 주님께 바짝 붙는다.

"오직 의인은 믿음으로 말미암아 살리라"(롬 1:17).

믿음은 자기 주관적 확신이나 내적 다짐이 아니다. 믿음은 항상 하나님을 향한 것이다. 믿음의 방패는 하나님을 향한 강철 같은 신뢰, 전적인 신뢰를 말하는 것이다.

"하나님은 내가 부족하고 연약한 것을 다 아신다. 하나님은 내가 시시때

때로 잘해 보고자 하지만 안 돼서 때로 스스로 함정에 빠진다는 것을 아신다. 하지만 주님은 나를 그럼에도 불구하고 이끌어 가고, 결국 온전하게 하실 것이다. 원수야, 네 정죄와 참소에 절대 걸려 넘어가지 않을 것이다."

이처럼 자기에 대한 신뢰가 아니라 하나님에 대한 신뢰다. 오히려 이 원수의 공격 때문에 하나님을 더 붙들게 되는 것이다. 이것이 믿음의 방패다.

유혹과 시험이 우리를 뒤흔들어 놓는다.

"돌덩이가 떡 덩이가 되게 하라."

지금 원수가 우리 생존의 문제를 놓고 우리를 자기가 원하는 대로 잡아당기려 한다. 이 유혹에 넘어가면 그때부터 마음이 불안하고 두려워지며 무엇인가 세상적인 궁리를 해야 할 것같이 보인다. 이때 믿음의 방패가 작동해야 한다. 믿음으로 다시 세상을 보는 것이다. 그러면 하나님이 살리신다는 확신이 온다. 당연히 원수가 원하는 대로 움직이지 않는다. 이때 "사탄아, 물러가라", 이 선포가 여기서 나온다. 주님이 어떤 경우에도 이 광야 한복판에서 우리를 굶게 하지 않고 이곳을 지나게 하실 것이라는 믿음이 있기 때문이다.

믿음의 방패가 뚫릴 때가 있다. 낙심이 너무 강해서 믿음의 방패가 여기저기서 날아오는 화살을 막다가 하나를 막지 못해 가슴에 꽂힌다. 정죄와 유혹과 시험이 가슴에 꽂힌다. 이때 적의 화살과 창에서 우리의 심장을 막아 주는 무기가 의의 흉배다. '흉배'를 개역개정 성경에서는 '호심경'이라고 번역했다. 가슴에서 시작해서 장기 전체를 막아 주는 가슴막이다. 호심경이 있어서 적의 화살과 창을 막아 내게 된다. 전쟁 때 가슴막은 자신의 살가죽처럼 잘 때 빼고는 늘 몸에 붙이고 다닌다.

'의'는 헬라어로 '디카이오쉬네'다. 하나님이 의롭다고 인정해 주시는 의다. 우리가 하나님의 자녀답게 살고 하나님의 뜻대로 살아서 의로운 것이 아니다. 우리는 죄가 많고 부족하고 연약하지만 예수 그리스도의 십자가 사랑 때문에, 예수님 때문에 하나님이 인정하고 당신의 자녀로 받아들여 주신다는 의다. 안으로부터 나오는 의가 아닌 밖으로부터 부어 주시는 의다. 이 의가 우리를 원수의 참소로부터 막아 준다. 하나님의 자녀로서 계속 주님 곁에 머물 수 있게 해 준다. 치열한 영적 전쟁 한복판에서 원수의 참소, 정죄, 시험이 우리를 이끌고 가려 할 때 '나는 하나님의 자녀이기 때문에 돌파해 나갈 수 있다'는 의는 매우 중요하다.

평안의 복음의 신

그리고 평안의 복음이 준비한 것으로 신을 신는다.

"평안의 복음이 준비한 것으로 신을 신고"(엡 6:15).

참으로 묘한 말씀이다. 군사이며 전쟁을 하는 자인데 평안의 복음의 신발을 신어야 한다. 이 신발을 신고 전진하기도 하고 후퇴하기도 한다.

우리는 신발을 신고 좋은 곳에 가기도 하고 나쁜 곳에 가기도 한다. 신발을 신고 어디든 주님과 함께 간다. 그런데 영적 전쟁에 나갈 때 신는 신발이 평안의 복음의 신발이다. 이것이 보통 전쟁과 다른 부분이다. 보통 전쟁을 하기 전에는 적군에 대한 전투욕을 끌어올리기 위해 전쟁이 어떻게 일어났는지, 어떤 명분이 있는 전쟁인지에 대해 미리 사상 교육을 받는다. 그리고 상대방에 대한 전투자로 무장시키기 위해 상대방에 대한 분노와 적개심과 미움을 넣어 준다. 그런데 영적 전쟁은 그렇지 않다. 영적 전쟁에서 승리하려면 평안의 복음의 신발을 신고 전쟁에 나가야 한다. 샬롬, 에이레네, 평화다. 평화의 신발을 신어야 한다. 전쟁하는데 평화의 복음의 신발을 신어야 한다.

지금 영적 전쟁을 하며 신고 있는 신발이 평화의 복음의 신발인가, 아니면 미움과 의심의 신발인가? 지금 어떤 것들이 우리를 움직이게 만드는가? 그리스도인이 거룩한 영적 전쟁을 치르는 데 있어 자신을 움직이게 만드는 내적 에너지가 어떤 것인지를 분별하는 것은 매우 중요하다. 자신이 지금 원수와 전쟁을 하는데 영적 전쟁을 하는 것인지, 사실은 내 전쟁인지, 결국 마귀의 편에서 전쟁을 하고 있는 것은 아닌지를 분별하기 위해 매우 중요하다. 우리가 움직이는 내적 에너지는 사랑과 평안인가, 아니면 의심과 두려움과 미움인가?

평안의 복음의 신발을 신기 바란다. 거짓 선지자는 백성에게 두려움과 증오심을 넣어 주어 사람을 움직인다. 정치인 중에 가장 좋지 않은 부류는 사람들 속에 두려움을 넣어 본인 편으로 만드는 사람이다. 그때는 그가 이긴 것 같은데, 역사 속에서 보면 국가와 민족을 후퇴시킨 경우가 굉장히 많다. 선지자도 마찬가지다. 거짓 예언자, 거짓 선지자는 의심과 미움과 두려움을 집어넣어 사람을 선동한다. 속으면 안 된다. 평안의 복음의 신발을 신고 영적 전쟁을 하기 바란다.

믿음의 방패와 구원의 투구와 성령의 검

"모든 것 위에 믿음의 방패를 가지고 이로써 능히 악한 자의 모든 불화

살을 소멸하고 구원의 투구와 성령의 검 곧 하나님의 말씀을 가지라"

(엡 6:16-17).

투구는 머리를 보호한다. 머리가 살아 있으면 몸에 부상을 입어도 판단하고 작전을 실행할 수 있다. 하지만 머리를 다치거나 죽으면 그로써 모든 기능이 멈춘다. 전쟁 자체를 할 수 없다. 그러므로 구원의 투구를 써야 한다.

소위 구원받은 이성으로 판단하고 생각하고 계획하는 데 있어서 굉장히 중요한 부분이 구원의 투구를 쓰는 것, 즉 구원의 확신이 분명해야 한다는 것이다. 바른 구원관으로 무장해야 한다. 통전적이고 통합적인 구원관으로 무장하여 온전한 사람을 이루는 것은 원수의 공격으로부터 몸의 중심을 보호하는 데 매우 중요하다.

그리고 성령의 검, 곧 하나님의 말씀을 가져야 한다. 지금까지의 모든 무기는 방어 수단이며, 유일한 공격 무기가 하나님의 말씀이다. 왜 공격 무기는 하나만 있고 모두 방어 무기인가? 말씀 하나로도 적의 심장을 충분히 꿰뚫을 수 있기 때문이다. 그만큼 말씀에는 엄청난 화력이 있다. 사탄의 심장을 찔러 치명상을 입히는 능력이 말씀에 있다.

우리는 말씀이라 하면 방어 능력이 있다고 생각한다. 그런데 바울은 말씀이 공격 무기라고 말한다. 사탄에게 말씀으로 선포하라는 것이다. 앞 장에서 살펴보았듯이, 원수가 우리 안에 생각을 집어넣으면 "사탄아, 물러가라" 하고 선포해야 한다. 머릿속으로 외치기보다 입으로 표현해서 그 주파수를 다시 진동으로 듣는 것이 효과가 있다. 더 효과가 있는 강력한 무기는 말씀이 그에 동반될 때다.

예수님은 사탄의 시험을 받을 때 세 번 말씀으로 물리치셨다. 말씀이 방어라 생각했는데, 바울이 볼 때는 말씀이 원수의 심장을 꿰뚫는다는 것이다. 말씀이 제대로 선포되어 반응하게 되면 원수가 두 번 다시 공격하지 못한다. 방어 무기는 한 번 방어하면 두 번, 세 번 계속 올 수 있다. 그러나 공격 무기는 원수의 심장을 쳤기 때문에 두 번 다시 공격하지 못한다. 물론 다른 이슈를 가지고 올 수는 있으나, 그 이슈에 대해서는 전투가 종료된다.

마태복음 4장에서 예수님은 "네가 만일 하나님의 아들이어든 명하여 이 돌들로 떡덩이가 되게 하라"(마 4:3)라는 사탄의 유혹에 "사람이 떡으로만 살 것이 아니요 하나님의 입으로부터 나오는 모든 말씀으로 살 것이라 하였느니라"(마 4:4)라고 신명기 8장 3절 말씀으로 물리치셨다.

두 번째 시험으로 넘어가자 마귀도 생각을 하는지 시편 91편 11-12절 말씀으로 유혹했다.

"네가 만일 하나님의 아들이어든 뛰어내리라 기록되었으되 그가 너를 위하여 그의 사자들을 명하시리니 그들이 손으로 너를 받들어 발이 돌에 부딪치지 않게 하리로다 하였느니라"(마 4:6).

이에 주님은 신명기 6장 16절 말씀으로 물리치셨다.

"주 너의 하나님을 시험하지 말라 하였느니라"(마 4:7).

이제 마귀는 세 번째 유혹으로 넘어간다.

"만일 내게 엎드려 경배하면 이 모든 것을 네게 주리라"(마 4:9).

그러나 주님은 신명기 6장 13절 말씀을 인용해 "사탄아 물러가라 기록되었으되 주 너의 하나님께 경배하고 다만 그를 섬기라 하였느니라"(마 4:10)라고 말씀하심으로 마귀를 무찌르신다. 그러자 마귀는 예수를 떠나고 천사들이 나아와 수종 들었다. 마귀가 물러가고 천사가 와서 수종 드는 은혜가 임하기를 기도한다.

허리띠, 호심경, 신, 방패, 투구, 검 등은 모두 하나님이 주시는 선물이다. 우리가 장만하기 위해 애쓸 일이 아니라, 예수 그리스도를 생명의 구주로 영접한 순간 주님이 우리에게 주신 것들이다. 우리가 이미 받은 선물을 잘 갈고 닦고 빛내고 조이고 기름칠하여 단단히 무장하면 하나님은 영적 전쟁에서 승리하도록 이끌어 주신다. 전신 갑주로 승리하는 그리스도인이 되기를 바란다.

19

기도

쇠사슬에 매인 사신이 되어

엡 6:18-24

전신 갑주는 기도와 함께할 때 작동한다

마귀에게 틈을 주지 않고 영적 전투에서 승리하기 위해서는 하나님의 전신 갑주를 입어야 한다. 진리로 허리띠를 띠고, 의의 호심경으로 막고, 평안의 복음의 신발을 신고, 믿음의 방패를 들고, 구원의 투구를 쓰고, 성령의 검, 곧 하나님의 말씀으로 무장해야 한다. 그런데 여기에 한 가지가 빠졌다. 기도다. 바울이 기도가 얼마나 중요한지 알 텐데 기도를 영적 전쟁의 무기에서 뺐다.

예수님은 영적 전쟁에서 승리하는 데 기도가 얼마나 중요한지를 여러 차례 말씀하셨다. 대표적으로 예수님이 변화산에 가셨다가 산 밑으로 내려왔을 때 제자들 공동체 안에 사람들을 둘러싸고 소요가 생겼다. 한 아버지가 아들에게 들어간 귀신을 쫓아 달라고 제자들에게 부탁했는데 쫓아내지 못하고 쩔쩔맨 것이다. 예수님은 귀신을 쫓아낸 후 아들을 아버지에게 돌려주었다. 이후 집에 들어가 제자들이 예수님께 조용히 여쭈었다.

"우리는 어찌하여 능히 그 귀신을 쫓아내지 못하였나이까"(막 9:28).

주님은 "기도 외에 다른 것으로는 이런 종류가 나갈 수 없느니라"(막 9:29)라고 말씀하셨다. 기도가 영적 전쟁에서 얼마나 중요한지를 가르쳐 주신 것이다.

그런데 정작 바울이 이야기한 하나님의 전신 갑주에는 기도가 빠져 있다. 사실 기도가 빠진 것이 아니다. 기도는 하나님의 전신 갑주 중에서 특정 부위에만 장착될 수 있는 것이 아니기 때문이다. 성령의 검인 하나님의 말씀은 기도 없이 읽으면 그 말씀에 능력이 생기지 않는다. 믿음으로 말씀을 읽을 때 성경이 살아 계신 하나님의 말씀으로 부딪혀 오는 것이다. 성경은 기도와 믿음이 빠진 채 지식으로 읽으면 아무 힘이 없다. 세상적인 가치관과 선입견으로 말씀을 읽으면 이는 하나의 책일 뿐이다. 당연히 기도가 들어간 가운데 믿음으로 장착하여 말씀을 읽을 때 그것이 살아 계신 하나님의 말씀으로 원수의 심장을 꿰뚫는 것이다.

믿음의 방패, 즉 우리 믿음이 식거나 꺼지지 않고 원수의 화살을 막아 내는 능력이 어디에 있겠는가? 믿음이 살아 있게 하는 것은 성도의 기도다. 복음의 진리로 허리띠를 띠는 것도 마찬가지다. 진리가 진정 살아 있는 진리가 되게 하는 것, 교리의 지식이 아닌, 항목이나 지식의 덩어리가 아닌 살아 있는 생명의 진리가 되게 하는 능력은 기도에서 온다. 모든 하나님의 전신 갑주가 제대로 작동하게 하는 힘이 기도인 것이다. 그러므로 기도는 어느 한 부위에 넣을 수 있는 것이 아니다. 그래서 바울은 하나님의 전신 갑주를 설명하고 난 뒤 이렇게 말한다.

> "모든 기도와 간구를 하되 항상 성령 안에서 기도하고 이를 위하여 깨어 구하기를 항상 힘쓰며 여러 성도를 위하여 구하라"(엡 6:18).

바울의 한 가지 기도 제목, 오직 복음

하나님 나라가 이 땅에 이루어지기를 기도하자. 우리 인생에 하나님의 뜻이 이루어지도록 기도해야 한다. 섬기는 교회를 위해서도 기도해야 한다. 바울에게도 기도 제목이 있었다. 그래서 그는 자신의 기도 제목으로 서신을 마무리한다. 그는 성도들이 자신을 위해 구할 것이 있다면서 말한다.

> "또 나를 위하여 구할 것은 내게 말씀을 주사 나로 입을 열어 복음의 비밀을 담대히 알리게 하옵소서 할 것이니"(엡 6:19).

바울은 지금 감옥에서 서신을 쓰고 있다. 감옥에 매인 자다. 얼마나 힘들고 고통스럽겠는가? 모든 것이 불편하다. 더군다나 노사도다. 인생의 황혼 녘을 앞두고 있다. 먹는 음식부터 잠자리, 칠흑 같은 감옥 속의 환경 하나하나가 모두 힘들고 고통스러웠을 것이다. 기도 제목을 내라면 이에 관해 낼 기도 제목이 한두 가지가 아니었을 것이다. 그런데 그가 낸 기도 제목은 한 가지였다.

"내게 말씀을 주사 나로 입을 열어 복음의 비밀을 담대히 알리게 하옵소서."

바울은 복음에 자기 인생을 건 것이다. 무릇 한 성도가 내는 기도 제목을 보면 그가 무슨 생각을 하는지 알 수 있다. 그의 신앙과 영성이 가는 길은 그가 무슨 기도를 하고 있고 무슨 기도 제목을 내는지 보면 알 수 있다. 물론 인위적으로 치장하거나 포장하거나 거룩하게 보이려고 거룩한 기도 제목을 낼 필요는 없다. 기도 제목은 내면의 정직하고 진실한 마음을 하나님께 드리고 지체와 나누는 것이기 때문이다. 누군가의 기도 제목을 보고 판단할 일은 아니다. 다만, 하나님은 그 사람의 기도 제목을 보고 그가 어떤 관심을 갖고 있는지, 그의 기도 제목이 어떤 무게감을 갖고 있는지를 아신다. 그래서 바울의 기도 제목은 그가 진정 누구인지를 아는 보배로운 내적 오프닝이다.

"너희가 나를 위해 구할 것은 좋은 음식이나 아픈 곳을 고쳐 달라는 것이 아니다. 내게 말씀을 주사 나로 입을 열어 복음의 비밀을 담대히 알리게 해 달라고 기도해 다오."

감옥에 갇힌 상황에서도 복음의 사도로서 자기 본분을 성실하게 수행하게 해 달라고 기도를 부탁한 것이다. 바울의 마음이 어디에 가 있는지 알 수 있는 대목이다. 당신의 마음은 어디에 가 있는가? 복음에 가 있는가?

"예수가 그리스도이시다. 예수가 메시아이시다. 그렇기에 그분은 이 땅을 다스리고 통치하며 이끌어 가기를 원하신다. 나는 이 일을 위해 내 인생을 건다."

이것이 복음이다. 바울의 마음은 늘 복음에 가 있었다.

"이 일을 위하여 내가 쇠사슬에 매인 사신이 된 것은 나로 이 일에 당연

히 할 말을 담대히 하게 하려 하심이라"(엡 6:20).

바울은 로마 황제에게 복음 전하는 일을 위해 일부러 쇠사슬에 매인 사신, 하나님의 대사가 되었다. 로마 황제에게 복음을 전할 다른 길이 없으니 스스로 쇠사슬에 묶여 로마 황제 앞에 호송되어 재판을 받으러 가는 것이다. 처절하다 못해 숭고하고 아름답다. 바울의 "살아도 주를 위하여 살고 죽어도 주를 위하여 죽나니 그러므로 사나 죽으나 우리가 주의 것이로다"(롬 14:8)라는 고백이 참 고백임이 확인된다.

이 말씀 앞에서 우리 자신을 들여다보았을 때 우리 영혼의 현주소가 드러난다. 우리는 너무 산만하다. 복음을 알아 생명의 구주를 만났는데 아직 생이 너무 산만하고 분산되어 있다. 비본질적인 것에 인생을 건다. 그래서 이것에 기웃대고 저것도 만져 본다. 복음을 향해 인생이 정향되어 있지 않다. "주님이 저를 모든 것으로부터 자유롭게 하시어 하나님 안에 참 자유인으로 삼아 주셨습니다. 이제 복음에만 매인 사람이 되게 해 주옵소서. 하나님의 복음과 하나님 나라에 꽁꽁 매여 있게 하시고 다른 것에 묶여 있지 않게 하옵소서"라고 기도할 수 있게 되기를 바란다.

바울은 에베소서를 다음과 같이 마무리한다.

"우리 주 예수 그리스도를 변함없이 사랑하는 모든 자에게 은혜가 있을

지어다"(엡 6:24).

우리 주 예수 그리스도를 어제나 오늘이나 내일이나 동일하게 사랑하는

모든 성도에게 주님의 은혜가 넘쳐 나기를 축복한다. 우리에게 주신 은혜를 붙들고 신실하게 살아서 복음의 비밀이 이 땅에 편만하게 되는 아름다운 역사를 함께 만들어 가기를 기대한다.

신인류여, 깨어나십시오!

하나님을 더 알게 하소서

지금까지 에베소서를 통해 신인류의 삶에 대해 살펴보았다. 신인류의 삶은 구호나 슬로건처럼 그리 쉬운 것이 아니다. 이 땅에 성도로서 살아 낼 수 있으려면 자신이 그 삶을 살 수 있는 존재라는 자각이 일어나야 한다. 삶이 가능하려면 존재가 뒷받침되어야 하고, 존재에 대한 깨우침이 있을 때 비로소 그 삶에 자신을 던질 수 있는 내적 능력을 갖게 된다. 이 점을 염두에 두면서 에베소서 전체를 마무리하려 한다.

바울은 에베소서 본문을 통해 독수리인데 닭으로 살아가려 하는 사람들을 흔들어 깨운다. 그러면서 바울은 에베소 성도들을 위해 세 가지를 항상 기도한다며 자신의 기도 제목을 공개했다. 그중 첫 번째 기도 제목이 에베소서 1장 17절에 나온다.

> "우리 주 예수 그리스도의 하나님, 영광의 아버지께서 지혜와 계시의 영
> 을 너희에게 주사 하나님을 알게 하시고."

쉽게 말해, '하나님을 알도록 너희에게 지혜와 계시의 영을 달라고 나는 늘 기도한다'는 것이다. 이 말씀은 매우 민감하게 읽어야 한다. 바울은 지금 에베소 성도들에게 편지하고 있다. 그들은 이미 하나님을 구주로 믿는 사람들이다. 그런데 바울은 그들을 위해 기도할 때 "에베소 성도들에게 지혜와 계시의 영을 주셔서 그들이 하나님을 알게 해 주옵소서"라고 기도한 것이다. 지금 할 필요가 없는 기도를 하고 있는 것이 아닌가?

그렇지 않다. 여기서 '알다'라는 단어는 헬라어로 '기노스코', 히브리어로는 '야다'라 한다. '기노스코'와 '야다'는 머리로, 지식으로 아는 것이 아닌, 온몸으로 체험해서 아는 것이다. 그래서 호세아 선지자는 이렇게 말했다.

> "우리가 여호와를 알자 힘써 여호와를 알자"(호 6:3).

이스라엘 백성은 하나님을 알고 있었다. 그런데 또 하나님을 알자고 한다. '야다'다. 호세아는 이렇게 말한 것이다.

"너희는 그동안 하나님을 피상적으로만 알지 않았느냐? 머리로, 지식으로만 하나님을 알아 오지 않았느냐? 그렇게 하나님을 아는 것으로는 충분

하지 않다. 하나님은 한 번 알고 끝낼 수 있는 분이 아니시다. 그분은 너희가 평생을 알아 가도 다 모르는 분이다. 그러니 우리는 힘써 여호와를 알고, 알고, 또 알아야 한다."

사람을 아는 데 있어서도 평생이 걸리는데, 크고 광대하고 바다보다 깊으신 하나님을 어떻게 한 번에 알 수 있겠는가. 그러니 바울은 에베소 성도들을 위해 기도할 때 지혜와 계시의 영을 주셔서 하나님을 알게 해 달라고, 하나님을 피상적으로 아는 것이 아니라 그분을 끊임없이 만나고 새롭게 알아 가게 해 달라고 기도한 것이다.

하나님을 더 알아 가기를 멈추면 크게 두 가지 일이 일어난다. 먼저는, 그 때부터 영적 성장이 멈춘다. 우리는 하나님을 아는 만큼 자신을 알게 된다. 그리고 자신을 아는 만큼 하나님을 알게 된다. 10년 전에 만났던 하나님이 여전히 그가 가진 하나님의 이미지라면, 그는 하나님에 대해 성장이 멈춘 것이다. 영적으로 성장해 가면 끊임없이 하나님의 새로운 모습을 알게 되면서 하나님에 대한 놀라운 마음이 찾아온다.

또 하나님 알기를 멈췄을 때는 변화된 환경에서 승리할 수 없다. 광야에서 만난 하나님은 자상하고 따뜻하고 섬세하게 돌보시는 하나님이다. 만나와 메추라기로 우리를 돌보시는 하나님이다. 광야가 끝나고 나면 가나안 땅에 들어간다. 만약 이스라엘 백성이 광야에서 만난 하나님이 가나안 땅에서도 똑같이 역사하실 것이라고 믿었다면, 그들은 가나안 땅에서 역사하시는 하나님을 만날 수 없었을 것이다. 가나안은 거류민과 본격적으로 영적 전투가 시작되는 곳이기 때문이다. 자상하고 따뜻하고 섬세한 하나님으로는 이 전투에서 절대로 이기지 못한다. 가나안 전투에서는 깃발 되신 하나님을 만나야 한다. 깃발이 되어 영적 전쟁 한복판에서 총사령관으로 우리를 진두지

휘해 가시는 하나님을 만나야 한다.

당연히 변화된 환경으로 들어가면 하나님에 대한 이전 이미지는 주님께
돌려 드리고 바로 지금, 여기, 이곳에서 새롭게 역사하시는 하나님을 새로이
만나야 한다. 바로 이것이 지혜와 계시의 영을 갖는 것이다. 그렇지 않으면
변화에서 승리하지 못한다.

이전의 하나님상에 갇혀 있어서는 안 된다. 그런데 많은 성도가 이전에
만난 하나님상에 갇혀 있다. 환경이 변화되면 하나님은 새롭게 다가오신다.
물론 하나님은 한 분이시다. 하지만 하나님이 역사하고 다가오시는 측면은
다르다. 그 하나님을 향해 영혼의 조리개를 새롭게 열어야 한다. 이것이 바로
지혜와 계시의 영을 부어 달라는 바울의 기도의 의미다.

한 그리스도인이 하나님을 제대로 알 때, 다시 말해 하나님이 그의 인생
에 치고 들어오신 경로와 그가 하나님을 만나기 위해 가는 방향에 불꽃이
일 때, 그때 비로소 그에게는 하나님 앞에 서 있는 자신이 어떤 존재인지가
보이기 시작한다. 그것이 바로 이어지는 에베소서 1장 18-19절이다.

부르심의 소망과 풍성함

"너희 마음의 눈을 밝히사 그의 부르심의 소망이 무엇이며 성도 안에서
그 기업의 영광의 풍성함이 무엇이며."

하나님이 한 사람을 당신의 백성으로 부르실 때는 그냥 부르지 않고 반
드시 그에게 소망을 주어 부르신다. '나는 예수 믿고 나서 이렇게 살아야겠

다'라는 소망을 주시는데, 이것이 바로 산 소망(living hope)이다. '예수 믿고 구속되어 죄 사함을 받아 하나님의 자녀가 되어 행복하게 살다가 천국에 가는 것', 이것은 소망이 아니다. 하나님은 반드시 한 사람에게 소망을 넣어 주신다. 아브라함에게 "가나안 땅으로 가라"라고 말씀하시면서 가나안 땅에 대한 소망을 주고 부르신 것과 마찬가지다. 이 소망이 우리 안에 있다.

한 성도가 모태 신앙으로 살다가 신앙이 시들해졌다. 나중에는 세상 속에서 그저 그런 인생을 살아갔다. 그러다가 성취도 하고 업적도 이루었는데, 그리 귀해 보이던 것이 막상 손에 쥐니 너무 보잘것없어 보여 허망했다. 마치 바닷가의 모래 한 줌을 쥔 것처럼 손아귀에서 인생 모래가 스르르 빠져나갔다. 결국 하나님 앞에 깨져 주님을 다시 만나고 거듭나게 되었다. 그때 주님이 그 성도 속에 소망의 씨앗 하나를 넣어 주셨다.

"주님, 제 남은 인생을 오직 주님을 위해 살고 싶습니다."

하나님을 향한 자기 인생의 방향이 정해진 것이다. 이것이 산 소망이다.

하나님을 위해 인생을 살고 싶다면, 이 소망을 이루기 위해 이제 주님이 우리에게 무엇을 하기 원하시는지 귀를 열고 마음을 열어 들어야 한다. 여기서 한 사람을 향한 구체적인 사명이 나온다. 이 사명을 발견하면 그의 영혼이 충만해진다. 자신의 존재가 하찮게 여겨졌었는데 갑자기 인생이 너무 아름다워 보이면서, 자기가 닭이 아닌 독수리로 부름 받은 것이 아닌가 하는 존재에 대한 자신감이 생긴다. 바울은 지금 이 부르심의 소망을 성도들이 알게 해 달라고 기도하는 것이다.

"그 기업의 영광의 풍성함이 무엇이며"(엡 1:18하).

'기업'은 영어 성경에서 'inheritance'(NIV), 즉 '유산'이다. 부모가 자식에게 물려주는 유산, 하나님의 자녀가 하나님 아버지에게서 물려받는 유산이다. 바울은 하나님이 물려주시는 유산의 영광의 풍성함이 무엇인지를 깨달아 알기를 원한다고 기도한 것이다.

우리가 하나님의 자녀라는 것을 믿는가? 하나님의 자녀라는 것이 정말 무엇을 뜻하는지 알고 있는가? 단순히 하나님과의 관계만을 이야기하는 것일까? 우리가 왕의 자녀이면 우리는 왕족이다. 따라서 왕에게서 물려받는 유산이 있다. 마찬가지로 우리가 전능하신 하나님의 자녀라면 하나님에게서 물려받는 유산이 있다. 우리가 가진 존귀함과 숭고함을 정말 알고 있는가? 우리에게 물려주시는 하나님의 유산이 얼마나 풍성하고 영광스러운지 알고 있는가? 이 사실을 아는 것과 모르는 것에 따라 세상 속에 내던져졌을 때 그것을 다루어 가는 방법이 전혀 달라진다.

아브라함은 하나님의 손에 이끌려 고향과 친척과 아버지의 집을 떠나 가나안 땅에 들어갔다. 그러나 그는 아직 자기가 진정 누구인지, 자기를 부르신 분이 얼마나 놀라운 분인지, 그분의 자녀로서 받는 기업의 영광의 풍성함이 무엇인지 전혀 알지 못했다. 하나님의 명령의 뜨거운 흔적이 가뭄에 의해 씻겨 내려가는 순간, 그는 지극히 평범한 한 사람으로 돌아왔다. 그냥 한 마리의 닭이었다. 기근이 오니 하나님의 약속을 헌신짝처럼 버리고, 살겠다고 가나안 땅을 버리고 애굽으로 들어갔다. 그리고 그곳에서 또다시 살겠다고 아내를 동생이라 속였다.

아브라함은 독수리인데 정말 닭처럼 처신했다. 지혜와 계시의 영이 임하여 하나님이 진정 어떤 분이신지 알았다면 아마도 그렇게 행동하지 않았을 것이다. 기근이 와도 약속의 땅을 지켰을 것이다. 하나님이 함께하심을 믿기 때문이다. 하나님이 어떤 분이신지 확신하기 때문이다. 무엇보다 자신은 존귀한 왕의 자녀이기에 하나님이 주신 약속을 헌신짝처럼 내버리지는 않았을 것이다. 하지만 아브라함은 아직 그 사실을 깨닫지 못해서 독수리인데도 닭처럼 살아간 것이다. 그 기업의 영광의 풍성함을 알지 못했기 때문이다.

오늘날 예수 믿는다 하면서 세상 사람과 별반 다를 바 없이 사는 성도가 얼마나 많은가? 지혜라는 이름으로 그렇게 살아가는 자신을 하나님 앞에서 비춰 볼 줄을 모른다. 우리는 작은 일로 사시나무 떨듯 두려워하고 염려하며 혹시 생존하지 못할까 노심초사한다. 이런 모습은 바울이 볼 때는 위로받아야 하는 모습이 아니다. 그것은 회개하고 깨달아 알아야 할 모습이다. 자신이 독수리라는 사실을 알지 못하고 닭처럼 두려워하는 스스로에 대해 회개하고 깨달아야 한다. 창공을 나는 독수리로서 비루하게 푸드덕거리며 새장 안에 갇혀 세상에 의해 질식되어 가는 자신을 회개해야 한다.

하나님의 능력을 깨달아 알자

"그의 힘의 위력으로 역사하심을 따라 믿는 우리에게 베푸신 능력의 지극히 크심이 어떠한 것을 너희로 알게 하시기를 구하노라"(엡 1:19).

'하나님의 능력'은 헬라어로 '두나미스'라 하는데, 이는 다이너마이트 같은 폭발력이다. 산 하나를 통째로 날려 버릴 듯한 강력한 폭발력을 알게 되기를 원한다고 바울은 말한 것이다.

정말 우리가 섬기는 하나님의 능력을 알고 있는가? 하나님이 정말 죽은 자를 살리고 없는 것을 있는 것으로 만드시는 분임을 믿는가? 그러면 우리가 아무것도 없는 가운데 인생을 시작한 흙수저였지만, 인생의 말년에는 하나님이 우리를 영혼의 금수저로 만들어 주실 수 있다는 것도 믿는가? 이것이 바로 능력의 하나님을 믿는 것이다. 단순히 성공 스토리를 말하는 것이 아니라, 우리가 얼마나 존귀하고 영광스러운 삶을 살 수 있는지를 깨달아 알기를 원한다고 바울은 기도한 것이다.

만일 하나님의 능력을 믿는다면 왜 크고 사소한 일로 인해 낙심하고 낙담하는가? 왜 인생의 장벽에 부딪혔다고 그 앞에 주저앉아서 마치 세상이 무너져 내린 것처럼 낙심하는가? 능력의 하나님을 믿고 일어서기 바란다. 우리는 기도의 드릴로 장벽을 부수고 나가야 한다. 그가 바로 하나님의 자녀요, 하나님의 백성이다. 그래서 19절에서처럼 기도한 것이다.

하나님의 능력을 체험하는 관건은 결국 기도다. 문제가 터졌다면 사방팔방 쫓아다닌다고 해결되지 않는다. 인간적인 해결책은 소용이 없다. 오히려 위기 상황에서 인간적인 방법을 쓰면 사물을 제대로 판단하고 해결할 능력이 이미 결여되어 있기에 그 해결은 더 미궁으로 들어가게 만들 가능성이 대단히 크다. 그럴 때는 하나님 앞에 나와 부르짖으면 된다. 하나님 앞에서 해결받으면 된다. 문제가 터지고 삶에 위기가 오면, 그때가 바로 기도할 때다.

다시 말하지만, 관건은 기도다. 하나님이 베푸신 능력이 지극히 큰 것을 확실히 알 수 있는 통로는 바로 기도다. 자꾸 낙심하는 마음이 물러가지 않는다면, 내가 내 얼굴을 봐도 우울해 보인다면, 그때는 주님 앞에 달려가야 한다. 상황이 호전되기를 바랄 것이 아니라, 주님 앞에 달려가 마음을 비춰볼 수 있게 해 달라고 기도해야 한다. 주님이 제자들을 보며 해같이 밝게 웃으셨듯이 우리도 그런 웃음을 갖게 해 달라고 기도해야 한다. 문제가 터지면 그때부터 새벽 예배에 나와서 하나님께 부르짖어야 한다. 천국은 침노하는 자의 것임을 기억하라. 그런데 왜 세상 문제에 휘둘려 끙끙대고 그 자리에만 있는가. 능력이 많은 주님은 성도가 부르짖어 기도하는 것을 얼마나 좋아하시는지 모른다.

기억하라. 하나님은 당신의 능력을 우리에게 보여 주지 못해 안달이 나신 분이다. '안달'이라는 단어가 적절하지 않을 수 있겠지만, 인간적으로 볼 때 가장 적절한 단어다. 주님은 우리에게 당신의 능력을 보여 주기 위해 애가 타신 분이다. 그런데 그 능력이 드러날 때가 바로 기도할 때이다. 하나님의 기업의 영광의 풍성함을 알고 믿음이 자라 가는 결정적인 기회는 바로 기도다.

위기에서 살아 계신 하나님의 능력을 알게 되고 응답을 받으면, 그는 이제 거듭난 삶, 신인류의 걸음을 걷기 시작한다. 아브라함은 결국 애굽에서 거의 망했는데, 하나님의 은혜로 무사히 가나안 땅으로 돌아왔다. 그리고 그때부터 그는 다른 사람으로 살아가기 시작했다. 하나님의 능력이 자기를 휘감아 돌고 있다는 것을 경험했기 때문이다.

우리에게 깨어나는 은혜가 임하기를 바란다. 닭이 아니라 독수리라는 사실을 깨달아 알게 되기를 바란다. 세상과 시류에 휩쓸리는 사람이 아닌, 시대를 견인해 나가는 하나님의 백성이 되자. 얕은 은혜의 물가에서 머물지 말고 깊은 은혜의 바다로 들어가기를 바란다. 아무것도 받지 못한 사람처럼 두려워하거나 염려하지 말라. 사소하고 보잘것없는 것에 남은 인생을 걸지 말라.

"나는 왕 같은 제사장이고, 하나님의 소유 된 백성이고, 그분의 거룩한 나라다. 나는 독수리이지 닭이 아니다."

이 사실을 당당하게 믿고 인생의 창공을 훨훨 날아가는 은혜가 임하기를 기도한다.